SEIBO NO KISHI

聖母文庫

高山右近の生涯

日本初期キリスト教史

ヨハネス・ラウレス著

溝部 脩 監修

やなぎやけいこ 現代語訳

聖母の騎士社

発刊のことば

「冬晴れや　右近の殉教　認められ」

二〇一六年一月二十二日、凡そ四〇〇年も待ちに待ったユスト高山右近の列福決定が発表されました。列福式を前にしてヨハネス・ラウレス著「高山右近の生涯」（現代語訳）が大阪教区より発刊されることは、喜びに耐えません。同書は高山右近に関する研究では、欠かせない必須の書といわれています。

同書発刊のきっかけは、二〇一〇年二月に開かれた、日本カトリック司教協議会臨時総会において、ユスト高山右近の列福運動を日本の司教団が継続推進することを認定したことに遡ります。大阪教区はその意をすぐに受け、同年九月、池長潤大司教様は大阪教区に列福推進委員会を設立し、同委員長に川邨裕明神父様を任命しました。川邨神父様は、同年日本司教協議会の列聖列福特別委員会の一メンバーとして任命されました。当時の委員長は故溝部脩司教様で、司教様は、委員会での雑談中、ラウレスの著書がもっと多くの人に知れ渡ればいいともらされていたそうです。ただ同書は出版されて七〇年以上が過ぎ、文語体に近い文章であったため現代の人々がそれを読むのはたやすいことではありませんでした。そこで大阪教区は教区の列福推進委員会のイニシアティブで現代語訳に取り組み、列福運動への関心を高めることを決めました。大阪教区の全小教区に呼びかけ、数ページずつをコピーして配布し、各小教区が任せられた箇所を現代語訳にするということから仕事が始まりました。その前に、教区司教の許可を得、司祭評議会と地区代表者会議（現教区宣教司牧評議会）にはかり、その同意を得てからのものでした。しかしその時点では、本格的な出版を目指すのではなく各小教区の訳文をつないで簡単な形で印刷して配布するといったものに過ぎませんでした。

それから約二年かけて、約三分の二の小教区から訳文が回収でき、未回収分は高槻教会の右近顕彰委員会が訳して全文がそろいました。教区委員会ではこの訳文を溝部司教様に監修を依頼しました。しかしその訳文は単語や表現が著しく不統一であり、それら全てを統一するには膨大な時間が必要であり、むしろ一から訳し直すほうが早いという結論が出る始末でした。教区委員会では小教区の努力を無駄にしないために、そのまま出版することを考えましたが、とてもそれが無理であるということがわかり、やはり専門家の助けを借りることが無難であるという結論に達しました。ただし、小教区訳を生かした形で出版するということで、もうひとつの難しさが加わりました。そこで問題となったのは、誰にこの作業を依頼するかということでした。溝部司教様の紹介で童話作家・聖人伝作家のやなぎやけいこさんに作業を依頼したところ、彼女は快諾して下さったのです。

現代語訳の作業は一年以上に渡る難しい作業となりました。しかも、やなぎやさんにとっては車椅子に乗っての作業でした。やなぎやさんは、単語の一つ一つの意味を調べることからはじめ、根気強く取り組んで下さいました。彼女が一番苦労されたのはラウレス神父の文章をわかりやすく表現することにありました。彼女の努力のおかげで、「高山右近の生涯」は誰にでも読める本として、現代によみがえったのです。やなぎやさんの文章を校正し註等をつけて整備してくださったのは溝部司教様でした。大阪教区の列福推進委員会は出版を請け負う業者を探す作業をし、聖母の騎士社が引き受けてくれました。

現代語訳のやなぎやけいこさん、完成までいかなる協力も惜しまなかった故溝部脩司教様、推進役を務めた川邨裕明神父様、出版を引き受け指導をしていただいた聖母の騎士社の赤尾満治神父様、細かいところにまで気を配って仕事がスムーズに行くように配慮してくださった高槻教会のボランティアの方々、そして、ラウレスの著書の文語体の現代語訳にご尽力いただいた大阪教区の皆様に心から感謝申し上げます。

やなぎやけいこさんが「この作業をしながら、なぜ右近の殉教・列福なのかということが、本当によくわかりました」と、おっしゃったことが大変印象に残りました。右近が人生での大切な決断の時「謙虚さといつくしみ」を、そして「最高の主君はイエス・キリスト」であることを生き抜いたということがよく読み取れます。それは「キリストに倣いて」や「イグナチオ・ロヨラによる霊操」による修業に裏打ちされた信仰人であったということにあります。この本を読まれた方々が「いつくしみを右近に倣い初風に」の如く、日々の生活の中で高山右近とともに、日々新たに歩んで行かれることを祈りつつ、発刊のことばといたします。

カトリック大阪教区大司教　トマス・アクィナス　前田万葉

序文

ヨハネス・ラウレスは、ドイツ人、イエズス会司祭で、上智大学教授。同大学内に「キリシタン文庫」を開設した当事者である。高山右近研究の草分けであり、ヨーロッパ文献を駆使した彼の著作が、本書『高山右近の生涯』（中央出版社）である。昭和二十年にドイツ語で書かれた本書を、文学博士、京都外語大学教授松田毅一氏がその翻訳にあたり、昭和二十一年出版された。本書は、その後の高山右近研究の基本史料となった。しかし、戦後間もない出版であり、紙の質も悪く、はや人の手に渡る状況とは言えない。また文体や漢字など、現代の人々、特に若い人が本書を手にとって読むことは考えられない。このまま古本となっていくのを憂えた人たちが、何とか復刊をと考えるようになった。ただし、現代人が読める文体に書き直して、改めてラウレス師の想いを伝えることが大事で、その試みをカトリック大阪大司教区が主導した。当初は教区内の小教区に分配して、分担して翻訳するという作業を行った。しかし、ばらばらの作業であり、統一した文章もなく、一つの方針のもとにまとめることは困難であった。こうして一人の人に、全部を書き直す作業を依頼することに決着した。誰にということは、これまた難事であった。紆余曲折を経て、快く引き受けて下さったのが、やなぎやけいこさんであった。実に一年をかけて、文語体に似た、小さくて読みづらい本文をこつこつと、そして短期間に完成させて下さった。やなぎやさんの文章を、高槻教会の有志が見直し、手直しして最終版にまで到達した。人名や読みにくい場所には、フリガナをつけた。

後はラウレスに豊富にある註をどうするかの問題が残った。ともかく、全文を読みやすくするために註を必要最小限度に抑えることであった。学術本から一般読者向けの本に切り替えていくことを意味していた。それでも、ある事柄に関して言えば、どうしても註が必要であり、その選択は監修側の自由な裁量によった。特に日本教会と関係が深かった宣教師の行跡や死亡年代を伝える試みを行った。日本の歴史に登場する人物については、残した方が良いと判断したことは、新しい註を加えて残した。

ラウレスによる豊富な文献についても一言。七十年の間にキリシタン研究は日進月歩の進展があり、ラウレスが引用した外国文献の多くは、日本語に翻訳されている。それらを巻末にまとめて紹介した。ある本の引用の箇所のみは、その箇所を註に残した。註に関しては学術的ではないが、一般読者に役立つものを限られた範囲で紹介した。

本書の発刊は、カトリック大阪大司教区の発案であり、同大司教区の「高山右近列福推進委員会」により進められた。出版にあたり、高山右近の列福の意義を改めて問う良き契機とした。

二〇一五年八月一日

カトリック高松教区名誉司教　溝部脩

もくじ

もくじ

第一章　都における教会の基礎

第一節　フランシスコ・ザビエル[※1]

一五四七年（天文一六年）十二月、ポルトガル領マラッカ。東洋の使徒と呼ばれたフランシスコ・ザビエル（一五〇六～一五五二）は、モルッカ諸島への宣教の旅から戻ったところだった。フランシスコの友人たちは、すでにゴアへ旅立っていた。しかし、彼は、中国の商船を待つつもりでいたのである。

ザビエルは、中国北方のある人々のことを聞いていた。彼らは、豚の肉を食べず、様々な珍しい

マラッカ「丘の聖母の教会」のザビエル像

祭りをするという。ザビエルは彼らのことも知りたかったし、それだけでなく、中国一般に関することでも、もっと詳しい知識を得たいものだと思っていた。

そんなある日のこと。ザビエルがノートル・ダム（我らの聖母）教会で、婚姻の秘跡を授けていたときであった。古くからの友人である、ジョルジ・アルヴァレス船長が彼を訪ねてきた。船長は、黄色い肌、細い目の、背の低い男を伴っていた。ザビエルがそれまで見たこともないような、変わった服装をしている。

「これはヤジローというものです」

と、アルヴァレス船長は言った。船長の話によれば、ヤジローは日本の鹿児島という地方出身の武士で、ふとしたことから人を殺し、弟と従者一人を連れて、船長のポルトガル船に逃げ込んだのだという。だが、彼は良心の呵責にひどく苦しめられていた。その苦しみを打ち明けられたアルヴァレス船長は、ヤジローにすすめた。

「マラッカへ行きなさい。その地でフランシスコ・ザビエルという聖なる神父様に、あなたの苦しみを打ち明けなさい。必ず慰めと助けが与えられるでしょう」

ヤジローはその勧めに従って、マラッカに行った。二年前のことである。だがその時、ザビエルはもう宣教のためモルッカへ旅立った後で、マラッカにはいなかった。ヤジローは非常に落胆し、仕方なく泣く泣く日本へ帰った。ところが、日本の山々が見えるころになって、船は激しい嵐にもてあそばれ、中国の海岸に着いてしまった。そこでポルトガル人たちは、今度こそはきっとあの聖なる神父様に会えるだろうから、と再度マラッカに行くことをヤジローに勧めたのだった。

フランシスコ・ザビエルにとってヤジローとの出会いは大きな驚きであったが、実際に日本に行ったことのあるアルヴァアレス船長の話は、さらに驚くべき、好奇心をそそるものだった。

(日本人という、私が知っているどの国民よりも理性的に優れているという人々に、キリストを知らせたい)

フランシスコ・ザビエルの心に、そんな熱い願いが沸きあがった。

「ヤジロー、日本人はキリスト教を受け入れるだろうか?」

ザビエルの問いにヤジローは答えた。

「すぐには受け入れないでしょう。まず、その新しい教えを説く人の行いをじっくり観察して、その言葉と一致しているかどうかを確かめるでしょう。そして確かだということがわかれば、国王から貴族、商人、農夫まですべての人々がキリスト教徒になるでしょう」

ヤジローがキリストの教えを学ぼうとする熱心な態度、洗礼を受けたいという熱い望み、ポルトガル語の学習に見せた著しい進歩を見てきたザビエルは、ヤジローの言ったことは真実であろうと思った。アルヴァレス船長も、ザビエルのために、日本と日本人に対する印象を書き記してくれた。

〈日本人は理性によって左右され、まめに立ち働き、勇敢で、騎士らしく、政府に従い、その他多くの徳に富んだ国民である〉

それは大体ヤジローが言ったことと一致していた。その人々にキリスト教を知らせたいというフランシスコ・ザビエルの願いは、ますます強くなった。ヤジローたち三人は、ゴアのパウロ学院でキリスト教をより深く学び、一五四八年（天文十七年）聖霊降臨の日曜日に、ゴアの司教ドン・ホアン・デ・アルブケルケから洗礼を受けた。ヤジローはパウロ・デ・サンタフェ、その弟はジョアン、従者はアントンという洗礼名が授けられた。

翌年の春、フランシスコ・ザビエルは三人の日本人を連れて、日本への大旅行の途に着いた。彼の計画では、まず国王を訪ね、日本全国に布教をする全権を願い、同時に中国でも布教するために、国王から中国の統治者のもとへの、旅行免許を願うつもりであった。その後、日本の僧侶や学者たちの前でキリストの教えを説き、彼らを改宗させ、それから一般の国民をキリスト教に導こうと考えていた。

旅は長く、困難だった。本来なら定期の商船は中国で年を越さねばならなかったが、それはザビエルには、耐え難いほどの時間の浪費と思われた。そこで、さまざまに手を尽くしたザビエルは、日本人が「海賊」と呼んでいる、ある中国人のジャンクに身を託すことにし、一五四九年（天文十八年）六月二十四日、マラッカをたった。航路は波が高く、ザビエルたちはひどい船酔いに苦しめられた。おまけに中国人たちはとても迷信深かったので、それとも戦わなくてはならなかった。しかしそんな苦難に満ちた旅もやっと終わり、同年八月十五日にザビエルたちは、鹿児島の港に到着したのであった。

薩摩の首都鹿児島はヤジローの故郷だったので、彼らはとても温かく迎えられた。鹿児島の人々は、役人も含めて、とても人懐っこかった。ヤジローの過去の過ちなど、すでに人々の脳裏から消えていた。だがザビエルには鹿児島に長く滞在しようという気はなく、最初の便で都に向かい、王に会うつもりでいた。だが、それには領主島津貴久《たかひさ》の援助を仰がなければならなかった。

六週間待って、ザビエルはやっと貴久に謁見を許された。ザビエルはこの好機を逃さず、貴久に都へ上る便船を用立ててくれるように、と願った。貴久は、

「あい分かった。だが今はもう季節も遅く旅は危険であろうから、半年もたってから旅立つがよろしかろう」

と答えた。

冬の月日を、ザビエルは日本語の習得にあて、教義全体に関する講話をヤジローに翻訳させた。それは後日ザビエルが説教するときの下地として、非常に役立ったのである。ヤジローも自分の家族や友人に布教し、そのかいもあって彼の母、妻、娘、親族、友人など約百名が洗礼を受けた。これほどの成果があったにもかかわらず、都へ行きたい、というザビエルの気持ちは変わらなかった。そして、半年が過ぎるかすぎないうちに、彼は領主にその約束の履行を迫った。しか

マラッカ 大航海時代の船

しその返事は、今、都地方では戦があって旅行は危険だ、というものだった。それに加えて、その地の仏僧の反抗も盛んで、領主はザビエルに対して次第に冷淡になっていった。そして終には死罪を科してキリシタン宗門を禁ずるまでになったので、ザビエルは鹿児島を去り、ちょうどポルトガル船が入港していた平戸へ向かった。

ポルトガル人は船に旗を掲げ、祝砲を鳴らしてこの「聖[※2]なるパアデレ」を迎えたが、それは、ポルトガル人はいかに宣教師を大切にするかを、領主松浦隆信《たかのぶ》に知らせるためであった。案の定それを見た隆信は、礼を尽くしてパアデレを迎えた。そしてこの地にも、ごく短期間に約百人のキリスト教徒の一団ができた。だがザビエルの心は変わらず、平戸にはしばらく滞在しただけで、再び遠い旅路に着いた。

博多では大きな禅宗の僧院を訪ね、説教を試みたが得るところはなかった。それから下関を経て、力ある領主大内義隆《よしたか》の城がある山口の街に入った。ここでザビエルは、街の辻々で説教をした。武士たちは、競って彼を家に招いた。やがてザビエルは、領主に謁見がかなったが、使徒的貧困と簡素な装いで風采が上がらなかったために、居並ぶ人々に、何の感銘も与えなかったばかりか、嘲笑さえ買ったのである。

ザビエル※3は、一五五〇年（天文十九年）の降誕祭の一週間前に、憧れの目的地である都へ向かって、山口を出発した。長い旅路の不自由さは、筆舌に尽くしがたかった。だが、翌年の一月に到着したのち、あらゆる努力をしたにもかかわらず、王に拝謁はかなわなかった。この光栄に浴すことができるのは、わずかな人たちに限られていたからである。その上ザビエルは盗難を恐れて、献上品を何一つ持って来ていなかったので、請願書を朝廷に届ける手助けをしてやろう、と申し出る者もいなかった。さらに悪いことに、長年続いた戦乱のために、人々の心も荒れていて、異国の宣教師の話に耳を傾けようとする者は、ほとんどいなかった。謀反した家臣を恐れて、長年逃れている将軍に謁見を願っても、無駄に思われた。また都からそれほど離れていない、仏僧の大きな大学がある比叡山を訪れることも、不可能であることが分かった。ザビエルが大きな希望を抱いていた都への旅は、ことごとく失敗であった。

だが不成功に終わったこの旅は、ザビエルに二つのことを教えた。一つは、日本における実権は、日本人が天皇（ミカド）と呼ぶ国王にも将軍にもなく、地方の領主にあること、中でも山口の領主は最も有力な領主の一人であること。第二に、民衆や役人の、鼻の先であしらうような、軽蔑的な態度から彼が学んだことは、日本では威厳を備え、盛装していかなければ、それなりの好印象を与えることはできない、ということであった。

そこでザビエルは、今度はインド総督の使節として、総督からもらった数々の贈り物を携えて、もう一度山口へ行く決心をした。今度は、驚くべき効果があった。大内義隆は、たくさんの贈り物に恍惚として、多額の金銀を与えようとした。しかしザビエルは、義隆の治下にある国々で教えを説き、洗礼を望む者を教会に入れること許可してもらうこと以外には、何も望まなかった。彼の望みは喜んで聞き入れられ、義隆はザビエルの住居として、廃寺を与えさえした。

仏僧を含むあらゆる階級の人々が、競ってこの廃寺を訪れ、説教を聴くだけでなく、太陽やほかの天体のこと、インドやヨーロッパのこと、ヨーロッパの学問のことなど次から次へと質問を浴びせた。説教の内容についても、ありとあらゆる疑問を発したが、その結果、一番の反対者が最も熱心なキリスト教徒となった。わずか数か月以内に、五百人を下らない人々が、洗礼を受けた。中には、最も上流の人々、武士、僧侶、学者たちがいた。

このように山口でキリシタン宗門が盛んになって来たころ、ザビエルは豊後領主大友義鎮《よししげ》（宗麟）から熱心な招待を受け、これに応じなければならない、と考えた。ザビエルを尊敬していた友人、ドゥアルテ・ダ・ガーマの船が、ちょうど豊後に入港していて、ガーマはこの「聖なるパアデレ」についてしばしば話したので、義鎮はザビエルと近づきになりたいと願うようになったのである。ザビエルが現れた時、ポルトガル人は従者までもが最良の服を身に着けて彼を迎え、華やかに飾り立てた一本マストの帆船で、彼を主都府内（大分）へ案内した。これは、住民や領主に、キリスト教宣教師の威厳を示すためであった。

義鎮は、格別な好意をもってパアデレを歓待した。彼はそれまでも、常にポルトガル人の大の友人であり、保護者であったのだが、この時以来、宣教師の寛大な援護者になったのである。義鎮は、ザビエルを自分の傍に留めておきたかったが、ザビエルはインドからの急な知らせに促されて、帰航しなければならないこととなった。

ザビエルがまだ豊後に滞在しているとき、山口では暴動がおこり、領主とその息子たちは、犠牲となった。その知らせと共に謀反人たちは使者をよこし、義鎮の弟を主君に迎えたいと申し入れてきた。義鎮の弟はその申し入れを受け入れ、自ら大内義長《よしなが》と名乗り、教会にはできる限り尽力すると約束した。ザビエルは二年の活動を終え、二人の力のある領主の保護のもとに、日本の教会は輝かしい将来へ向かっていくだろうという、喜ばしい希望に慰められて、インドへの帰途についたのだった。

ザビエルの大きな望みは、都では実現されなかったが、それは彼の計画が、日本の政治の状態を知らずに立てられたものだからであった。今、山口と豊後に布教の基を開いたことによって、とりわけ大友、大内両家との密接な関係によって、都で布教する準備は整った。

ザビエルは、山口で一人の若者を教会に迎えた。彼こそは後の京都での布教における、非常に重要な人物であった。彼はほとんど盲目で、醜悪な容ぼうであったが、非常に弁舌に優れた琵琶法師だった。当時の日本では、盲人は放浪音楽師か物語芸人として、日々の糧を稼ぐのが常であったが、彼もその例にもれなかった。ザビエルが日本を去ってほどなく、彼は修道士としてイエズス会に入り、イ※3ルマン・ロレンソという名を与えられ、日本の教会、特に都における布教に偉大な功績を遺した。ザビエルを堺（大阪府堺市）と都で泊めた宿主は、洗礼を授かるまでには至らなかったが、ザビエルは非常に深い感銘を残していったので、その家族は後に教会に入り、この両市における布教に大いに力を尽くすことになった。

第二節　パアデレ・ヴィレラ[※4]（一五二五〜一五七二）と
イルマン・ロレンソ（一五二六〜一五九二）

ザビエルが去ったのちも、イエズス会管区長のコスメ・デ・トルレス[※5]は、一日も早く都で布教を始めたいと願っていた。京の都は、いろいろな意味で、日本の中心だったからである。有名な仏僧の大学比叡山も、主都である都の近くにあった。したがってキリストの教えを日本で広めるには、まず都から始めることが不可欠であった。だが、キリスト教会に好意を寄せている、山口や豊後の人々の意見によれば、都で大きな政治的勢力を持っている比叡山の大学の許可なしに、新しい教えを広めることは不可能だろうということだった。そこでイルマン・ロレンソは、都に定住する許可を得ようと、比叡山に出かけた。一五五六年（弘治二年）のことである。

キリスト教に改宗してパウロと名乗っていた僧侶は、高名な仏僧であるシンカイとその弟子の大泉坊への紹介状をロレンソに持たせてやった。シンカイは親しくイルマン・ロレンソを迎え好意を示したが、彼はほとんど耳が聞こえなかったので、イルマンを大泉坊のもとへ送った。大泉坊にとってイルマンは厄介な客だった。だが、彼はこの客を適当にあしらい、直接拒絶の返事はしなかった。イルマン・ロレンソが説いたことは、老シンカイに、深い感銘を与えたことは明らかだった。シンカイは、大泉坊がその目的を果たさせずにイルマンを追い帰したことを知り、パアデレ・トルレスに書を送った。彼はその中で、自分がイルマンの話に大変感銘を受けたことを告げ、キリストの教えを広めるために、パアデレ・トルレス自身かまたは他のパアデレを遣わすように、と求めた。そのときどのパアデレも忙しくて、シンカイの望みを叶えることが出来なかったので、トルレスは教理に関する数々の教えを文字にして、この真理を求める老僧に送った。シンカイは、それを熱心に研究し、満足を得た。

一五五九年（永禄二年）九月になって、パアデレ・ガスパル・ヴィレラは、イルマン・ロレンソを伴って、五畿内[※6]に向かって出発することができた。比叡山に行くと、シンカイはすでに世を去っていた。人々の語るところによると、キリストを信じて他界したということであった。大泉坊にとって、相変わらずパアデレたちは好ましからぬ客だった。表向き歓待はされたようだったが、パアデレたちは僧院の座主に会うこともできず、まして都で教えを広める許可など、得られようはずもなかった。そこで彼らは独力で自分たちの運を試そうと、都へ行った。

新しい教えを広めようという彼らの苦労は、筆舌に絶するものであった。貧しさ、迫害、教えへの妨害、脅迫。パアデレたちはあらゆる苦難と闘わなくてはならなかった。家を貸そうとする者もなく、やっと見つかっても、家主がまわりからうるさく責められるので、パアデレたちは半年の間に四回も引っ越さなくてはならなかった。

それでもパアデレ・ヴィレラは諦めなかった。やがて、ある堺の信者の医者が紹介してくれた、義侠心に富んだ仏僧延源庵の援助を得て、将軍足利義輝《よしてる》に謁見がかなうことになった。このことは世間の注目を引き、パアデレの住まいには、教えを聞くために、大勢の人々が押し掛けるようになった。一五五九年（永禄二年）から一九六〇年（永禄三年）の冬の間に約百名が洗礼を受けたが、その中には著名な仏僧もいた。一五六〇年（永禄三年）六月の初めごろ、パアデレ・ヴィレラはやっと家を買うことが出来、そこに仮の教会のようなものを作った。彼は将軍から〈保護令〉を貰い受けそれを戸口に張り付けた。そのおかげでそれまでのように、家に石や汚物を投げつけられることもなくなった。

だが仏僧たちの嫌がらせはますます激しくなった。彼らは

「パアデレは、放火者だ」

という噂を流そうとした。そして、これが上手くいかないのを見ると今度は、パアデレが説く法は、恐ろしい悪魔の法である、街から追い出してほしい、と将軍に迫った。

将軍足利義輝は、先に発した保護令を撤回することを拒み、

「むしろ正々堂々と宗論を戦わせて、ヴィレラをうち負かしたがよかろう」

と答えた。そこで仏僧たちは、五畿内で最も有力な大和の国の領主である松永久秀《ひさひで》を頼り、彼に賄賂を送って、自分たちの目的を成功させようとした。松永久秀は公にパアデレ・ヴィレラを追放することはできなかったが、パアデレの友人だと自称するある者を通じて、五畿内の主だったキリスト教徒たちに、

「将軍はすでに追放令に署名したから、パアデレに都を去るように勧告せよ」

という書を送った。ヴィレラはこれを真に受けて数日都を離れたが、イルマ

ン・ロレンソはこの悪だくみをすぐに見破った。松永久秀は、自分はこの件には関係ないというように、知らん顔を決め込んだが、結果的に将軍はパアデレ・ヴィレラに、一層好意のある免許状を与えることとなったのである。

そこで仏僧たちは、キリスト教の話を聴いたものとは縁を切る、という作戦に出た。これは思わぬ効果を上げ、パアデレ・ヴィレラの話を聴こうとする者の数が減ってきた。

仕方なくパアデレはできた時間を利用して、堺に教会を建てることを思いついた。しかし、結果的には、これはむしろ幸運なことであった。なぜならヴィレラが立ち去って一か月後、都にはいっそう激しい戦がおこったからであった。

一五六二年（永禄五年）の秋になって、パアデレ・ヴィレラは、やっと都に戻ることが出来た。だが、彼の話を聴きにくる人の数は減る一方だったので、パアデレ・ヴィレラは一五六三年（永禄六年）の復活祭まで、すでにキリスト教徒になった人々を、いっそう深く指導することに専念したのだった。その後、彼は堺の信者たちの世話をするために、復活祭の第一日曜日に旅立とうと決心した。パアデレの出発に先立って、仏僧たちの動きには不穏なものがみられた。その新しい動きは、都の教会を、いまにも確実に滅亡させるかのような気配を示していた。

註1　P18　フランシスコ・ザビエル（一五〇六〜五二）一五四九年、日本に初めてキリスト教を伝えた宣教師。一五五一年日本を離れ、翌年十二月三日中国上川島で死亡。文献：G・シュウルハンマー、河野純徳訳「フランシスコ・ザビエル全書簡」平凡社一九八五　尾原悟「フランシスコ・ザビエル　人と思想」清水書院　一九八八

註2　P24　パーデレ・padre。ラテン語で「父」の意味。キリシタンでは、カトリックの教会の司祭を指す。イルマン・irmão。ポルトガル語で「兄弟」の意味。キリシタンでは修道会に所属する修道士を指す。

註3　P25　ザビエルは都に上る前に堺の日比屋《ひびや》了珪《りょうけい》宅に宿泊、また都の知人へ紹介状を書いたのは小西行長の父隆佐であった。文献：遠藤周作「宿敵」角川書店　昭六一

註4　P29　イルマン・ロレンソ（一五二六〜九二）　肥後出身の日本人イエズス会修道士。目が不自由な琵琶法師であった。ザビエルと出会い、受洗。初期教会の中で活躍した重要な人物。文献：結城了悟「ロレンソ了斉―平戸の琵琶法師」長崎文献社二〇〇五

註5　P30　ガスパル・ヴィレラ（一五二五〜七二）　一五五四年来日、一五五三〜六六年まで五畿内地方に宣教、七〇年日本を去り、七二年インドで死亡。

註6　P30　コスメ・デ・トルレス（一五一〇〜七〇）　スペイン人イエズス会司祭。ザビエルとともに来日、ザビエルの跡を継いだ初期の日本教会の責任者　文献：ディエゴ・パチェコ『長崎を開いた人』中央出版社（昭四四）

註7　P31　五畿内　当時の「山城国」「大和国」「河内国」「和泉国」「摂津国」をいい、現代の行政区分では、奈良県の全域と、京都府の南部、大阪府の大部分、兵庫県の南東部に当たる。

琵琶湖
安土
坂本
永原
比叡山
京都
草津
大津
瀬田
摂津
余野
音羽
山崎
伏見
淀
高山
千提寺
八幡
高槻
山城
池田
茨木
伊丹
古橋
砂
岡山
尼崎
兵庫
三ヶ
飯盛
奈良
大坂
若江
郡山
八尾
十市
堺
河内
沢
岸和田
多武峰
和泉
大和
吉野山
根来
粉河
高野山
雑賀

五畿内地図

第二章　情勢の変転

第一節　高山ダリオ

五畿内[※1]における最も有力な領主は、大和国の松永久秀《ひさひで》であった。彼の有能な家臣の一人に、高山飛騨守《ひだのかみ》図書《ずしょ》という武士がいた。彼は、摂津の国高山の、古い由緒ある武家の出であった。その家族のことは「太平記」にでており、先祖は宇多天皇の皇子敦實《あつさね》親王（寛平九年―康保三年）だと言う。

ここで言われる高山というのは、現大阪府豊能郡豊能町高山と同一である。高山城は今

高山城跡

も城山と呼ばれている山頂にあった。父の遺産は少なく、活動欲に燃える彼には十分ではなかった。そこで彼は松永久秀に仕えることになった。久秀は彼に澤《さわ》城（奈良県宇陀市）を与えた。前の城主は一五五八年（永禄元年）ごろ、久秀の意にかなわぬ行動をとったので、久秀が遠ざけていたのである。

高山飛騨守は、極めて豪勇の人であり、並外れた体力の持ち主であった。武器の扱いに優れ、乗馬に秀でた有能な武将であった。しかも人と交わる時には明朗快活で、真のサムライとしては当然のことだが、教養があり、苦しむ同胞に対しては思いやり深く、慈善を好み、誠実で正直であり、すべての武士的な徳操を兼ね備えていた。当然主君の信頼も厚く、選ばれて相談役となり、様々な重要な任務を任されていた。また飛騨守は仏教の熱心な信奉者であり、保護者であって、さまざまな宗派にも精通していた。自ら日蓮宗の熱狂的信者であり、キリシタン宗門を激しく憎んでいた松永久秀にとっては、このことも飛騨守をより深く信頼させた、一つの理由だったかもしれない。飛騨守が主君と同じ宗派の信奉者であったか、あるいは大多数の武士たちのように禅宗の信者であったかは知られていないが、いずれにせよ彼はキリシタン宗門には、全く好意を持っていなかった。キリシタン宗門は、日本の国教や伝統に、実際に危険なものと見ていたからである。それゆえ飛騨守は、都でキリスト教の布教が盛んになっていくのを、真剣に憂慮していた。

パアデレ・ヴィレラが、堺の信徒たちを訪れようとしていたころ、布教に反対する者たちは、パアデレに何か徹底的な打撃を与えようと、好機を待ち構えていた。比叡山の仏僧たちは、パアデレ・ヴィレラを都から追放するようにと、松永久秀に懇願した。けれどパアデレは布教の許可証を持っていたので、合法的な手段で都から追放することはできなかった。そこで久秀は、キリスト教を激しく憎んでいた結城山城守心斎《しんさい》と、※2清原技賢《しげたか》という二人の学者を、この要務の吟味役に定めた。彼らがパアデレ・ヴィレラの説く法を排斥すべきものと認めたならば、パアデレは都から追放され、その家も教会も押収されることにしたのだった。日本の神々に熱心であった高山飛騨守には、このくらいのことでは取るに足りない刑罰であると思われた。

「ヴィレラとロレンソをこの奈良に来させ、殿の御前でキリストの教えとやらを説くように、お命じになったらよろしかろうと考えます」

と、高山飛騨守は主君に勧めた。もしその法に不合理なことが含まれていると分かったら、彼らは日本の神仏に反してそのようなことを説いたという罪で、斬首の刑に処せよと、久秀が命じたらよかろう、というのであった。『日本史』の著者で、京都で長く働いた宣教師フロイス[※3]によれば、久秀もヴィレラ殺害には賛成だった。ただ問題は、いかにしてパアデレとイルマンをおびき寄せるかということであった。この任務は結城山城守が引き受けることになった。

パアデレ・ヴィレラは、都での雲行きがただならぬことを聞いていた。そこで彼は堺へは行かず、都の信徒たちのもとに留まろうと思っていた。が、信徒たちは言った。

「起こりうるすべての危害は、パアデレ様お一人に向けられたものでございます」

「私たちのことは大丈夫でございますから、パアデレ様は、ご自身の安全のことをお考えください」

あまり彼らが勧めるので、ヴィレラもその切なる願いに動かされて、嵐が過ぎるまで堺に身をひそめることにした。

結城山城守が、どうやってパアデレを奈良におびき寄せるかとはかりごとを巡らせていたころ、キリスト教徒であるディオゴという男が、松永久秀の元にある訴訟事件を持ち込み、たまたま結城が担当することになった。

結城山城守は、ディオゴがキリシタンであることを知っていたので、自分たちがパアデレ・ヴィレラを五畿内から追放し、教会を没収するつもりであるが、そのことを知っているか、と尋ねた。ディオゴは、

「すべてをお許らいになるデウス様のお許しがなければ、この世界においては何事も起こりませぬ」

と答えた。山城守心齊は、

「そのデウスとは何者か？」

「デウスさまとは、私たちキリスト教徒が拝む天と地のみ主で、この世だけでなく後の世でも最高の位を持つお方、人類の救い主、万物の御作者、見えるもの見えざる物すべての創造主であられます」

結城山城守は、この名答に内心舌を巻いた。だが負けたことを表に見せてはならないと思い、自分が得意と自負する、人間の霊魂の世界のことに話題を移し

た。ディオゴは、自分は信徒になってまだ間もないので、宗論を交わすことはできないといったにもかかわらず、またしても結城山城守のすべての質問や疑問に、すらすらと答えた。その答えの適切さに山城守の驚きは、更に増した。そしてついに、

「まだ信徒になって日も浅い、しかも俗人で家庭を持っている者の答えがこれほど見事であるからには、その教えの源はどれほど豊かなものだろうか」

と叫んだのだった。そして彼はパアデレ・ヴィレラに手紙を送り、奈良に来て自分にキリストの教えを説いてくれるように、と頼んだのであった。ディオゴはその手紙を言付かり、堺のパアデレ・ヴィレラに届けた。一五六三年（永禄六年）五月二十八日のことであった。

その手紙の内容と差出人を見て、パアデレ・ヴィレラは驚き、考え込んでしまった。

（これは、彼のまじめな思いだろうか？　それとも、一層確実に自分を滅ぼそうという企みだろうか？）

ディオゴは、結城山城守の誠意を真実なものだ、と言ったが、パアデレ・ヴィ

レラと堺の信徒たちはこれを信じなかった。

「それでも、私は奈良へ行こうと思う」と、パアデレ・ヴィレラは言った。「もし山城守の手紙が真面目なものであるならば、私の命が危険にさらされるというだけの理由で、この素晴らしい機会を逃してしまうのは、何とももったいない話だ」。

パアデレ・ヴィレラは、自分が結城山城守の言葉をすべて信じていないことを見せるためだけにでも、まずイルマン・ロレンソを行かせよう、と堺の信徒らに提案し、彼らもこれを承諾した。イルマン・ロレンソは信仰に熱く燃える魂の持ち主だったので、この危険な任務を、喜んで承諾した。

「もし六日以内に戻らなければ、私の身に何か起こったと思ってください」

と彼は言った。

イルマン・ロレンソは、ディオゴとその従者とともに奈良へ行った。結城山城守は、たいそう丁重に彼らを迎えた。山城守は清原技賢と高山飛騨守を呼び、それから数日間三人は次から次へとイルマンに質問を浴びせかけた。高山飛騨守は特に熱心であった。そしてついに飛騨守は、自分がこの宗論に負けたことを認めた。彼が初めて宇宙の造り主、人間の霊魂の不滅について悟った時、彼の目から鱗のようなものが落ちた。もちろん彼の咎《とが》ではないが、それまでの非を明らかに悟ったのである。飛騨守は元来正直で、真剣に神を求める人であったから、一度認めた真理には従わなくてはならないことをよく知っていたし、事実そのようにした。フロイスは、

〈この三人が初めて、世界の創造、人類の贖罪、霊魂の不滅について喜ぶべき知識に接し、彼らがそれまで信じていたこととまったく違ったことを聴き、これに対していくつもの質問をし、いずれも満足する返答を得たとき、デウスは最初に高山飛騨守に恩寵の光を分かち給い、彼はキリスト教徒となった。次いで他の二人もその家族とともに改宗するに至った〉

と記している。

このようにしてイルマン・ロレンソは布教の任を果たし、三人に洗礼を授けるためにパアデレ・ヴィレラは奈良に来ることになった。

この状況の変化を話すために、結城山城守が、単身松永久秀を訪ねた。彼の話を聞いた久秀が、どのような態度に出るか確かめたかったのである。山城守は雄

弁をふるってパアデレとその説くところの教えを称賛した。そして、久秀自身が判断できるように、彼の面前で講義を行うために、イルマン・ロレンソを呼ぶように、と頼んだ。久秀は、その頼みを聞き入れた。そして、長い時間ロレンソの話を注意深く聴いたのちに、居合わせた人々が、あるいは久秀自身がキリシタンになるのではないかと思うほどに、賛意を示した。が、それはあくまで単なる偽装にすぎず、彼の本心は、以前同様キリストの教えを憎悪していたのだった。

イルマン・ロレンソは、奈良であまりにも多忙であったために、六日で帰ることが出来なかった。十日たっても、奈良から何の知らせも届かなかったので、パアデレ・ヴィレラは憂慮していた。そして、アントンという信徒を奈良に送って、イルマンがどうしているかを探らせることにした。だが幸いなことに、アントンは奈良の手前でディオゴとともに来るイルマン・ロレンソと出会い、一緒に堺に帰ることが出来た。

ロレンソは、パアデレ・ヴィレラ宛ての結城山城守の手紙を預かってきていた。自分と清原に洗礼を授けるために、奈良へ来てほしい、ただ今は重要な任務があり非常に忙しいので、数日待ってもらいたい。十日たったら、家臣を迎えに行かすから、という依頼の手紙であった。

結局四十日たってパアデレ・ヴィレラはようやく奈良に迎え入れられ、しばらくは結城山城守、清原技賢《しげたか》とだけで宗教上のことについて話し合った。その後、一軒の家に住居を移し、そこで大勢の聴衆に公に教えを説いた。話を聴いた人々はおおいに感動したが、山城守と技賢の他には、ほとんどだれも洗礼を望む勇気がなかった。新しく改宗した人々に対して、仏僧たちの嫌がらせや威嚇が激しかったからである。

パアデレ・ヴィレラが奈良に滞在していた当初には、高山飛騨守はまだこの地に来ていなかった。彼は結城と清原が洗礼を授かった後になってたまたまその地に来合わせ、事の次第を聞いた。フロイスの日本史によれば、

〈彼は松永久秀の使命をおび、他国へ急ぎの旅路にあったにもかかわらず、すでに出立したように見せかけて二日二晩奈良市内の某所に隠れ、昼夜を分かたず絶えずデウスのことについて傾聴した。彼は殊の外満足し、その場で尊い洗礼を受け、ダリオという霊名を得た〉

また結城山城守の長男左衛門尉《さえもんのじょう》は、パアデレ・ヴィレラが奈良に来た際たまた

ま同地の父のもとに居合わせ、彼もまた教えを聴き、他の七人の武士と共に洗礼を授かった。彼はアンリケ、父はアンタンという霊名を授かった。

ヴィレラは、松永久秀に謁見が叶い、極めて丁重な礼を持って迎えられた。久秀は、

「やむを得ない公務のために、パアデレ・ヴィレラの説教を聴くことが出来ない。まことに遺憾である」

と、如才なく言った。だが心中では、吟味役はみなキリスト教に改宗し、彼が企てた試みはことごとく失敗したにも拘らず、本心をかくして悪い顔もせずにいなければならなかったことは、彼をたいそう苛立たせたのであった。

だが、それは日の浅い都の教会にとっては、大いなる勝利であった。パアデレ・ヴィレラは、四か月間不安に痛む胸を抱えて、敵意に満ちた吟味役たちの判決を待って堺に隠れていたのであるが、この危険は追い払われたばかりか、キリシタン宗門の輝かしい勝利に終わったのである。そこでパアデレ・ヴィレラは、長い間不在にしていた京の都へ戻りたい、という希望を、結城と清原に申し出た。

「それでは、大勢の家臣と共にお供いたしましょう」

都のキリスト教徒たちはこれを聞いて五レグア[※4]ほど出迎え、歓びのうちに先に立って一行を教会へと導いた。仏僧たちは、吟味役の二人が改宗したことは、まだ何も知らなかったので、パアデレ・ヴィレラは囚われて都へ戻ってきたものとばかり思っていた。だが、それから程なくして、結城の妻や家臣たちが洗礼を受けたのを見て、やっと真相を知ったのだった。二人の学者の高い品位、世間的な地位や名声を考えても、彼らの改宗がキリスト教会に反対する者たちに与えた打撃は、計り知れないものがあった。キリスト教を憎み、もっとも辛辣な批判を繰り返していた者たちが、最も熱心な教会の弟子になったわけである。偏見なく物事を考える人にとっては、この事実は、キリシタン宗門の輝かしい弁護として受け止められた。

パアデレ・ヴィレラの信望は、ますます高まった。彼は、一五五七年（弘治三年）大内義長との戦に勝ち、山口の新領主になった毛利元就《もとなり》に、苛酷な扱いを受けている山口のキリスト教徒たちのために、将軍に自分の意見を言えるまでになっていた。将軍はその件について毛利元就に書を寄せて、もっとキリスト教徒たちを優遇するように、と申し送った。当時のヴィレラは何か困難なことが起きた時のために、将軍家の好意を確保しておこうと、数名の将軍家の高官をたびたび宴に招いた。一五六五年（永禄八年）には、招待を受けた五、六名のなかには、将軍の舅にあたる公卿近衛美作守種家《このえみまさかのかみたねいえ》の姿さえ、見受けられた。この結果として五畿内から何人かのキリスト教の武士が生まれ、首都京都の周辺に教会が設けられた。なかでも重要なのは、高山飛騨守の改宗と、澤城ならびに五畿内の他の城における彼の使徒的活動であろう。

第二節　洛外の教会

一、飯盛

父が洗礼を受けた際たまたま奈良に居合わせ、他の七人の武士と共に、自身も洗礼を受けた結城左衛門尉は、三好長慶《ながよし》の家臣であった。彼は三好長慶《みよしちょうけい》の居城であった飯盛城《いいもり》（大阪府大東市）に帰るとすぐに、友人たちに自分の幸せについて話し、彼らをキリストの教えに導こうとした。左衛門尉は雄弁だった。その話の効果が表れて、人々は彼を喜ばすためか、または好奇心からか、パアデレかイルマンに来て欲しい、と言った。そこで左衛門尉は、早速イルマン・ロレンソを迎えに行った。人々は醜いイルマンを見て嘲り笑ったが、彼が話し始めるとたちまちにして心を奪われたのだった。イルマン・ロレンソの話は彼らに感銘を与え、七十三名を下らない武士が、洗礼を受けたいと申し出た。その中に三箇《さんが》頼照《よりてる》※5氏がいた。彼はサンチョという洗礼名を与えられ、のちに五畿内の教会のためにおおいに尽くした。

　結城左衛門尉は、飯盛城の河岸、砂之地内に、五畿内最初の正式の教会を建てた。仏僧たちは、新しい改宗者を何とかして背教させようと、何かにつけてうるさく悩ませ始めた。が結果としては仏僧を威嚇し、嫌がらせを終わらせるために、改宗者たちに戦闘の準備をさせただけだった。パアデレ・ヴィレラは、結城山城守の尽力で、三好長慶に謁見が叶った。長慶はヴィレラの話を傾聴したばかりでなく、教会を保護しようと約束までしたのであった。新たに改宗した武士たちは、家臣をキリスト教徒にし始めたので、信者の数は程なく五百人にもなった。三箇氏も飯盛城からそう離れていない湖上に浮かぶ三、四の島からなるその領地に、キリストの教えを広め始めた。彼は、以前島の一つに建てた異教の神社を、キリスト教の聖堂に変え、後に家臣約三千人が信徒になったとき、そこにパアデレの住居のついた、立派な教会を建てた。

砂之地内の教会は、一五六五年（永禄八年）八月三日付けのフロイスの手紙に見られるのが最後であることから推察して、結城左衛門尉の没後まもなく廃止されたらしい。だが、河内三箇島の教会は、一五六五年（永禄八年）から一五六九年（永禄十二年）の追放の間、パアデレの避難所であり、付近の信徒たちの集合所ともなっていた。

二、澤、高山右近

高山ダリオ（高山飛騨守）は、かつてはその信念から、キリスト教徒を憎んでいた。しかし改宗後は、熱心に福音を広めた。以前は、キリスト教は祖国に対する危険を宿すものと、本気で信じていたのであったが、今ではその十字架の数こそは、人間がこの世において見出し得る、もっとも大きな幸福である、と確信していた。それゆえ彼は、できるだけ多くの人びとにこの幸福を得させようと、異常なほどの熱意を示した。高山飛騨守は、洗礼を受けて澤城に帰るとすぐに、パアデレ・ヴィレ

右近受洗の地 後方に沢城

ラに手紙を送った。その中で彼は、キリスト教の信仰の大いなる賜物に対して、心からの感謝を示し
「あたかも絶大な権利と、広大な領地を持つ王国の主君になったかのように、豊かにかつ喜ばしく感じております る」

と述べている。そして自分の家族や家臣に教えを広めるために、イルマン・ロレンソを派遣してほしい、と願った。

当時道中いたるところ穏やかでなかったから、目立つ異国人のパアデレ自身に澤城に来てもらうことは、ためらわれたのである。その点イルマン・ロレンソは日本人であるから、旅をしてもそれほど危険ではなかろうと思われた。

イルマン・ロレンソは、澤へ向かった。ダリオは、城の少し手前まで出迎えた。彼はまず、自分の家族と家臣たちを、キリスト教の信仰に導きたいと考えていた。彼らはイルマン・ロレンソの説教を正しく理解したので、ダリオは慰めと喜びを禁じ得なかった。幾日か説教をしたのち、イルマンは百五十人に洗礼を授けたが、その中にはマリアという霊名を与えられたダリオの妻や、息子たち、娘たちおよび城内の最も身分の高い武士たちもいた。

イルマンが一言もほのめかさなかったにもかかわらず、ダリオは自ら考えて、城の囲いうちに教会を建てた。ダリオは、イルマン・ロレンソが去って後も、この教会の保護に細かく心を砕いていた。ダリオはこの教会に集まった信徒たちに、祈りを覚えさせ、またそれを書き記させた。彼らに説教を聞かせるために何時までもイルマン・ロレンソをここに留めておくことはできなかったので、ダリオは日曜日や祭日に、説教の代わりに読み聞かせるために、自ら日本語に翻訳した十戒や、パアデレに依頼した教理の説明などを用いた。

この時洗礼を受けたダリオの親族に関する詳細な記録を、ルイス・フロイスはその後十四年たった一五七六年（天正四年）になってようやく記している。これは、都で筆を執り、九州豊後に転勤になった後同地で書き終えたものである。それによれば、ダリオには三人の息子と三人の娘があった。文面から見ると、彼らはみな澤城で洗礼を授かったようにも見えるがこの六人の子供の中で、一人か二人は一五六三年（永禄六年）後に誕生したとも言いうる。後の文献には、ダリオは一人の幼い娘を、長男の一人息子と共に荒木村重《あらきむらしげ》（安土桃山時代の武将　一五三五年―一五八六年）に人質として差し出した、とある。

ダリオの三人の息子のうち、長男は洗礼によってジュスト※6（ユスト）という霊名を与えられた、右近であった。イエズス会士の書簡の中では、彼は通常〈ジュスト・ウコンドノ〉と呼ばれているが、日本の歴史の中では高山右近の名で知られている。当時の著名な日本人と同様に、彼も何度も名前を変えた。幼名は彦五郎、父の跡を継いで高槻《たかつき》城主（大阪府高槻市）となった二十歳のころには友祥《ともあき》と名乗り、後には重友《しげとも》、さらには長房《ながふさ》と称した。また公的生活から引退後は、南坊《みなみのぼう》とも言った。右近または右近大夫は元来官名だが、彼の場合は本名となった。日本歴史における彼の名称は、高山右近大夫長房となっている。彼の生年月日は正確には知られていないが、一五五二、三年（天文二十一、二年）に、この世の光を浴びたものと考えられる。残っている他の記録から考えても、一五五二年（天文二十一年）前のことではなかろう。またその洗礼の年月に関しても資料は一致しておらず、大方は※7一五六三年のこととしているが、その父同様一五六三年（永禄六年）であったことには、ほとんど疑問の余地がない。

ダリオの他の二人の息子に関しては、イエズス会士の書簡の中に何回か見られる。一人は太郎衛門《たろうえもん》と言い、かなりたびたび資料に出てくるが、もう一人の息子

については、

〈一五七一年（元亀二年）戦死した〉

と記されているにすぎない。三人の娘については、パアデレの書簡に記されていることは、さらに少ない。一五七八年（天正六年）に幼かった娘が一人、荒木村重に人質として差し出されたことは記録に残っているが、一五六三年（永禄六年）に三人とも生まれていたかどうかさえ非常に疑わしい。フロイスよれば、

〈澤城ではダリオの親族ほとんど全部、すなわちダリオの母、妻、六人の子供、姉妹とその夫、甥、姪および他の血族が洗礼を受けた〉

と記されている。しかしダリオの母はイルマン・ロレンソから高山城で洗礼を受けたのだし、彼の既婚の姉妹二人も、このイルマンの訪問を受けて信仰に導かれたのだから、フロイスの書簡に記されていることは、不正確だといえよう。

一方ダリオには一五六三年（永禄六年）に、すでに結婚していた二人の姉妹がいたことは確実である。だが兄弟に関してはあまり分かっていない。グスマン[※8]から[※8]シュタイヒェンにいたるすべての教会史家たちは、やがてパアデレに大いに貢献することになる、和田惟政《これまさ》がダリオの兄であったとしている。シュタイヒ

エンは、澤城主であり町奉行でもあったという、もう一人の兄弟守明にも触れている。しかしシュタイヒェンがアルメイダ[※10]の記録から引用したのはダリオに関することで、アルメイダは誤ってダリオのことを、ドン・フランシスコと呼んでいる。この誤りは、フロイスが「日本史」の中で訂正している。また前述した通り、一五六五年（永禄八年）に高山ダリオが澤城主であったことは明らかである。したがって高山ダリオには、澤守明という兄弟はいなかったのであろうし、イエズス会士の書簡の中にも、守明に関しては何も述べられていないのである。また和田惟政がダリオの兄であったということも、ほとんど証明が出来ない。フロイスは惟政をダリオの「親友」だとしている。さらに「日本史」の中ではっきりと、ダリオを和田ならびにその兄弟と区別している。和田惟政には、和田の息子によって殺害された主膳というただ一人の兄弟があった、と彼は記録している。これによっても、ダリオと和田惟政が兄弟でなかったことは、明らかである。あれだけ親族をキリスト教の信仰に導こうとしたダリオが、自らの兄弟に対してその試みをしなかったとすれば、それこそ不自然であろう。このことからも、ダリオに真の兄弟がいなかったことは、推察に難くない。

三、高山城

ダリオがキリシタンになったころ、ダリオの年老いた母は、摂津の郷里高山に住んでいた。ダリオは、キリストの教えから与えられる慰めと平安を得られないままで、母がこの世を去るのを見るに忍びなかった。そこで、彼はイルマン・ロレンソと共に郷里を訪れ、母や母に仕える家来、侍女たちの前でイルマンに説教してもらった。一同は大きな喜びを持ってイルマン・ロレンソの話を聴き、感銘を受け、洗礼を授かった。ダリオの老いた母は、前からやがて自分を葬ってもら

聖ジュリアーノに捧げられた教会(現在西方寺)

うためにと小さな寺院を建てさせていたが、これはキリスト教の聖堂に変えられ、聖ジュリアーノに捧げられた。パアデレ・ヴィレラが高山を訪れたときには、彼はここでミサを捧げた。母がキリストの教えを尊び、十分に法を授けられ、立派な死の準備のために余生を送ったことは、ダリオにとってこの上ない喜びであり慰めだった。事実ダリオの母は、聖人のように息を引き取ったのである。

四、十市《とおいち》

ダリオは自分がキリストの教えの中に見出した幸福を、家族や家臣だけでなく、友人にも分かち与えようと努めた。澤から五レグア離れたところに、十市城《とおいち》(奈良県天理市)と呼ばれる城があった。城主のイシバシ某は、将軍足利義輝の従兄弟であった。彼はかつて尾張の国に広大な領地を持っていたが、織田信長との戦いに敗れ、その領地を奪われたので、松永久秀のもとへ逃げて、十市城を与えられていた。ダリオはイシバシ某に、

「それがしは今この上なく幸せでござる。イシバシ殿にもこの幸せを味わってほしいのじゃ。キリストの教えを知って、今の不幸の中にも慰めと幸せを見出してもらいたい」

といった。イシバシはこの勧めに従うと答えたので、ダリオは早速イルマン・ロレンソを彼のもとに送り、説教を聴かせた。

〈イシバシ殿は極めて真摯な人であって、日本の諸宗派に関する書を読み精通していたので、心に浮かんできたいくつもの質問をし、十分に教わって後、彼も、妻、子供も、家臣たちも洗礼を授かった。そして、真のキリシタンとして生活し、死に至るまでその信仰を守り続けた〉

とフロイスは記している。

だが、松永久秀の失脚に伴い、十市城も信長の手に渡ってしまったので、十市における基盤は五畿内の教会に対してそれほど大きな働きはしなかった。一五六五年（永禄八年）に十市を訪れたイルマン・アルメイダは、イシバシ某とその家臣たちは、キリシタンの信仰をまじめに守り続けていた、と証明している。イルマンの訪問に見せた彼らの非常に大きな喜び、説教を聴く態度、そして質問を発したその熱心さは、この身分の高い人々の集団の信仰心を証するものであり、イルマンに深い感動を与えたのである。

五、餘野《よの》

摂津の国餘野《よの》（大阪府豊能郡）の城主黒田某は、高山ダリオの遠縁にあたり、親交があった。熱心なダリオは、彼をもまたキリシタンの信仰に導こうと思った。ダリオは黒田某に書簡を送り、〈自分はこの教えの他には、いかなる法においても霊魂の救いはないという、確信を得た。黒田殿もデウスのことを聴き、キリ

餘野城址

スト教徒になるように〉

と、切々と訴えた。ダリオは、その親族や友人たちから、深い信頼と大いなる尊敬を受けていたから、その書簡は黒田某の胸を打った。黒田は居城にイルマン・ロレンソを招き、説教を聴いた。イルマン・ロレンソは、四十日も説教をした。餘野には、日本の宗旨に精通した人たちがいて、絶えずイルマンと宗論を戦わせたからである。それから黒田某は、妻、子供たち、父、兄弟たちおよび家臣と共に洗礼を授かった。ここでは五十三名が信者になり、のちにイルマン・ダミアンが止々呂美《とどろみ》という、黒田領の他の地で法を広めた際に、六、七十人がキリスト教徒になった。

しかし数か月して黒田の父が世を去り、程なく黒田自身も他界した。すると家臣たちもキリスト教を捨て、黒田の妻も親族の圧力から信仰を捨てるに至った。こうしてこの小さいキリスト教徒の一団は、次第に衰退していった。だが、黒田、高山両家の関係はその後も続いていた。そして、黒田家の人々は、やがて再び、教会への道を見出すようになったのであった。

都の外における六か所の新しいキリシタンの集団の中で、四つ以上はダリオの熱心な布教の賜物と言わねばならない。けれど、都や日本の教会全般にとっての彼の真の意義は、この点にあるのではない。それは、日本の教会が求めていた人物が、ダリオのうちに見出された、ということであった。ダリオは、豊後や山口の教会の恩人であった、大友義鎮や大内義長のような強大な領主ではなかった。単にパアデレの強敵の一人に仕える、土地の豪族にすぎなかった。その政治的な権力は、領主のそれに遠く及ばないものだった。しかしそれにも拘わらず、ダリオと息子右近が、日本の教会に対して、いかなる他の者よりも多くのことを、成し遂げることができたのはなぜだろうか？　それは、そのためには彼らが自分の持つすべての愛と、あらゆる犠牲をも捧げる覚悟であった、十字架の教えを証しする心からの献身であった。その信仰は迫害の時には一層輝きを増し、その真価が証明されることとなった、日本の武士道のもっとも高貴な典型とみなされるのである。

註1　P38　五畿内　文献：中西裕樹『高山右近』宮帯出版社（二〇一四）

註2　P40　清原外記枝賢（一五二〇〜九〇）　枝賢の娘は「オイトノカタ」と呼ばれている人物、細川ガラシャの侍女となり、彼女に洗礼を授けた。

註3　P41　ルイス・フロイス（一五三二〜九七）　一五五三年来日、六五〜七六年まで五畿内にて宣教、多くの文献を残すが、特に彼の『日本史』は日本の当時の歴史を理解するには不可欠の書。八三年より九六年までに編述された。文献：松田毅一『ルイス・フロイス、日本史』中央公論社（昭五二）

註4　P49　一レグアは六六〇〇メートル（約六キロメートル）

註5　P51　三箇頼照（一五一七〜？）　河内のキリシタン豪族、飯盛城にてロレンソの話しを聞き、受洗。三箇島（大阪府大東市）に教会を建てるなど河内地方のキリシタンの中心人物となった。

註6　P56　本文中では発刊当時に合わせて「ジュスト」で表記しています、二〇一〇年日本司教団は「ユスト」に統一しています。

註7　P56　高山右近の受洗の年については異論がある。七七年の書簡でフロイスは「一四年前授洗した」と述べている。とすれば六三年が妥当である。文献：フロイス『一五七七年八月二〇日　臼杵発書簡』

註8　P57　文献：Lグスマン、新井トシ訳『東方伝道史　上下』養徳社（昭二〇）グスマンは日本の記録を基にスペインにおいて東方の宣教の歴史を編纂した。

註9　P57　ミカエル・シュタイヘン（一八五七〜一九二九）一八八七年来日、代表作『キリシタン大名』至文堂（昭二九）

註10　P58　ルイス・デ・アルメイダ（?〜一五八三）ポルトガル人で商人、医師。西洋医学を日本に導入して日本人初の病院を作った。後にイエズス会員となった。

アルメイダの書簡を西欧で地図に記す（沢・十市）1596年ファン拡大図

第三章　高山ダリオと都の教会

第一節　澤城におけるイルマン・アルメイダ（?〜一五八三）

一五六三年（永禄六年）から一五六五年（永禄八年）にかけて、五畿内の教会は平穏だった。また、この時期には、主都の内外の戦乱も、影をひそめた。パアデレ・ヴィレラは、この五年間というもの、非常に困難な生活を送っていた。誹謗され、迫害を受け、あるいは追放され、一度としてヨーロッパの同僚に会うこともなく、したがって赦しの秘跡も受けられず、意見を語り合う慰めもなかったのである。だが一五六四年（永禄七年）の末、管区長パアデレ・コスメ・デ・トルレス（?〜一五七〇）は、都の教会の重要性を認め、布教者の数を増やしたいというパアデレ・ヴィレラの意見をとりあげた。彼は、パアデレ・ルイス・フロイスと、イルマン・アルメイダを手助けとして、パアデレ・ヴィレラのもとへ送った。五畿内のキリスト教信徒たちを訪ね、布教の状態と彼らが置かれている状況について、管区長に報告するためであった。[※1]一五六四年（永禄七年）フロイスとアルメイダは乗船し、幾度か中断された長い旅の末、一五六五年（永禄八年）一月二十七日、大商業都市であり港町でもある堺に上陸した。

堺で彼らは、豪商日比屋《ひびや》了珪《りょうけい》の一家に歓待された。イルマン・アルメイダは、旅の途中で発病していたし、この町で用事もあったので、幾週間か堺に滞在した。

やがてイルマン・アルメイダは、了珪の手厚い看病によって回復し、委託された用務を終えたのち、飯盛、三箇島、都、奈良、十市、澤の教会を次々に訪ねた。澤には十日間滞在したが、報告書に見られるのは、すべて城主ダリオへの賛辞である。

イルマン・アルメイダは澤城の教会とパアデレの住居について、

〈小規模ではあるが、設備は非常に快適で、いたって清潔である。ダリオがこの道に精通しているので、優良な材木を使い、頑丈に作られている〉

という記録を残している。

イルマン・アルメイダが澤城に到着したとき、城主ダリオはまだ狩猟から帰っていなかった。彼は来客をもてなそうと、饗宴を開くために狩りに行き、途中でイルマンを迎えるつもりだった。だが、イルマンは、出迎えの武士に伴われて、予定より早く到着してしまっていた。ダリオは日ぐれ近く狩りから戻り、まず従者と共に教会を訪れてから、イルマン・アルメイダに挨拶した。

イルマンはダリオの親切な応対に感謝し、ダリオは、

「いやいや、イルマン殿こそ、遠路はるばるご来駕くださり、光栄にございます」

と答えた。だがダリオは狩りのため、イルマンは長旅のために二人とも疲れていたので、この初めての会見はごく短かった。

アルメイダは、このようにダリオを描写している。

〈今まで見た日本人の中で、最も長身であり、堂々とした体躯を有している。勇敢で武術に優れた武将であり、人に対しては愛想よく賢明で、日本の諸宗派に精通しているが、キリシタンの法にも、これに劣らず通じている〉

と述べている。

イルマン・アルメイダは十日間澤城に滞在した。この間にダリオが示した強い信仰と、倦まざる熱心さは、イルマンに感銘を与え、彼は次のような記録を残している。

〈主はダリオ殿に対し、恩寵とデウスのことに対する深い理解とを与えたもうた。彼は絶えずデウスの尊厳に関して語り、霊魂の救いに対して不熱心であった部下を叱責するのを、私は数回見た。また、ダリオ殿が数名の異教徒の武士たちとともにいたとき、彼はデウスと、彼らが崇拝している偶像との違いを教えているのも見た。話が進むにつれてダリオ殿は非常に熱して、『キリシタンでない人間が、なんの役に立つであろうか？　デウスを知り、且つ畏れないような人間を、どうして信頼出来ようか？　だからわたしはキリシタンでない者を人間とは思わない。そんな人間と友達になることも、使うことも欲しない』とまで言った。これは、彼がほかの幾つかのことと共に言ったことであるが、半生を異教徒として過ごし、つい最近改宗したばかりであり、しかも改宗後一度しかパアデレの来訪を受けていない彼に、このように堅い信仰があることを知って、驚嘆の念を禁ずることが出来なかった〉

イルマン・アルメイダが滞在している間に、ダリオは隣接する城の城主を訪ねた。主君松永久秀に対して叛旗を翻そうとしていたこの城主を、臣下の道に引き戻すためであった。ダリオのこの試みはかなり大胆なもので、彼の豪勇さを示すものである。また一方では、ダリオの臣下としての忠節と、武士道精神を示すものである。

〈後に残った我々は、彼の身に不幸なことが起こらないように、夜通しデウスに祈った。主はダリオに恩寵を垂れ給い、すべては彼が望んでいたようになった。ダリオはその城主と和を結び、主君に服従するようにと彼の心に訴えた〉

と、イルマン・アルメイダは記録している。すべてがうまくいったので、澤城は大きな喜びに沸いた。さらにダリオはこの好機を逃さず、デウスの教えが真理であること、彼らがそれまでその中で生活してきた間違いについて説いた。その結果、多くの武士がキリシタンになるために、説教を聴いてもっと学びたいと望んだ。

イルマン・アルメイダは、更に二つの例を挙げている。それはおそらくその当時に行われたことではないが、布教に対するダリオの熱心さを物語っている。ある時、ダリオは別の城主を訪ね、彼とその家族全員をキリスト教徒にした。また別の時、ダリオが美濃の国に行ったとき、その地の有力者で、身分の高い二人の者を改宗させた。アルメイダは彼らに洗礼を授けるために、その地へ行こうとしたが、二十五レグア以上も離れていて、堺でもう出発の準備が整っている便船に間に合うように、戻ってこられるかどうか危ぶまれたので、やむなく断念した。だが、その二人の改宗によって、幾多の効果がもたらされることを考え、だれか代わりの者を送るようにと、都に書簡を送って、手配したのだった。アルメイダの記録の残りの部分は、澤の信徒たちの状況や、イルマンの布教の仕方について記してある。

〈日曜日には最も身分の高い信徒とその夫人たちが、教会に集まった。連祷を歌い終わると、挨拶があり、ダリオは彼らを引きとめ、食べきれないほどのご馳走を出し、食後には長時間デウスのことを話し合った。キリシタンになりたいと望む者が何人かいたので、予定よりも長く滞在したのだが、その間中ダリオは、私たちの説教を皆が理解できるようにと、予め準備をさせたりして、心を砕いていた。また、ダリオがデウスの法を広めるためには、どこにでも行こうと常に準備していることを聞いて、自らを顧みて恥じないわけにはいかなかった。洗礼を願う人々が教理を教わったのち、身分の高い武士九人に洗礼を授けたが、そのうちの一人は若い武士で、教理を聴き、洗礼を受けるために、わざわざ十レグアも離れたところから来たのであった。数人の信徒が、デウスの法について彼に語ったことと、彼が聞き及んだデウスのことが、キリシタンとして死ぬ決意を固めさせたほどの感銘を彼に与え、私が澤城に来ていることを知って、急いで澤に来たのだった。彼は私にその熱望をあかし、洗礼を受けるに至った〉

イルマン・アルメイダが帰る時には、ダリオは二十四人の兵士に途中まで送らせ、そのうち四名は堺までイルマンを護衛して行った。主君ダリオの厳命で、旅費は一切彼らが支払った。

第二節　将軍足利義輝への謀反

五畿内の平和はたいして長く続かず、都の政治状態も紛糾していたが、三好長慶の晩年にはある程度の平静さが見られた。老獪な松永久秀は、五畿内の頭株として振舞おうとしていたのではあったが、長慶の生存中はその野心は、それほどあからさまに、表面には現れなかった。一五六四年（永禄七年）に長慶が没すると、松永久秀の野望を阻む者は、将軍義輝だけになった。久秀は彼にとって代わろうと、企みを広げた。阿波国には前々から将軍職を要求していた、将軍家の一族足利義栄《よしひで》がいた。久秀は彼を将軍に担ぎ上げようと考えた。三好三人衆といわれる三好日向守長逸《ながゆき》、三好下野守政康《まさやす》、岩成主税《いわなりちから》も同様のことを望んでいた。この謀の首謀者は松永久秀であったが、彼は狡猾にも表には出ず、三好長慶の養子三好義継《よしつぐ》を利用した。義継と久秀の息子義久《よしひさ》は、一万二千の兵を率い、表向きは将軍の恩恵に感謝するために、都へ向かい、将軍を饗宴に招待した。だが、一五六五年六月十七日（永禄八年五月十九日）、約束の期日の二日前の早朝、彼らはその兵を率いて将軍の屋敷を襲撃した。将軍は百五十ないし二百名の忠臣と共に、豪胆に抵抗を試みたが、優勢な敵の前に敗北した。義輝の義父近衛植家《このえたねいえ》は婿の面前で死を遂げ、植家の息子は、奮戦の後戦死した。義輝の母は謀反人たちの手にかかって殺され、妻はさしあたり逃れたが、後に暗殺された。将軍の兄弟である鹿苑寺の僧周暠《しゅうこう》※2は、殺害者の命によって殺され、第二の兄弟、奈良一乗院の寺僧覚慶《かくけい》(足利義昭の法名)は捕縄され、逃亡して難を避けることができなかったら、二人の兄弟と運命を共にするところであった。

彼らは足利義輝の殺害には成功したが、その後松永久秀と三好三人衆の間にも争いが起き、久秀は次第にその勢力を失った。三好三人衆は足利義栄を将軍として都に戻った。この状態は、一五六八年(永禄十一年)秋まで続いた。

第三節　パアデレの都追放

日蓮宗の門徒であった松永久秀は、キリシタンたちの敵であった。そして、パアデレたちを憎悪していた、その宗派の僧たちの支配下にあった。だからもし彼が、三好義継の臣下の多くのキリシタン武士たちのことを考えなくてよかったならば、パアデレの住居は、真っ先に破壊されたに違いなかった。パアデレたちは非常に危機にひんしていたので、彼らは友人たち、とくに結城山城守からは何度も警告を受けていた。

「主君に対してさえ、あのように非礼な反逆を敢えてした者どもです。パアデレ殿にも、どのようなことでもしかねませぬ。ましてや日蓮宗の仏僧どもは、パアデレを殺害し、キリシタン宗門を根絶やしにし、教会を取り壊そうと企んでおりますぞ」

と、結城山城守はいった。事実三好義継のキリシタンの家臣たちが、

「命にかけても教会を守る」

と公言していなかったなら、その当時に、教会に対して打撃が加えられていたであろう。

この後間もなく、結城左衛門尉は毒殺された。その時パアデレたちは、彼を最も名望あるキリシタンの一人として、盛大な葬儀を行いたかったのだが、仏僧たちはこれを挑戦と見た。彼らは、パアデレたちを殺害し、教会を没収しようとしたのである。だが、これを知った三好義継のキリシタンの家臣たちは、いち早く教会に集合し、教会を死守しようという構えを見せた。信徒たちはパアデレ・ヴィレラに、

「急いで飯盛城の傍の教会にお逃げください」

と、切々と訴えた。最悪の場合、都の信徒たちのもとには、フロイスだけが留まるように、と彼らはいったのである。

だが義継の家臣の決意を前にすると、松永久秀も三好も一戦を交えようとはしなかった。当面の相手は、自身の家臣だったからである。そこで彼らは天皇に「追放令」を願って、パアデレたちを追放し、教会を没収しようと考えた。そのため、フロイスも追放される運命にあった。だが、有力な友人の助けを得て、この過酷な命令も、やや寛大に実施され、フロイスが都を去った後に、この追放令が布告されることとなった。フロイスは品物の安全を図り、また妨害を受けずに街を去ることが出来た。フロイスは飯盛の教会でパアデレ・ヴィレラに会い、そののち三箇島の教会へ向かった。が、程なく三好義継が飯盛城へ帰り、パアデレが彼の居城の近くにいることは、非常に挑戦的な態度と受け取られる恐れがあるので、八月初旬に堺へ戻った。堺では日比屋了珪が、自分の家の近くにささやかな家を用意した。ここでパアデレ・フロイスは、まる四年追放者として過ごすことになった。

翌年の春、ヴィレラは九州に行くことになったので、教会の仕事はすべてフロイスが受け継ぐことになった。彼はそれまでどちらかというとなおざりにされていた、堺の信徒たちを保護し、三箇島で付近の信徒たちのために秘跡を行ったり、尼崎や大坂に散在する信徒たちを訪問したりした。また堺の郊外で松永、三好の軍が対峙した時には、フロイスは両軍のキリシタンの兵たちを降誕祭に堺に招き、異教徒たちに愛と和合の模範を示した。一五六六年のことである。わざわざこの日のために借りた大きな式場で荘厳なミサが捧げられ、その翌日には、礼服を着た若い武士たちが奉仕して、宴が開かれた。この盛大な降誕祭の祝いは、異教徒たちに深い感銘を与えたのである。

パアデレたちは、主都へ帰るのが目的であった。追放されてすぐ、都のキリスト教徒たちに働きかけて、何とかして朝廷との関係をよくするように試みたが、信徒たちは〈パアデレたちは人の肉を食べない〉ことを日本の神々にかけて誓え、という要求のまえにすべての試みを諦めざるを得なかった。キリスト教徒は、唯一の神のみ前においてのみ、誓いを立てることが許されているからであった。パアデレ・ヴィレラは、豊後の大友義鎮《よししげ》に願って、朝廷の貴人に依頼状を書いてもらったが、効果はなかった。一方パアデレ・フロイスは、三好党の有力者である篠原長房《ながふさ》のとりなしによって、追放令を取り消して貰おうとした。実際、長房がどれほどパアデレたちのために尽力したか、追放令の撤回のためにどれ程朝廷の公卿、三好義継、そして最後には三好三人衆の心を動かすように努めたかは、驚くほどであった。こうしてパアデレ・フロイスの計画が間もなく達成されるだろうと思われた時、長房と三好三人衆は、信長によって追放されることになった。それにより、五畿内の事情は、すっかり変わってしまったのである。

第四節　和田惟政と高山ダリオ

高山ダリオには、和田惟政《これまさ》という親しい友人がいた。彼は、近江国甲賀郡にある油日《あぶらひ》村の土豪だった。こんなにも郷里が離れている彼らが、ごく親しい友情に結ばれていた、というのは不思議なことに思われるかもしれない。高山ダリオの祖先が、甲賀郡高山村に城を築き、それから高山姓を名乗るようになった、というのが事実ならば、彼らはおそらく遠縁だったのであろう。これは、黒田の場合と同様である。彼らはごく親密な間柄だったので、最も古いイエズス会の史学書には誤って〈兄弟〉と書かれているほどである。

高山ダリオと和田惟政が姻戚関係にあったという説も、取り上げられないではないが、フロイスははっきりと、二人を「親友」であった、と述べており、ダリオの親族はみなキリシタンになっているのに、惟政は、たとえ心の中ではキリシタンであったとしても、洗礼を受けなかった、という事実を反証としてあげている。

高山ダリオは、自分がキリシタンの信仰で見出した幸福を、親友である和田惟政に分とうといろいろ努力したのは、当然のことである。一五六四年（永禄七年）から翌年にかけての冬に、和田惟政が京都に来たとき、ダリオはキリストの教えについて彼に話し、パアデレの説教を聴くようにと誘った。惟政はこの勧めを受け入れ、ダリオと一緒に教会へ行った。ちょうど、天地万物の創造主、主なる唯一の神の存在、および日本の諸宗派の実のないことに関するものだった。惟政は一時間にわたって熱心に耳を傾けた。彼はもともと真実を極めたいと心から願っていたから、説教を聴いて深い感銘を受けた。後日彼はパアデレ・ヴィレラを訪ね、長い時間親しく歓談したのちに言った。

「パアデレ殿。予は、キリストの教えについてもっと知りたい。今は郷里に戻りまするが、要務の片が付き次第、またお話をお聴きしたい」

惟政のこの短い訪問は、後日日本の教会にとって、非常に大きな実りをもたらすことになったのである。

その後ほどなくして、将軍足利義輝は暗殺され、パアデレたちは都から追放されて、堺へ逃げた。惟政はそれを聞くとすぐにダリオに書簡を送り、キリシタンの教えについてもっと学びたいので、日本人のイルマンを自分のもとへ送ってほしい、と依頼した。そして、[※3]イルマン・ダミアン（?～一五八六）が、甲賀に向けて旅立った。だが、イルマン・ダミアンが甲賀に着いたとき、和田惟政は大切な要務のため、旅に出た後だった。イルマン・ダミアンは目的を果たすことなく堺へ帰った。

五畿内ではその後まもなく戦が起こり、松永久秀はいくつもの城を失った。松永の家臣であった高山ダリオも、当然この戦の巻き添えを食った。澤城は包囲され、ダリオの軍は勇敢にたたかったが、食料と弾薬の欠乏のために、終に落城した。ダリオは仕方なく、ひとまず郷里摂津の高山村に帰ることにした。

一方織田信長は、足利義昭《よしあき》を将軍職につけようと準備していた。和田惟政は信長方の陣営におり、逃亡中の義昭を親戚のもとにかくまったりして、信長のために尽力した。このことを聞いて高山ダリオは、直ちに惟政の臣下として彼の軍に加わり、一五六八年（永禄一一年）の秋、惟政と共に京都に入った。義昭は十月十日京都に入り、間もなく天皇から将軍に任ぜられた。和田惟政は、将軍と織田信長への忠誠の報酬として、山城、摂津両国の代官職を得、統治下に芥川《あくたがわ》城（大阪府高槻市）をあたえられた。惟政はその管理を高山ダリオに委任した。

第五節　パアデレの入京

和田惟政の突然の隆盛によって、高山ダリオの勢力も大きくなった。これは都の教会にとっても、大きなことだった。パアデレたちが京の都から追放され、名誉を傷つけられていたのでは、教えを広めることなど望めなかったからである。このことを誰よりもよく知っていたダリオは、パアデレたちを都へ連れ戻すために、全力を尽くす決意を固めていた。

一五六九年（永禄十二年）の初頭、堺の町に慌ただしい動きが見られた。人々は信長の報復を恐れていた。堺の街は信長の敵である三好一族に肩入れしていたのだから、その恐れはいわれのないものではなかった。目前に迫った信長の侵入に備えて、人々は自分たちの生命や財産を守ろうと、汲々としていたのであった。パアデレ・フロイスも、教会の諸道具を携えて、何度も危険な目にあいながら、尼崎まで逃れた。が、ここでも安心できなかったので、さらに高山ダリオの郷里まで逃げた。その間に信長は、佐久間信盛《のぶもり》を大将とする一万五千の兵を堺に送り、街の乱を鎮めた。この軍勢の中には、和田惟政、高山ダリオの姿もみられた。

ダリオは、親しい惟政に言った。

「今こそパアデレたちに都へ戻って頂きたいと存じます。お力をお貸し頂ければ幸甚に存じます」

もともと惟政はパアデレ・ヴィレラとの初対面以来、キリスト教を非常に尊敬

していて、

「予もいつかはキリシタンになるつもりだ」

と言っていたほどであったから、喜んでダリオの頼みに応じた。ダリオはすぐに高山からパアデレ・フロイスを呼び寄せた。時を同じくして、イルマン・ロレンソも、豊後から堺へやってきた。

フロイスが到着するとすぐに、ダリオはイルマン・ロレンソも伴って、和田惟政を訪れた。惟政は非常に喜び、また彼らを親しげに出迎えたので、側近の者は驚いたほどであった。惟政は極めて多忙であり、来客も多かった。たまたま有名な武将である柴田勝家が来合せていて、惟政は彼と食事を共にしようとしていたが、これを後回しにさせて、デウスの法について話してくれるように、とイルマン・ロレンソに頼んだ。ロレンソの説教は二時間に及んだ。その説教を聴いて居合わせた人々はみな満足したが、特に和田惟政は、賛辞を惜しまなかった。フロイスは、

〈翌日和田殿はイルマン・ロレンソを呼ばせて、『予は、異国人であるパアデレ・フロイスに、深く同情している。パアデレが堺に追放され、見捨てられてい

るのを知ったからである。都に呼び戻し、できる限りの援助をしよう』と約束した。そして、何らかの見返りを得るためにそうするのではなく、彼らの説く正しく聖いキリストの教えを聴いた、自分の満足を表すためにそうするのだ、と付け加えた。『堺の者がパアデレを軽蔑することがないように、ここに滞在している間に、何回かパアデレを訪問し、彼が予の庇護のもとにあることを、皆にしっかりと知らせよう』和田殿は、そう言った〉

と、彼の「日本史」[※4]の中で述べている。

それは空約束ではなかった。惟政はその日のうちに、パアデレ・フロイスを信長の主な家臣たちに紹介した。それはパアデレを都へ呼び戻すときに、諸将の援助を受けられるためであった。夕方には、パアデレ・フロイスが住んでいる街に行き、贈り物を持って日比屋了珪を訪れ、彼が長年にわたって示した、パアデレへの好意と奉仕に感謝した。その時惟政は了珪に、「予はパアデレを都に呼び戻したい、そしてキリシタンらも保護したい、と考えている」

と言った。

その後惟政は、堺滞在中の七、八日の間に多くの従者を伴って、数回フロイス

を訪れた。そしてそのたびに、

「パアデレ殿を都に帰すように、主君信長公に願おう」

と誓った。

彼の言葉が真実だったことが、程なく明らかになった。和田惟政は都へ戻るとわずか数日後に、パアデレ・フロイスを都へ連れ帰るようにと、高山ダリオに命じた。ダリオはもちろんすぐに実行に移した。教会はダリオの尽力によって、和田惟政という新しい有力な味方を得たのである。

ダリオは、まず家臣を数名堺へ行かせ、パアデレ・フロイスに、都へ戻る許可を得たことを知らせた。そして、自分は堺から八レグアの地点まで迎えに出るから、すぐ出発の準備をするように、と伝えさせた。

パアデレ・フロイスはその日昼夜にわたって赦しの秘跡を授け、翌朝信徒に聖体を授けた。それから、都への旅についた。信徒たちは、街から半レグアの地まで彼を見送った。夕方近く、フロイスは従者と共に富田に着き、そこに一泊した。そして翌日、荷物を受け取りにきたキリシタン武士[※5]池田丹後守の、家臣に会った。

天神の馬場（大阪府高槻市）の僧院では、パアデレを都まで護衛するために、精鋭の一隊を伴って、ダリオが待っていた。

都の信徒たちは、

〈ご受難の日曜日に、パアデレ様がお戻りになる〉

という知らせを聞いて、三レグア離れた山崎まで迎えに出た。だが、その日パアデレは来なかった。前日折悪しく激しい雨が降ってきたので、ダリオが、

（予定を変えて、今夜は芥川城に一泊し、翌日に京都へ入ったほうがよかろう）

と考えたからである。

そこで信徒たち一同は引き返し、翌日もう一度出かけ、今度はパアデレに会い、彼をかごに乗せて、まるで凱旋でもするかのように都に戻った。ところが、その時教会には、一人の武士が家臣と共に宿泊していて、すぐに空けさせることが出来なかった。それでパアデレ・フロイスは、人望のある有名な信徒の宗意《そうい》・アンタンという人の家に宿泊することになった。

パアデレ・フロイス到着の報をイルマン・ロレンソから知らされた和田惟政は、宿の主人アンタンへの贈り物を携えて、翌日すぐにパアデレを訪ねた。別れ

際に惟政は、

「パアデレ殿、明日信長公に謁見を賜ることになり申した。もちろん、予も同行仕る」

と言った。

同じ日フロイスは、結城山城守、池田丹後守、高山飛騨守をはじめとする、主だったキリシタンの武将たち、その他将軍家の武士たち、三好義継等の訪問を受けた。一同は、思いがけなく早く、しかも何の面倒な問題も生ずることなくパアデレが京の都に戻ってこられたことへの、驚嘆の色を隠せなかった。

第六節　信長の庇護を得て

大友義鎮、篠原長房のような勢力のある領主が、四か年も骨を折っても出来なかったことを、高山ダリオはその熱意と手腕をもってわずか数日のうちに成し遂げた。パアデレ・フロイスを主都に連れ戻したことによって、高山ダリオは五畿内教会の、救済者とみなされたのである。

到着後二日目に、フロイスは織田信長に謁見を叶えられることとなった。惟政は自ら信長にフロイスを紹介するため、同行した。

信長はちょうど奏楽を聴いているところだったので、異国の珍客を遠くから観察しただけで、フロイスを親しく迎えることはなかった。その代わりに和田惟政と佐久間信盛が、いろいろな料理を盛った膳を、パアデレの前に据えたのであった。信長はフロイスが持ってきた贈り物を見て、気に入ったと思われるビロードの帽子一つだけを受納し、残りの物はすべてフロイスに返した。それは、同時に客との別れを意味していた。

後日信長は、和田惟政と佐久間信盛に、

「予は、パアデレと話したくなかった。それは、どういう風に彼を扱ったらいいか分からなかったためと、もし予が単身パアデレと会ったら、人々は予もキリシタンになろうとしている、と考えるかもしれぬ。それを恐れたためじゃ」

と言った。しかし信長の態度を見た仏僧たちは、あることないことを言い触らし、パアデレを威嚇して、再度都からおいだそうと企てた。イルマン・ロレンソからこの知らせを受けた、和田惟政、佐久間信盛、高山ダリオたちは、「仏僧どもは自分たちの勢力を見せようとしているにすぎないのだから、煩わされないように」と、フロイスに忠告した。フロイスは、信長の指図によって、将軍を訪問することになっていたが、将軍は体調の不良を口実に、彼と会おうとはしなかった。これは、明らかに信長の機嫌を損ねないように、と配慮したものだった。

パアデレ・フロイスが、信長からも将軍からも、期待していたような待遇を受けなかったので、惟政たちは少なからず失望した。惟政は、再度フロイスを信長のところへつれて行けるまでは、心が安らかではなかった。そこで彼は、騎馬の者三十名を引き連れて、再びフロイスを迎えに行った。惟政の指図によってフロイスはかごに乗り、和田惟政と佐久間信盛は徒歩で先頭に立って信長のところへ行った。

そのとき信長は、将軍邸（二条城）[※6]の新築場にいて、工事の監督をしていた。信長はパアデレたちが来るのを見て、六、七千人が忙しく働いていた堀の橋へ出かけて行って、フロイスを呼び寄せた。信長は親しく彼を迎え、橋板の上で対座して雑談を始めた。信長はフロイスに、その年齢、故郷、学問や計画、日本の教会に対する希望等について尋ねた。最後の問いには、フロイスに代わってイルマン・ロレンソが、

「恐れながらお答え申し上げます。この国にキリシタンになりたいと願いながら、仏僧どもの敵愾心を恐れて、最後の一歩を踏み出せない者が、相当数居るものと思われます」

と答えた。

「パアデレは、このように遠国までなぜ来るのか?」

「パアデレたちは、日本人に霊魂の救いの道を教えることによって、宇宙の創造主にして人類の救い主であるデウスの御意に添い奉らん、という望みによって遠国から参ります。その他には何の望みも持っておりませぬ」

この答えは、信長が仏僧たちに痛烈な一撃を与えるよい機会となった。信長は、二人の話を盗み聞きしようと、近くに来た仏僧たちを見やり、

「あそこにいる欺瞞者どもは、汝らパアデレのごとき者ではない。坊主どもは人民をたぶらかし、虚言を吐き、詐欺のし放題じゃ。奴らはいつも尊大に構え、

出過ぎたことをする。予はこれまでに幾度となく、あいつらをすべて殺し、根絶やしにしようと思ったが、民衆を騒がせないように、また予が坊主どもに同情心を持っていたがために、見逃してきたのじゃ。坊主どもが予を嫌悪していることを、知っていながらじゃ」

と大声で叫んだ。

このようにして今回の謁見は、パアデレ・フロイスとその保護者である和田惟政が、満足するものであった。信長もまた、異国の布教者との会見を楽しんだ。信長は、これからもフロイスを招いて語り合おう、と約した。そして和田惟政に、「パアデレに将軍邸の新築をゆっくり見物させてやれ」

と命じ、自分と同じく、将軍もパアデレを歓待するように、パアデレを将軍のもとへ連れて行くことを委託した。

こうしたいきさつがあったので、今度は将軍もめったにないほどの好意を表わして、パアデレを迎えたのであった。信長と将軍足利義昭からパアデレに、そして教会にも与えられたこの好意ある待遇のことを知って、信徒たちが喜んだことは言うまでもない。殊に将軍邸の新築現場における橋の上の歓談は、日本教会史上、一転換期としての意義を持っていた。信長にとって、これがヨーロッパ及びキリシタン宗門を代表する者との、最初の出会いであったことを思い起こすと、これは世界史的な意義を持つものとも考えられる。

この出会いによって始まった、信長と宣教師との友情は、時とともにますますその親密度を増していった。そしてそれまで閉ざされていた福音に対する扉を、すべて開くことになったのである。日本におけるもっとも強大な人物が、教会の友であり保護者でもあることを公言したことによって、あらゆる困難や妨害は取り除かれ、ザビエルの夢は実現していくかと思われた。

パアデレは天皇の命令によって都から追放され、形式上もその撤回なしに、信長の命令によって連れ帰られたのであった。だから、当時岐阜にあった信長の居城に向けて、彼が都を去ったのちに、反対者たちはこの手続きの不備を理由にして、フロイスを再度追放するのではないかと案じられた。フロイスは、すでに例の橋の上(二条城)の謁見の際に、居住と保護を約した信長の朱印状を願ったのであるが、その時にはかなわなかった。惟政はパアデレには内緒でいろいろ手をつくし、ついに信長の朱印状をもらうことに成功した。信長は彼のいつものやり方とは違い、これに何らの見返りを求めることもなかった。惟政はさらに、天皇にもパアデレの保護状を願おうとした。そうすればパアデレは何の不安もなく都に滞在し、教えを広めることが出来るからだった。惟政のこの行為が、無用な予防策ではなかったことが、間もなく分かるときがきた。

一五六九年（永禄十二年）五月に信長が都を去るか去らぬかに、パアデレに対して、新たな嵐が起こった。信長が二条城造営の監督を委任していた、キリシタン宗門を憎悪していた日乗上人が、パアデレを再び京都から追放しようとする動きを見せたのである。非常に悪巧みに長けた日乗上人は、新しい勅令を得ようと、奔走し始めた。

信長が都を去るに先立って、フロイスが別れの挨拶のために信長を訪れたとき、たまたま日乗上人も居合わせた。信長は、上人とパアデレ・フロイスに宗論を戦わせるように、と命じた。日乗上人は策士で実行の人であったが、教養に欠けていた。スコラ哲学を学んだパアデレや、能弁なイルマン・ロレンソの敵ではなかった。言い負かされた上人は逆上し、いきなり刀を抜いてイルマンの頭を狙った。だが居合わせた人々に抑えられ、武器を奪われてしまった。上人はすっかり面目を失い、キリシタン宗門への復讐を固く誓った。

上人は、朝廷内に持っていた彼の力を利用して、パアデレへの新たな追放令を得ることに成功した。だが、信長や将軍の許可が得られず、実行に移すことはできなかった。そこで彼はまず将軍に取り入ろうとした。もし惟政が将軍に事実を教えなかったならば、上人はやがて目的を果たしていたであろう。しかし、信長は上人を信用していて、ついにはパアデレ・フロイスよりも、彼を重んじて考えそうだったので、さすがに惟政も、フロイスとイルマン・ロレンソを岐阜の信長のもとへ送った。岐阜には惟政の有力な知人がいて、パアデレに有利になるように、権力者信長にとりなしてくれると考えたからであった。

それは成功したが、日乗上人の憎悪は、今度は惟政に向けられ、中傷によって惟政を陥れようとした。だが和田惟政は、これほどになっても彼の保護するものを見捨てず、イルマン・ロレンソを再度岐阜へ行かせ、日乗上人の陰謀を信長に知らせた。イルマン・ロレンソは、丁重に迎えられた。信長はすぐにフロイスに宛てた、好意に満ちた書簡を書き、

「予がいつまでも愛顧するゆえ、仏僧どもを恐れる必要などない」

と強調した。惟政も程なく信長の寵愛を取り戻し、キリスト教徒たちは胸をなでおろし、喜び合ったのである。他方、日乗上人は間もなく信長の寵愛を失った。

註1　P69　アルメイダの五畿内地方旅行　文献：フロイス『日本史』（二二章を参照）

註2　P76　足利周暠《しゅうこう》については、最近の研究によると、結城了雪神父の祖祖父にあたり、了雪の妹は阿波将軍義栄の曾孫に嫁いだ。結城神父はいずれにしても将軍家とつながる家系といえる

註3　P82　ダミアン修道士（〜一五九六）秋月出身、一五五六年頃イエズス会入会、一時退会したが、七六年再入会、初期の日本教会に寄与すること多であった。

註4　P86　文献：松田毅一・川崎桃太『フロイスの日本史』四一三八頁参照（中央文庫版では第二巻三四章一三二頁）

註5　P87　池田丹後守教正ジョアン　三好長慶に仕え、義継亡き後は織田家に仕え、信長亡き後豊臣に仕えた。

註6　P91　二条城、ここに話される二条城は、現在の京都の観光名所二条城と異なる。京都御所から平安女学院にかけての場所である。

和田惟政の墓（伊勢寺）

第四章　高山氏の高槻領有

第一節　和田惟政の討死

将軍足利義昭が京都に入って以来、高山ダリオは、親しい友人である和田惟政の配下に属していた。フロイスが都に戻ったとき、ダリオは芥川城の城主であったが、同年の夏にはすでに高槻城（大阪府高槻市）にいた。高槻城は、芥川城の代わりに、惟政が信長から与えられたものである。この城で、ダリオは惟政の兄弟である和田主膳《しゅぜん》と一緒に、自分の住宅を構えていたのである。イエズス会の史学者たちが、惟政とダリオは兄弟である、と誤解したのはそのためであろう。

惟政は従来通り、信長の寵愛を受けていた。その地位は、五畿内きっての名望と威勢を誇っていた。彼の主城であり本拠地は、高槻城であった。彼はここから、京都や他の用務に出掛けた。惟政は以前と同様に、キリスト教徒になる望みを持っていたが、いくつもの用務と、ほとんど絶え間のない戦のために、キリスト教の基礎的勉強さえなかなかできなかった。そして徹底的な勉強もしないで洗礼を受けるのは、惟政の望むところではなかった。しかし彼がこれまでに何度も示したように、その望みは真摯なものだった。例えば、一五六九年（永禄十二年）にも、多数の武士が居合わせた中で、惟政はイルマン・ロレンソに言ったことがある。

「予は、デウスの法に関する説教を、幾度も聴き、世界の創造主であられるデウスの他には、神は存在しないことを知ったのじゃ。日本の神仏は、ことごとく人間が作り出したものであり、取り上げる価値のないものだ、ということが明らかになった。予はいまだにキリシタンになる決心はついておらぬ。だがパアデレを庇護する、という使命は引き受けた。予はこの城内に、パアデレのために教会を建てようぞ。寺院を取り壊して、そこに教会を建てるつもりじゃ」

と。この少し前に、惟政は、教会とパアデレの住居を建てようと思った場所を、イルマン・ロレンソに見せて、意見を求めた。ロレンソは、少し落ち着かない場所だ、と言ったので、惟政は、

「それでは、もっと適した場所を探そう」

と約束した、惟政は信仰の教えを受けるために、イルマン・ロレンソを四日間高槻に引き留めたが、その日が過ぎるかすぎないうちに戦が起こり、惟政の勉強はまたもや中断されてしまった。

このようにキリシタンになりたいという熱い望みを持っていた惟政であったが、キリシタンとして死ぬことはできなかった。惟政は、彼の領地の境界に新しく二つの城を築いた。隣接の領主荒木信濃守村重はこれを知って大いに怒り、この二つの城を破壊する決心を固めた。村重は、一五七一年(元亀二年)九月七日、

〈惟政の首を持ってきた者には、誰にでも千五百石を取らせる〉

という布告を行った。それと同時に、彼は三千の兵を率いて、一方の城である馬塚を攻めた。ここでは高山ダリオがその息子右近と共に防戦した。だが、危機が迫ったのを見て、高山ダリオは高槻の惟政に救援を求めた。高槻では当時惟政の配下に百名を下らない最精鋭の兵がいたが、他の五百名はこの地から幾レグアも離れたところにいた。

惟政は二百名の兵と共に、ただちに馬塚に駆け付けた。そこで惟政は千名以上の敵兵がいるのを見たが、自身の率いる軍勢を過大評価し、息子の率いる五百名の援軍を待つこともせずに、手勢二百で敵を攻撃した。しかし戦いが始まってすぐに惟政は、自分たちがさらに二千人の敵に包囲されていることを悟った。数において到底かなわない惟政の軍は敗れ、惟政は十六歳になる甥を含む、幾多の忠臣と共に命を落とした。惟政の息子（惟長《これなが》）は、父の敗北と討死の知らせを受けて、少数の部下を引き連れて高槻に逃げ帰り、大部分の部下は憶病にも、ちりぢりに逃げてしまった。

井河原合戦跡（幣久良橋附近）

フロイスはその時、京都に帰るために三箇島《さんが》に来ていた。道中が危険だったので惟政から護衛の一隊をつけてもらおうと思ったフロイスは、早朝ダリオに使者を送った。

間もなく三箇島では銃声が聞こえ、高槻付近一帯が燃え上がっているのが見られた。午後になって使者が戻り、惟政が戦死したこと、息子は高槻に逃れたことをしらせた。五畿内の教会にとって、保護者惟政を失ったことは、大きな痛手であった。フロイスが同年九月二十八日、すなわち事件の約二十日後に、インドの管区長アントニオ・クアドロスに宛てた書簡には、洗礼の恵みも受けずに惟政が世を去ったことを、悔やんでも悔やみきれない、と述べている。

〈我々は何かを失ってみて初めて、その価値を認めるものでございます。これがまぎれもない真実であることが、私の身に、今証明されました。私は、和田殿が私に示してくれた数々の好意と恩恵とを、半ば当たり前のように思っていたのです。ですが、その保護と援助を失った今、それがどれほど大きなものであったかを、やっと悟りました。キリシタンになった彼を見ることを熱望していたのに、その望みがかなわぬままに彼を失った苦しみは、和田殿が示してくれた数々の親切と好意を思い起こすとき、一入《ひとしお》でございます。彼への感謝の念は、言葉にあらわせないほどであります」

という言葉で始まるそのフロイスの書簡は、惟政への長い哀悼と、彼の利己心のない、並々ならぬ好意の数々を書き記している。

フロイスと信徒たちは、恩人を失った悲しみと同時に、教会の将来に不安も抱いていた。以前ほどの勢力は持っていないと言っても、日乗上人は存命であった。強力な惟政の機嫌を損ねたくないという理由で、沈黙を保っていた敵も多くいたのである。

そのころパアデレ・フロイスと一緒に布教活動をしていたパアデレ・オルガンチーノ[※1]（一五三三〜一六〇九）とイルマン・ロレンソは、惟政が討ち死にしたという知らせを受けるとすぐに、教会の高価な品々と、自らの身を危険から守るために、できるだけ急いで都へ戻った。パアデレ・フロイスも同様に、速やかに都へ戻った。パアデレ達は話し合い、イルマン・ロレンソに贈り物を持たせ、信長のもとへ行かせることにした。信長は惟政討死にの知らせを受けるとすぐに、大軍を率いて岐阜を出発し、比叡山に向った。比叡山の僧たちは、先年、信長の敵である浅井長政《あざいながまさ》、朝倉義景《あさくらよしかげ》を援助したから、この僧兵を壊滅しよう、と考えたのである。イルマン・ロレンソは九月二十八日、比叡山襲撃の前日に、信長を訪ねた。〈イルマン・ロレンソは、われわれに良い知らせをもたらした。信長とその部下は、教会に対する彼らの態度を変えないことを、約束した〉とフロイスは記している。

パアデレ・フロイスは、惟政の死にとても心を痛めていた。しかし、高山ダリオとその息子右近が死を免れたことを、ありがたいみ摂理と受け止め、神への感謝の言葉を記している。荒木村重は彼らを最初に攻撃しようと思ったのであるが、惟政が救援に向かったので、方向を転じて、惟政の軍を先に討ったのである。そして惟政が討死し、その息子が高槻城へ逃げたので、彼を追跡し高槻城を包囲した。その間に、ダリオ父子は、馬塚で一息入れることが出来たのであった。パアデレたちは、偉大な保護者惟政を失ったものの、信長は変わらず彼らを寵愛していてくれたし、惟政とパアデレの仲立ちをしてくれたダリオは生きていたのであったから、確信して将来を見越すことが出来たのであった。フロイスは、教会における高山右近の重要性を、直感的に理解したようである。彼は、

〈右近父子が命を救われたことは、明らかにみ摂理であり、高山右近というこの若い英雄の人となりは、私を魅了してやまない。彼の将来に、最も誇らしい希望を託してよいであろう〉

そしてフロイスの確信が正しかったことが、徐々に証明されていく。すなわち日本の、キリシタン領主の中で、高山右近ほど教会のために尽くした人物はなく、犠牲をささげたことでも、彼に匹敵する人物はいないからである。

第二節　高山右近の幼年時代

高山ダリオの長男は、一五六三年（永禄六年）に洗礼を授かって以来、父と共に馬塚城で荒木村重と闘うまで、イエズス会士の報告に、姿を現してはいない。彼は様々な修行を積むために、長い間父のもとから離れていたこと、一五七一年（元亀二年）ごろその修行を終えて父のもとに帰ったものと思われる。

右近こそは、良い意味における、日本の武士の典型であった。サムライは、勇敢な兵士であり、忠実な臣下であるだけでなく、信念を固く守り、高潔な人物でなければならなかった。剛毅、誠実、名誉を重んじる心、克己心、死をも恐れぬ勇気、などと言った武士的徳とともに、厳格な立場にありながら、非情であってはならなかった。人には親切であり、寛大であり、柔和な心の持ち主でなければ、ならなかった。剣術、弓術、槍術、騎馬などの軍事的訓練とともに、修身、歴史、文学、習字などの教養も身に着けなければならなかった。修身と歴史は性格の安定に役立ち、文学は生活に美しさを添え、習字は落ち着きを与えるとともに、芸術的価値をも持っていた。心の柔和さを学ぶには、詩歌と音楽が役立った。茶の湯はその若い貴人に、上品な物

高山右近生誕の地

腰、礼儀、落ち着いた態度、芸術的な感覚、中庸を得た心の安静、その他多くの徳を学ばせる点では特に優れていた。茶の湯は達人右近によって受け継がれ、日本の武士道を語る時、なくてはならぬものになったのである。

武士道に生きた高山ダリオが、息子右近に堅実な修行をさせたことは、疑う余地のないことである。右近に武芸の手ほどきをした人物の名は、知られていない。だが、右近がその道で最高の技量を持っていたことは、敵味方共に何度も確言している。茶道では、大宗匠千利休自らが手ほどきし、右近は利休七哲の一人に数えられるほどの腕前だった。彼の美しい筆跡について言えば、現存する花押入りの茶の文書が、これを示している。右近の詩は伝えられていないが、彼がこの道においても優れていたことは、資料に残っている。右近はその人柄から、どこへ行ってもすぐに友人が出来たことは、イエズス会士の複数の資料からも見て取れる。初めて高槻に行ったときも、たちまちのうちに人望を得たので、嫉妬した者どもに、闇討ちに遭いそうになったほどであった。右近は恐れず、勇敢に剣をふるってこの危機を乗り越えた。宗教的な教育は、武芸や茶道の修行とは歩調がとれていなかった。フロイスの「日本史」には、

〈一五七四年（天正二年）には、右近はキリシタン宗門について、それが父の宗教であるという以上のことは、まだ知らなかった〉と記されている。右近は十才になるかならないかで洗礼を受け、それからすぐに修行のために、長く父のもとを離れていたのだから、これは別段怪しむには当たらない。ダリオの主君であった松永久秀は、パアデレたちを都から追放しようとする動きの発起人であった。それから考えても、騒々しく落ち着かない澤城の日常は、とてもキリスト教の教育に、適したものではなかったと言えよう。また、右近がキリスト教について、父から学びえたことがいろいろあったとしても、当時のダリオはまだ指導するだけの力がなかったことも、考えなければならない。たとえダリオのように熱心で信心深いキリシタンが、キリスト教の道徳観念から見れば、とても正当とは思えないことをしたとしても、驚くにはあたらない。たとえば一五七八年（天正六年）の荒木村重の謀反の時に、ダリオは日本の武士たちのように、〈自殺をしても罪にならない〉と真面目に信じていた。ダリオには、徹底的な宗教的指導が、欠けていたのである。

第三節　和田惟長《これなが》との争い

和田惟政の没後は、息子の惟長《これなが》が高槻城主となった。惟長は未成年だったので、母親と叔父の和田主膳が後見人となって、彼を助け、指導していた。しかし、数カ月後に惟長は叔父が嫌になり、殺害した。

高山ダリオと右近父子は、惟政の時代と同様に高槻城に住んでいた。惟長は、その父惟政と同様に、二人を信頼していた。フロイスによれば、〈ダリオは極めて賢明で、戦のことにかけては最も経験を積んだ一人であったし、その息子高山ジュスト〈右近〉は、父と同様勇敢な武人であり、年若きにもかかわらず、父におとらずすぐれた徳の持ち主であり、五畿内に名声を勝ち得ていた〉のだから、これは当然のことであった。惟長は、父や兄に接するように、彼らを尊敬し、丁重に扱った。

だが残念なことに、この美しい関係は長くは続かなかった。多くの武士たちが、若く勇敢な右近のもとに集まるように思われたので、和田の家臣たちが、嫉妬し始めたのである。その上、ダリオは、若い城主を偽りの忠告や、有害な影響を及ぼす者たちから守り諫めるのは、自分の義務だと考えていたから、和田の家臣たちは激怒し、惟長の耳元で

「高山父子は、途方もない陰謀を企てておりますぞ」

「今のうちにあの二人を殺してしまわぬと、取り返しのつかないことになりまする」

と、毎日ささやいた。もちろんこれは、根も葉もないことだった。惟長は、それまで父とも思い、兄とも慕っていた二人に対するその中傷を、長いこと信じることが出来なかった。だが、あまり毎日のように言われるので、終に惟長の心に疑いが芽生えた。これはダリオ父子を亡き者にしようと企んでいる者どもにとっては、よい機会だった。彼らは、計画を立てた。ある晩、重要な会議がある、と偽って高山父子を呼び出して殺してしまおうというのである。

だが高山ダリオはとても人望があったので、この企みについてこっそり教えてくれる人がいた。そこで父子は、荒木村重にこの企みのことを知らせた。村重は、二年前に和田惟政を討死させ、そのころ起こった信長と将軍足利義昭との戦

いで、信長に味方したことへの報償として、摂津全領を委託されて領主になっていた。荒木村重は惟長を敵とみなしていたのである。

村重はダリオに

「和田惟長がその企みを実行に移すより先に、惟長を撃て。ここからも援護の兵を送ろう。これが成功した暁には、高槻城と今まで通りの二万石を与えよう」

と約束した。

定められた夕刻、ダリオ父子は惟長の邸に赴いた。ダリオは両刀を携えた有能な部下、十四、五名を伴っていた。惟長もほぼ同数の部下を、同じように両刀を腰に侍らせていた。

右近は惟長を安心させるために二言三言話しかけ、その後素早く惟長に迫り脇差を抜いた。惟長が太刀を手にする暇もなかった。右近は惟長の首に重傷を、腹に軽傷を与えた。

ろうそくが消えた暗い、狭い部屋の中で、たちまちにして、双方入り乱れての戦いが始まった。敵と味方の区別もつかなかった。大混乱の中で、惟長の首を落とそうとした右近の家臣の一人は、誤って主君の首をはげしく三度切りつけた。一同はそれからも戦い続け、惟長は右近の腕に傷を負わせ、右近は惟長の右手の指を数本切り落とした。

右近の家臣が乾いた芦やわらの束のかがり火を持ってきたので、重傷を負った惟長は、その薄明りを利用して、階段伝いに望楼へのがれた。そこには彼の母が、三十名の兵と共にいたのである。その間もまだ戦闘は続き、両軍に数名の死者と、多数の負傷者が出た。

惟長の家臣の一人は、ダリオに小銃を向けて発砲したが、ダリオがよけたので、ダリオの甥にあたった。戦いがまだたけなわの間に、ここそこの街角や、惟長の邸などは放火され、半時間の間に惟長の財産は全焼したが、中にはきわめて高価なものもあった。

夜に入り、惟長の親族及び家臣多数は、散り散りに逃げた。が、翌朝、細川藤孝のとりなしによって、惟長の母は、息子と家人約八十名とともに、無事に高槻を去ることが出来た。彼らは将軍の護衛兵に伴われて、伏見に行き、そこから甲賀郡の郷里へ向かおうとしたが、惟長は数日後傷のために伏見で没した。武人であった父とは著しく異なっていた、若い惟長の最後は悲しいものであった。そして父の最も親しかった友人の手によって、命を落とさなければならなかったことは、わけても悲惨だった。

惟長との戦いで右近は勇敢、有能な武人であることを証明し、彼の名声の基礎を作ったことに疑いの余地はない。とはいうものの、この挿話は高山父子の光輝く生涯の中で、暗い一ページを残している。というのも、彼らの行動の仕方は、正当とはみなされ難いからである。『陰徳太平記』が述べているように惟長が、領主荒木村重に対して、叛逆の意図を持っていたのなら、高山父子の取った行動も、多少有利にみられることになる。右近は惟長の謀反の企みを村重に知らせ、村重は調べた結果これが事実だと分かったので、謀反人を殺害するために、右近に一切を託したのである。高山父子は、敵を闇討ちにしようなどという、卑怯なことは考えていなかった。彼らは、自身にも降りかかるであろう危険を意に介せず、敵と堂々と戦うことを望んだ。同じ理由から、彼らは惟長が侍らせていた以上の従者を、連れていかなかった。敵が持っていた以上の武器も、持って行かなかった。高山父子は敵の意図を知っていたが、敵はこれを知らなかったという事情が、彼らの戦の敏腕さと共に、幾分有利に働いたに過ぎない。

荒木村重が援助を約束したこと、戦の最中に高槻の街も城も、おそらくは荒木勢によって放火されたこと、また惟長が翌朝母や家族とともに、城を去らなければならなかったということなどから、村重がこれを和田に対する戦とみなしていたことが、明らかである。他方、重傷を負った惟長が、母のもとへ逃げ込んだというその塔は、襲撃も受けず放火もされなかった。これは、高山父子は、真の武士として、弱い者、防御力のない者に対しては、敢えて暴挙に出ようとしなかったことを証ししている。彼らのキリシタンとしての倫理観も加わって、抵抗力のない敵を、いたわったのであろう。フロイスによれば、〈惟長の母は、自身と息子に対して示された、この情ある態度を、高く評価した〉というから、惟長の母はこの寛大な行為に尊敬と感謝の意を表すことを、知っていたのである。

一方フロイスもさすがに、高山父子の態度をあまりキリシタンにふさわしいとは、考えていなかったようである。彼は、書簡の中の高山父子への長い賛辞の中でも、惟長との戦については、一言も述べていない。そればかりでなく、フロイスはこの事件に関する報告書を二通残しているが、ここには大きな違いがみられる。事件のわずか一週間後に記された最初の報告書は、見たままの記録であることが明らかであり、疑いもない真実の記録である。それに反して、遥か後年に書かれた「日本史」の中では、フロイスは明らかに高山父子を弁護している。そのため、この戦は多かれ少なかれ正当な防衛である、と主張しようと努めている。高槻の獲得については、ダリオはこの地域に親族が多かったこと以外には何も理由をあげず、ただ単に村重は、〈摂津全国の領主として、高山に高槻城の主権を譲った〉と述べているに過ぎない。村重がこの件について、前もって約束していた、ということも、暗示すらしていない。フロイスは布教史の著述全般において、この偉大な二人の行動を、できるだけ有利に描こうと努め、彼が見たままを記した書簡に残したことでも、ここでは記さずにおいたことも多々あると考えてよかろう。コリン[※2]（一五九二〜一六六〇）は高山右近の徳を讃える追悼文の中で、惟長との戦いは、〈日本人の考え方によれば、右近が惟長の招待に応じなかったならば、卑怯な行為とみなされたであろう〉（※3）とのみ述べている。

第四節　高槻獲得

荒木村重は、ダリオに約束したように、援軍を送ったのであるが、高槻の街および城の放火については、おそらく彼らにその責任があるように思われる。翌朝、惟長がその母や親族と共に高槻を去った後で、村重は褒賞として高槻城を高山父子に与え、約束の残りを果たした。

高槻を与えられた後も、高山父子は村重の支援に頼らざるをえなかった。殺害された前領主惟長は、まだこの地方に沢山の部下を持っていたし、城は新しい城主によって壊されていたから

高槻城址

であった。フロイスは、ダリオが一週間という短期間に、四方から約三百人の親族や知人を集めたことを認めて、称賛している。だが彼は、村重の援助を受けてはいても、高山父子が長く持ち堪えうるかどうかを危ぶんでいた。城自体で焼け残ったのは、上部に二カ所の隠れ場のある門と、和田母子の居た小さい塔だけ、というごくわずかな物だった。

フロイスの「日本史」では、右近は直接高槻城を与えられた、と記されているが、他の文献によれば、まずダリオが与えられ、その後長男右近に譲った、とある。フロイスは「日本史」では終始一貫して、右近を高槻城の城主として扱っているが、彼の書簡では早くとも一五七六年（天正四年）に記された右近を褒《ほ》め称《たた》える辞で、初めてこのことを述べ、同時に高山父子は惟長の死後、高槻城を与えられたが、ダリオはすでに五十才を超え、度重なる戦と、その身に受けた傷のために衰弱していたので、城の主権と収入を息子に譲った、と述べている。ダリオが主権を放棄し、息子が城主であったとしても、事実上は依然としてダリオが、城主とみなされていたのであろう。

高槻城を得たことによって、高山父子の権力は、飛躍的に増大した。わずか二万石の収入であったことはともかく、村重直属の家臣として高槻を得たのである。だが、村重は信長の臣下であったから、高山父子はそれでも日本の小領主の一人にすぎなかった。その上、その城はとてもみすぼらしい状態だったから、改築でもしなければ、到底防御などできなかった。それでも、ダリオ父子は澤、芥川、馬塚、それに惟政が存命だったころの高槻時代より、ずっと自由がきくようになっていたからキリシタン宗門のために、十分働くことが出来るようになった。それまでの二人は、城代または単なる高級なサムライの域を、出なかったのである。その上右近は、惟長との戦いによって、武人としての名声の基盤を築いていた。そして、そののちダリオと並んで、ますます強大な姿を現すようにさえなったのである。

この戦いで、右近は彼の部下によって誤って切り付けられ、首に重傷を負った。その死が心配されるほどであった。フロイスはこの奇跡的な回復を、後年右近が示した、信者未信者に信仰心を起こさせるほどの徳と、教会のために行った数えきれないほどの奉仕に対して、前もって神が与えた報酬である、とみなしている。そして『日本史』の中に、

〈ジュスト右近殿は、和田惟長同様、腕と首の傷の多量の出血のため、瀕死の状態であった。しかし、あとで述べるように、彼がその徳と模範によって、後年多数の同輩や臣下をキリシタンにした大きな働きに対して、われらの主なるデウスは、彼の命を永らえさせようと決められた〉と記している。フロイスが『日本史』を著したのは、十年ないし十三年後であり、この時代には、高山右近の活躍を実際に見て、感服もしたので、このように記すことが出来たのであろう。

右近は、高槻城主となったころ、友祥《ともあき》という名を用いていたらしい。和田惟長との戦に関する報告書の中で、フロイスは右近のことを彼の幼名〈彦五郎〉と呼んでいるが、その他の場合は、霊名〈ジュスト殿〉と呼んでいる。他のイエズス会士は、すべて彼を〈ジュスト右近殿〉と呼んでいる。

第五節　信長と将軍足利義昭との争い

高山右近が高槻を治めるようになったころ、信長と将軍義昭の間に、紛争が起きた。信長が何か自身に有利になることがなくて、義昭を将軍職に付けたとは、ほとんど信じられない。始めのうち、両者の関係はよかった。だが、信長があまりにも政治に干渉したので、義昭には自分が単なる傀儡《かいらい》のように思われた。一五七〇年（元亀元年）には「五ヶ条」の協約が成立したが、これによって信長はますます強力になり、義昭はいっそう自由を失うことになった。そして一五七三年（天正元年）、両者は、ついに決別したのであった。義昭は信長を敵視していた、武田信玄、朝倉義景、顕如《けんにょ》上人光佐《みっさ》、あるいは兄義輝の暗殺に加わった者とも、結束しようとした。事態がここまで来ても、決定的な破局を望んでいなかった信長は、なお好意ある申し出をしたが、同時に義昭を従わせるために、軍を京都に送って威嚇してもいた。義昭は、有力な同盟者たちを信頼して、信長が示した妥協案を、すべて拒絶した。

信長が京都へ兵を進める、という知らせを聞いて、京都の市民の間に不安が広がった。武士たちはその妻子を、洛外の安全なところに移し始めた。パアデレ・フロイスも、教会内の高価な品々を、山中の知人のところへ運ばせた。京都近くのキリシタン領主たちは、彼らの領内に避難するようにと、フロイスを招いた。サンチョ三箇頼照は、すでにパアデレ・オルガンチーノとイルマン・ロレンソがいた島に避難するように、と言った。ダリオは、当時まだ和田一族の物であった高槻城に来るようにと申し出、丹波の国八木城の[※4]ジョアン内藤忠俊《ただとし》もフロイスを自分の領地に来させたいと願った。フロイスは、内藤忠俊に

「教会内の動かすことのできる家財を丹波へ移すために、何人かを派遣してほしい」

と願った。信徒たちは、パアデレに逃げるようにと、切に願ったが、パアデレたちは、

「それほどまでに、危険が迫っているとは思えない。信長公も、我らに好意を示されたではないか」

と言って、逆に彼らを励ました。

京都がまだ騒然としていたころ、忠俊は二千の兵を率いて京都の町へ姿を現し

たが、その軍中のクルスの旗は、人々をおおいに驚かせた。同じ日に、池田知正《いけだともまさ》も入京し、街はいくらか鎮まった。

義昭は、彼の同盟者たちが、信長の京都への進路を妨げてくれるだろうと期待していたので、信長の申し出を拒絶したのだった。だから、四月二十八日に、信長がすでに進軍の途にあり、主都に近づいているとの知らせが届いたときの、義昭の驚愕には、尋常でないものがあった。それから彼は、信長の進軍を阻もうと、できる限りの手を尽くしたのであったが、二日後信長は、すでに京都の入り口の手前まで来ていた。信長と一緒に来たのは、荒木村重と細川藤孝であった。全軍は、一万を超えなかった。だが、都の外には、優勢な諸軍が手配されていた。そこでまた、京都からの逃避行が見られ、フロイスも信徒たちの切なる願いを入れて、逃れなければならなかった。フロイスはひとまず九条に逃れた。だが危なく荒木勢の兵の略奪の目標になるところであった。異教徒である宿の主人の機転と、信長の保護のもとにあったおかげで、パアデレ・フロイスは、やっと救われたのであった。

フロイスは長く九条には滞在せず、何度も危険な目に遭いながら、東寺の村に着いた。そしてここから、最も年長で、模範的なキリシタンである小西隆佐ジョアキムを通じて、信長を訪問し、管区長パアデレ・カブラル[※5]（一五三三〜一六〇九）の手紙と、メッキをほどこした楯の贈り物を、信長に渡すことができた。信長はこの如才ないパアデレの心配りをことのほか喜び、その楯をすぐに自分の部屋にかけさせ、フロイスには訪問の礼を言い、隆佐にパアデレ宛の手紙を託した。

高山ダリオはこれらの報告を受け、パアデレ・フロイスを、より安全な高槻に連れてくるために、家臣を行かせた。八日間必死になって探し回ったあげく、やっと彼らは東寺にいるフロイスを探し当てた。だがそのとき東寺では、直接何の危険もなかったので、そのことを説明して、ダリオの家臣を高槻へ帰らせた。

信長はわざと京都には入らず、四分の一レグア手前の、東山知恩院に陣を張り、兵たちにも京の街へ入るな、と厳しく命じた。信長は、将軍義昭に、新築中だった邸を破壊されたと知って非常に怒ったが、ここではその怒りを抑えて、義昭にもう一度好意ある申し出をした。だが義昭は、今度もその申し出を拒絶した。そこで信長は、五月三日に、京都周辺四レグアにわたる村々を焼き尽くさせ、その後新たに和平の申し入れをしたが、義昭はまたもや拒絶した。仕方なく街の人々は、信長に多額の免焼金を払って、身に迫る危険から逃れようとした。この時、下京の代表者は丁寧な態度で信長に好感を持たれたので、収めた焼税を返してもらった。これに反し、上京の富裕な武士たちには、まったく返金しなかった。彼らが信長の屋敷を壊し高価な品々を盗んだ、ということに関係し、信長を非常に怒らせていたからである。五月三日の夕刻、上京の街は放火された。

ことここに至って、ついに義昭も和平に応じる意思を示し、正親町《おおぎまち》天皇の仲裁によって、和平が実現した。五月九日に、信長は主都を去った。

それから程なく、フロイスが教会に戻ったとき、二万の軍勢が都の近くに姿を現した。

「この軍勢は、将軍を援助するものなのだろうか？」

「それとも、反対派の者なのか？」

分からなかった。

高山ダリオは、直ちに高槻から、一頭の馬と十五名の家臣を送った。パアデレ・フロイスの家財を救うためであった。そして、パアデレを高槻に伴うために、さらに七、八名の兵を送った。フロイスが、この申し出を受けようかどうしようかと、迷っている時、数人の武士たちがやってきて言った。

「われらは、三好義継様の家臣で、キリシタンにござります」

「いかなることがあっても、教会とパアデレ様、信徒は我らがお守り申す」

「ご安心ください、と高山様にお伝え頂きたい」

京都の近くに現れた軍勢の中心になっていたのは、義継の家臣たちだったのである。彼らの言葉に、フロイスは安心して残ることに決め、高山ダリオの家臣たちも、高槻へ帰った。

だが大方の予想通り、京都の平和は長くは続かなかった。信長が去ってから六日しかたっていないというのに、義昭は自分の屋敷にいては安心できず、内藤忠俊の城を訪ね、彼に京都の自邸の保護を委ねたい、と言った。

「恐れながら申し上げます。それは、信長公の新たな敵意をそそることになるやもしれませぬ。お考え直しくださいませ」

と、忠俊は答えた。

義昭は、この企ては諦めた。しかし、すぐに都の外にある、槇島城（京都府宇治市）に移る計画を立てた。そして、忠俊が再度、そんな動きは信長を刺激するから、と忠告したときには、もう移転を始めていた。そして、塡島城で兵を起し、信長に抵抗しようという動きを見せた。

この報に接するや否や信長は京都に舞い戻り、義昭の屋敷を占領し、兵を集めて塡島へむかった。塡島城の外廓の砦を破壊した後で、信長は再び和平交渉をした。今度は、義昭はこれを受け入れた。

和平が結ばれた後、義昭は若江（大阪府東大阪市）の三好義継のもとへいったが、あまりよい扱いは受けなかった。それから彼は、紀伊国興国寺の僧侶のもとへ、次いで熊野浦へ、一五七六年（天正四年）には有力な毛利家の保護を頼って、備後へ行った。信長が没して後、義昭は一五八二年（天正十年）には再び秀吉を頼り、元の職に就きたい、と願ったが秀吉は取り合わなかった。秀吉は信長の後継者として、関白の地位を獲得したが、義昭は一五八七年（天正十五年）再び政治上の勢力を得ることなく、大坂で没した。

この難しい時代にあって教会は、キリシタン武士たちの心からの配慮によって、何の損傷も受けずに済んだ。教会は下京にあり、信徒たちの大部分は、そこに住んでいた。ただ残念なことに内藤忠俊は、将軍の忠実な家臣であったために、領国を奪われ、追放の憂き目にあった。それは信徒たちにとって、大きな痛手であった。高山ダリオは、先の苦難の日々、三度以上もパアデレを高槻に避難するようにと申し入れ、その熱心さを示したのであった。

註1　P105　オルガンチーノ・ニェッキ・ソルド（一五三三〜一六〇九）　イタリア人イエズス会司祭。一五七〇年来日、主に京阪地区で宣教、宇留丸の名で知られている著名人、長崎で死亡。

註2　P117　コリン・フランシスコ（威尾一五九二〜一六六〇）　イエズス会フィリピン管区管区長「フィリピン宣教史」を著述。本書はパブロ・パステリスによって完成され、一六六三年出版された。高山右近の最期を分かるためには必須の書。

註3　P117　和田惟長との確執は誤解を招く可能性あり。右近にとって失点となり得るが、長い人生で誰もが持つ弱さでもある。歴史的には、信長派と反信長派との対立から生まれた事件と解釈されている。例えある時点で誤解され得る弱点があったとしても、列福の障害とはならない。「乗っ取り事件」という捉え方は好ましくない。

註4　P123　内藤忠俊（如庵、または徳庵）（～一六二六）　丹波八木城主。一五〇五年京都で受洗、後に小西行長に仕え、小西亡き後金沢に右近とともに金沢教会のために尽くす。両者共にマニラに流され、同所で死亡。妹ジュリアは日本初の修道女会初代会長、同様にマニラで死亡。

註5　P124　フランシスコ・カブラル（一五三三～一六〇八）　ポルトガル人イエズス会司祭。一五七〇年来日、日本管区上長として十年を勤める。巡察師ヴァリニャーノと宣教論についての意見の食い違いがあり、日本を去る。ゴアにて死去。

高山右近像（高槻城跡公園）

第五章　高槻における布教

第一節　右近の宗教教育

高山ダリオは高槻を領するようになると、そこにキリスト教をひろめることに、心を砕いた。先に述べたように、彼はもう老齢に達していた。当時の日本では、その年配で公的生活から引退するのが一般的だったので、ダリオも城と統治の主権を、息子右近に譲った。そして自分の霊魂の救いや布教のことに、より自由に、より拘束なく専念したいと思っていた。彼はまず、息子右近のことを考えた。

管区長パアデレ・フランシスコ・カブラルが、パアデレ・フロイス、イルマン・ロレンソ、ジョアン・デ・トルレス[※1]を伴って、第二回の五畿内の巡歴のため、一五七四年に高槻を訪れたとき、ダリオは息子を指導し、家臣にキリスト教を広める、よい機会だと思った。高槻にはまだ教会はなかったので、ダリオは自分の住居を、ミサ聖祭や説教を行う集会所にあてた。そして、できるだけ多くの武士や彼らの家族たちに、説教を聴きに来させようと、手を尽くした。説教は、武士たち、その妻や娘たち、一般民衆の三種の異なった階級に向けて行われた。武士に対する説教には、ことに出席者が多かった。大勢の者が、疑問に思ったことを質問し、満足のいく答えを与えられると納得して、ほどなく洗礼を望むようになった。このようにして、百二十名以上が洗礼を受けた。その後パアデレ・カブラルは、後に残ったパアデレ、イルマン、城主右近たちに、布教に力を尽くすようにと言い残して、高槻を後にした。

右近はすべての説教を皆と共に聴き、持ち出された疑問や難題に、パアデレやイルマンが、的確に答えるのを聴き、大変に興味を持った。彼は明晰な判断力と、優れた理解力の持ち主だったので、わずかの間にキリシタン宗門を正しく理解した。そしてあらゆる困難にもめげず、この教えを信じ、その信仰を生涯貫き通したのである。また同時に彼は、すぐに人の心をとらえる才能も持ち合わせていたから、パアデレやイルマンにも匹敵するほどの雄弁さで、多くの人を、キリシタンの信仰に導いた。ダリオは、家臣に対する布教は、安心して右近に任せることができた。そしてもちろん右近は、信仰上の行事に際しては、援助を惜しまなかった。

第二節　右近の家族

右近の妻ジュスタの生誕地（余野）

高山右近は、一五七四年（天正二年）ごろ結婚した。妻は餘野城主黒田の長女ジュスタであった。右近の父ダリオは、洗礼を受けて間もなく、黒田を信仰の道に導いたのであった。黒田の妻は、夫の死後しばらくして信仰を捨て、そのときジュスタも母と共に信仰を捨てた。だがフロイスによれば、

〈彼女は母の管轄とおきての外に出るや否や立ち上がり、非凡なキリスト教徒の妻として、常によい生活を送った〉

花嫁は、十三、四才であった。彼女は夫と共に、何とかして母を再び教会に導き戻そうと、手を尽くした。何通もの書状を送ったり、彼女のために祈ったりもした。パアデレや他の信徒たちにも、祈りを頼んだ。そしてついに五年後、ジュスタの母は教会に戻ったのである。

右近の子供たちに関しては、イエズス会士の書簡は、ごく短く述べているだけで、しかも一致していない。長男ジョアンは、一五七五年（天正三年）に誕生したものと推察される。信用するに足る日本の文献によれば、一五八二年（天正十年）に、彼は八才であったとされているからである。第二子は娘であったが、出生後間もなく亡くなった。

一五七八年（天正六年）荒木村重が織田信長と闘った際は、右近には確かにただ一人の息子がいただけである。彼は当時その息子を、領主の村重に人質として差し出した。同時に、妹の一人を人質に差し出していることから、右近には当時長男以外に子供がいなかったことは、十分推察できよう。一五八二年（天正十年）

信長が暗殺されて後、右近の幼い子供たちのことが、資料に述べられている。その一人は、巡察師[※2]アレッサンドロ・ヴァリニャーノが、一五八一年（天正九年）の初頭、高槻を訪れた際に洗礼を授けたものであり、そのことはパアデレ・[※3]グレゴリオ・デ・セスペデス（?〜一六一一）が一五八五年（天正十三年）十月三十日付の書簡の中に、記している。同じ書簡でセスペデスは、そのとき以後誕生したもう一人の息子について、ヴァリニャーノから洗礼を授かった息子と同様すでに亡くなった、と述べている。右近になお一人の娘がいたことは、確かである。一五八七年（天正十五年）以後に生まれ、一六一四年（慶長十九年）右近がマニラに追放された時、同行した。一六〇九年のイエズス会年報には、右近の息子の一人が亡くなったと記されているが、これは多分彼の長男のことであろう。

豊後の高山家が、右近の次男助之進の末裔であると自称しているが、これは極めて慎重に考察されねばならない。言伝えによれば、右近はこの助之進を、豊後の領主大友義統《よしむね》に預けたことになる。だが、信仰深い右近が、少し前にキリシタンになり、秀吉の禁教令が出るとたちまちにして教えを捨て、キリスト教徒を殺しさえしたような人物に、二才になる幼い息子を預けたなどということは、考えにくい。豊後の高山家が、もし右近の血を受けているのであれば、それは一六一四年に右近と共にマニラに追放され、後年日本に帰った孫の末裔であるという方が、より確実性があろう。

第三節　高槻教会の建設

ダリオは澤における同様、高槻にも司祭館付きの教会を建てた。フロイスは彼の「日本史」の中で、そのことを美しい言葉で残している。

ダリオは、常に改宗に導こうとしている人々の中に、十分な可能性を見た。そこで彼は、三百クルサ[※4]ド（約三百六十万円）以上を費やして、以前仏像が立っていた最もふさわしい場所に、木造の大きな教会を建てることに決めた。彼の友人が、すでに他の場所に使っていた、非常に良い板や角材を用いるよう

高槻教会とセミナリオの跡（現在野見神社）

に と申し出たが、ダリオは新しくない木材を転用したいなどとは、一切思わなかった。

教会の横には、パアデレが信徒たちを訪ねて来たり、イルマンが説教に来たときに住まうように、一軒の家を建てた。それが満足いくほど良くできていたにもかかわらず、ダリオは気に入らず、壊してまた新しく建てさせた。その結果司祭館は、どんな日本の君侯がそこに住んでもふさわしいほどに、美しく整えられた。また司祭館の前には、〈ニワ〉と称する、美しい一種の庭園が設けられた。日本の僧院のそれのように、秩序と清潔さが保たれ、いくつかの自然石の間には、多数の小木が植えられていた。教会の周りには非常に大きな庭を設け、その四隅には、美しい花の咲く緑の樹を植えた。復活祭の行列の時、青々として映えるためであった。庭の一角には、まるで森の中にあるような大樹の下に、三階段のついた大きな十字架を建てた。十字架の周りには、遠方からとり寄せた、種々の花々、雛菊、ユリ、バラなどを植えた。十字架の近くに、そこに祈りに来た信徒たちを楽しませようと、ダリオは水を引き、池を作った。池には魚が泳いでいた。貧しい三人のキリシタンの老人を雇い、その妻と共に教会の庭園、十字架、敷地の掃除をさせ、清潔に保つことに専念させた。ダリオが屋敷から教会を訪れた際、もし何か気に入らないところがあれば、終日自ら働いて整頓し直した〉

ダリオは常々、

「神聖なことを、礼拝し、尊敬するためには、我々は常に心を新たにすべきのみならず、容器も古いものを用いてはならない」

と語り、自ら模範を示していた。ダリオの好意を得たいと望む者は、庭園に役立つ何かを持ってきた。彼の心からの願いが成就し、教会が完成して、そこで初めてのミサが捧げられた時、ダリオは床に平伏し、

「今やわが願いは地上で成就した。主よ、み旨のままに我を召したまえ……」

と言った。喜びの涙が、彼のほほを伝った。ダリオは赦しの秘跡に与ったのち、妻と共に聖体を拝領し、信徒たちのために大饗宴を催して皆の働きに感謝したのであった。

第四節　高槻の宗教生活

一五七四年（天正二年）、多くの希望をかけて始められた布教は、華々しい成果を収めた。一年余りたった時、すでに城の主だった武士は、その妻子と共に洗礼を受けていた。二年とたたないうちに、信徒の数は五百に達していた。その功は、皆に説教を聴きに来るようにと熱心に勧め、すべての行いによって模範を示したダリオにあった、と言ってよかろう。洗礼が授けられるときには、彼は大喜びですべての世話をし、老若男女貧富を問わず、代父を務めた。また洗礼帳を置き、その中に霊名と日本名を書き入れ、いつでも彼らに何が起こったか、また彼らがどうしているかが分かるように努めた。パアデレやイルマンが、常に高槻にいることは不可能だったので、ダリオは毎年四人の教会委員を選び、異教徒の改宗の世話をしたり、貧しい人々を訪問したり、葬儀や赦しの秘跡のことをパアデレに知らせたりするようにした。また、各地からの来客の世話も、彼らの仕事だった。ダリオは彼自らも、教会委員の役につき、その模範によって他の人々を指導した。

教会での祈り、高槻の信徒への説教、聖式等については、フロイスの報告が残っている。

〈ダリオが新しい教会で行った方法と順序は、次の通りである。通常パアデレは、京の都から信徒たちを訪ねてきた。彼らは早朝ミサを捧げ、キリストの教えについて、説教した。夕刻、連祷の後、ふたたび彼らに教会の秘跡について、説教をした。たいていの場合、パアデレかイルマンの説教の後、ダリオがもう一度それについて説明をした。そして彼らが主の掟を、しっかりと守るようにと励ました。手引きがほしい、という未信者には、ミサ聖祭が終わってから、日本人イルマンが彼らに説教し、一方パアデレは、信徒たちに赦しの秘跡を授けるのに忙しかった〉

パアデレが高槻に不在のとき、信徒たち、とくに武士は、毎日二回教会に来るのが常だった。早朝と、夕方のお告げの祈りのときであった。彼らは、カトリック教会の繁栄と、日本人の改宗のために、声高らかに「主の祈り」と「アベ・マリア」を五回ずつ唱えた。雨、雪、暑いときも寒いときも、日曜、休日またその他の日も、ダリオとその息子がいつも一番に教会に姿を見せた。説教するイルマンがいないときには、ダリオが訓話をしたり、霊的書物の一節を朗読したりした。息子のジュスト右近や家臣たちが戦場へ行くときには、都のパアデレに手紙を書いてそれを告げ、我らの主なるデウスに特別な祈りと、ミサを捧げてほしい、と願った。

また当時、貧者の遺体は、いやしい人々によって火葬場に運ばれるのが、常であった。だがダリオ父子は、カトリック教会はいかに死者を重んじるか、いかに貧しい人、最下層の人でも名誉ある葬儀をしてもらう権利があるか、を、身をもって示そうとした。ダリオは真ん中に白い十字を描いた、黒緞子《くろどんす》の棺を覆う布と、葬列の際旗竿上にかかげるために、受難、もしくはイエズスのみ名を金文字であらわした、絹の白旗を数枚作らせた。身分のある者にとっても、進んで死者の世話をすることは、決して名誉を損なうものではないことを、自ら示したのである。それから彼は、すべての信徒、武士、一般民衆を招いた。人々は色とりどりの紙の提灯を持って、墓場にやってきた。葬列の前には行列用の十字架、その後には白旗が掲げられ、次にダリオとその息子右近が肩に棺を担いで続いた。信徒たちは、またたくろうそく提灯を持って、葬列に加わった。領主がとるに足りない一人の死者に、これほどの尊敬を払う様子を目の当たりにして、信者も未信者も心を打たれた。

〈武士たちは、主君がこのようにふるまうのを見るに及び、手にしていたろうそくを手放し、死者を埋葬する穴を掘るために、だれもがすきを取ろうと争った。身分の高い婦人たちも、両手に土を取り、穴の中に投げた。このことがあってから、武士たちが埋葬の手伝いをすることが、彼らの間での習慣になった。ダリオは城の外に大きな墓地を作り、そこに美しい十字架を建て、信徒の墓には木製の十字架を置いた〉（※5）

と、フロイスは記録している。

一五七六年（天正四年）の四旬節の間、ダリオは新しい信徒の信仰を強めようと、聖週間並びに復活祭に、高槻で盛大な聖式を催したいと思った。彼の切なる願いを聞き入れて、パアデレ・オルガンチーノは二人の従者と共に高槻に行った。枝の祝日の行列の前に、ダリオは言った。

「パアデレ殿、行列の際のパアデレ殿の侍者として、当地には一人のイルマンと、一人の同宿がいるだけでござります。主の愛によって、私にも何かのお役目をさせていただきとう存じまする」
パアデレ・オルガンチーノは、ダリオに白麻の服を着せ、十字架を運ぶ役を与えた。

〈ダリオはすぐさま両刀を取り外し、まるで何年も修院で聖堂付きの修道士をしていたかのように、畏敬の念を込めて、しずしずと十字架を運んだ。そんなダリオの様子を見て、その場にいた婦人たちのうち、一人はこっそり笑ったが、あとの者は涙を流した。行列が終わったとき、ダリオは
『ああ、パアデレ殿。これほどのご厚情に、お礼の言葉もありませぬ。パアデレ殿の白い衣をこの身にまとうような名誉に、私は値したでしょうか』
と言った〉

その時の様子を、フロイスはこのように述べている。

四旬節の各金曜日、特に聖週間には日本人の信徒たちは、教会で[※6]ジシピリナ（むち打ち苦行）を行うのが常であった。高槻でも、この習慣は続けられるべきである、と考えたダリオと息子右近は、聖木曜日に黒い喪服を着て、鞭を持って信者の群れの中に現れた。公然と苦行をするためであった。

復活祭の華やかな行列は、信徒たちの心に深い感銘を与えた。

「今まで日本で行われた中で、最も美しい行列だったに違いない」

と彼らは言いあった。行列は、花々で美しく飾られた庭園を、ゆっくりと移動して行った。五百の色とりどりの紙提灯は、鳥、魚、小舟などの形をしていた。聖式の終わりには、六百人のキリシタンのための盛大な祝宴が催され、だれもがダリオの細やかな心配りに、感動した。

第五節　高槻教会の躍進

摂津の国の領主であり、高槻の領主でもあった荒木村重は、このころ領国の大部分、おそらく高槻領に対しても、〈家臣はすべて浄土宗に属さなければならない。この命令に従わない者は罰する〉という法令を出した。

だが、キリシタン武士たちは、

「これはご本心ではあるまい」

「常々、パアデレ殿と友達になりたい、と申されていたのだから」
「きっと恩義にある浄土宗の僧侶の頼みを、お断りになれなかったので、このようなことになったのだ」
と言い交した。

ダリオたちは、相変わらずキリスト教の布教に努めた。村重の法令を領内に行き渡らせる代わりに、ダリオは、まだ妻子が洗礼を受けていない信徒の武士たちに告げた。ぜひ、彼女たちに説教を聴きに来させるようにと。説教を聴いた結果、彼女たちがキリスト教徒になろうとなるまいと、それは完全に自由であると。その後彼は一般の民衆を説教に招いたが、彼らも、洗礼を受けるか受けないかは完全に自由である、と強調した。

浄土宗の仏僧は、一定量の米や他のお札を持って行かなければ、信者として登録しなかったが、教会に入るには、いかなる種類の貢物も必要ない、とダリオは彼らに言った。パアデレ・フロイスやイルマン・ロレンソは、幾度か日中説教をしたが、その効果は予想外に良かった。フロイスの記録によれば、

〈人々は説教を聴いて心を打たれ、二百人以上が洗礼を受けた。これは、都地方

における、最大の洗礼となった。その後信徒数は数倍にも増え、主だった武士や一般民衆で、キリシタンでないものはないまでになった。教会は手狭になり、信徒たちはもっと大きな教会を建ててほしいと、ダリオに願った〉

高槻地方の布教は、更に発展していった。もしパアデレか、せめてイルマンが、常住して活躍していたら、おそらく領内はすべて改宗していたであろう。パアデレ・オルガンチーノは、一五七七年（天正五年）九月二十九日付の書簡で、〈この年だけで、高槻では四千人が洗礼を授かった〉と記し、一五七九年（天正七年）パアデレ・カリアン[※7]（?〜一五九〇）は十二月十日付けの書簡で、〈全領内に八千人のキリスト教徒がおり、ほとんどこれと同数の人が、洗礼を受ける準備をしている〉と述べている。そしてこの数は、次の時期により急速な発展を見る。

第六節　ダリオの慈善

高山ダリオは、極めて慈悲深い人であった。パアデレ・フロイスは「日本史」の中で彼を

〈真のキリスト教徒〉と紹介しており、

〈彼の偉大な慈善全行為は、その幾多の徳の中で特に光を放ち、高槻城主になってからのちは、特に実行によってそれを示している。その生涯で最も輝いているのは、愛と慈善の行いであった〉

と記している。フロイスはいくつもの例を引いてそのことを明らかにしているが、ここではその一例をあげるにとどめたい。

〈高槻にまだあまりキリスト教徒がいなかったころ、城内の武士たちが出陣して、敵と交戦した。そのとき、高槻側では六十名の死者が出た。そのため同地には、多数の未亡人や孤児が出た。異教徒の場合、武士が戦死したとき、主君が残された妻子の面倒を見ることはまれであった。だがダリオは、見捨てられたやもめや孤児が、哀れでならなかった。彼らの世話をすることは、主デウスに奉仕す

ることだと考えたダリオは、幼いものには自分の子供に対するように、やもめには自分の近親者に対するように接した。ダリオのこの行為はキリスト教徒にだけでなく、異教徒に対しても分け隔てなく行われた。

フロイスの「日本史」は、外聞をはばかる貧しい人に対して、彼に恥をかかせないように心を配ったダリオの愛の行為を、次のように記している。

〈ある寒い冬の日のことだった。ダリオは新しい着物と、古い着物を持って、城内を巡回していた。一人の貧しい武士が、寒さに震えているのを見たダリオは彼の家に入り、持っていた新しい着物をおいて出てきた。家に帰ったダリオに、妻のマリアは訪ねた。

『あの新しい着物はどうされましたか？』

『あの着物の持ち主の家に置いてきた』

とダリオは答えた。ダリオは敬虔なキリシタンであった妻に、たびたび

『もし主なるデウスが、そなたの霊魂と、そなたの子供たちに慈悲を示したもうことを望むならば、そなたも慈善の行いをするように努めるがよい。他人に与える物がないときは、屋根瓦をはがしてそれを売り、貧しい人に着物を買って与え

るがよい』

と言っていた〉

ダリオは、彼がキリスト教徒になって間もなく信仰に導いたイシバシ某が、松永久秀と信長の戦のとき十市城を失い、ひどく困窮した際には、愛をもって彼を受け入れた。ダリオは早速彼を高槻に招き、イシバシ某とその息子、そして十人の召使いの扶養を、彼が亡くなるまで続けた。パアデレが高槻に来るときには、ダリオは彼を聖祭に招き、イシバシ某が自らの主君であるかのような、尊敬を持って、彼を遇した。

友人であっても、また一度も会ったことのない人であっても、キリスト教徒であれば、高槻では親しくもてなされた。貧しいものには、望む期間、衣食住が提供された。ダリオは自分に真の信仰を与えてくれた、イエズス会のパアデレやイルマンには、特別な愛情を持っていた。彼らはダリオにとって最大の恩人であり、キリストの代行者であった。パアデレやイルマンが病気の時、ダリオは毎日使者を送ってその容態を問い合わせ、茶菓を贈り、自分で世話をしたいから高槻に連れてくるようにと、修道院長に願った。彼の願いがあまりに切だったので、毎回断るわけにもいかず、日本人イルマンが病気になった時には、ダリオの薬で治療の世話になった。また、パアデレ・フロイスが過労から発病したときには、ダリオは彼を高槻に呼び寄せた。そして堺の高名な医者に診せ、その指示通りに手厚い看護をしたので、パアデレは程なく全快した。

ある時パアデレ・フロイスがダリオに

「ダリオ殿の最も強い、切なる望みは何ですか？」

と尋ねたことがあった。ダリオは、応えて言った。

「四つござりまする。第一は、決して主の御心に背き奉らぬこと。第二は、死に至るまでその恩寵と、その神聖な奉仕を保つこと。第三に、たとえ己が生命を失うことがあろうとも、多くの霊魂を信仰に導くこと、第四に、貧しい人、未亡人、孤児、寄る辺ない人々にたいして、いつでも善行を行うことのできる環境にあることでござりまする」

彼はなおも言葉をつづけた。

「もし老いてさえいなければ、そして健康であるならば、ローマへ行って教皇聖下の足元にひれ伏すこと。そして、日本のキリスト教徒に分かち与えたり、教会に飾って救いの助けとするために、祝別されたコンタツ（ロザリオ）や、聖なる遺物を頂きとうござりまする。また、聖なる都を礼拝しとうござります」

〈このような人物が、その家臣の心を溢れるほどの愛で感動させ、強制ではなく自ら進んで説教を聴きに来るようにさせたことは、なんの不思議もないであろう〉

とフロイスは結んでいる。

パアデレたちは、その書簡の中で、高山ダリオを称賛してやまない。だが、この時代すでに、若い右近がいつもその称賛の中に加えられている。パアデレ・オルガンチーノは一五七九年九月二十九日付の書簡で、〈この地方には、やはり多くの家臣を有する、もう一人の、高貴なキリシタンがいる。彼らの模範で、彼らが家臣に与える影響は、感嘆に価するものである。デウスは、非常に彼らを愛されている。高山殿ダリオ

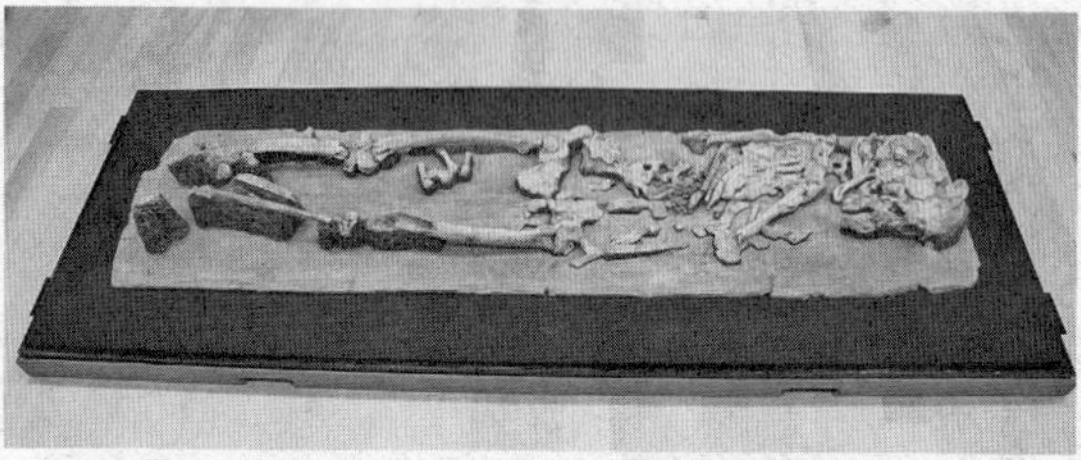

コンタツ（ロザリオ）が発見された棺

と、その息子右近殿ジュストである。この二人は、賢明であり、知性が高く、他のキリシタンたちが、先頭に押し立てる軍旗である。この年、私たちは彼らの城及び両国で、四千人以上の異教徒を、聖なる信仰に改宗させたが、それは二人の熱心さによるものである。

註1　P132　ジョアン・デ・トルレス　山口出身のイエズス会修道士。山口の騒動で大分に移住し、その語学力を買われて、初期の宣教師の通訳の仕事をする。途中でイエズス会を退会。

註2　P136　アレッサンドロ・ヴァリニャーノ（一五三九～一六〇五）ナポリ出身イエズス会司祭。一五七九年東洋巡察師として来日、日本教会の指針を作成した。第二回は天正の少年使節を伴っての来日、秀吉の宣教師追放令後の教会に指針を残した。第三回目は日本二十六聖人殉教後、諸事情の処理のために来日した。一六〇五年マカオにて死亡。文献：ヴィットリオ・ヴォルピ、原田和夫訳『巡察師ヴァリニャーノと日本』一藝社（二〇〇八）

註3　P136　グレゴリオ・セスペデス（～一六一一）スペイン人イエズス会司祭。一五七七年来日、大坂、小豆島に宣教の仕事を行う。細川ガラシャの洗礼とかかわった司祭。以後細川家とのかかわりが深い。小倉にて死亡。

註4　P137　クルサドを日本のお金の単位に換算するのは困難。新井トシ氏は、一ドウカド、十レアル；四三クルサド、天正黄金1枚；一タエル、一クルサド；銀ドウカド、十レアル；四三ドウカド、天正黄金1枚；としている。文献：グスマン『東方伝道史上』付録　八二六頁

註5　P143　野見神社近くで発見されたキリシタン墓地・一九八八年（平成一〇年）六月、高槻城跡地内三の丸付近で大規模なキリシタン墓地が発見された。高山右近時代に、木造の会堂と宣教師の宿舎があった場所であった。国内で発見された最も古いキリシタン墓地であった。文献：「加賀百万石異聞　高山右近」北国新聞社刊二〇一二年二三三頁

註6　P144　ジシピリナは鞭打《むち》ちや苦業のこと。当時、悔い改めの業として鞭打ちを行っていた。

註7　P147　カリアン・フランシスコ（～一五九〇）　スペイン人イエズス会司祭。一五七七年来日、一五七九年の日本教会の現状を詳しく報告した書簡を送っている（イエズス会日本通信『異国叢書　下』友松堂　四四二～四四八）。八〇年マカオで司祭叙階、九〇年生月島《いきつき》で死亡。

第六章　日本教会の全盛

第一節　信長と管区長カブラル

九州豊後にいた管区長は、自ら都地方のパアデレ、イルマン、信徒たちを激励し、より大きい計画を立てようと考えていた。だが、五畿内の教会に対する迫害などのために、これは実現できなかった。すでに一五六五年（永禄八年）パアデレ・トルレスは、詳しい報告をさせるために、イルマン・ルイス・デ・アルメイダを、各地の教会や信徒を訪ねさせたのであったが、その年にパアデレは都から追放され、都の布教は当初の段階まで、逆戻りをせざるを得なかった。

一五六五年の春、パアデレ・フロイスが帰ってのち、信長はキリスト教に対して好意を持っていたと思われたので、管区長は布教巡視計画を、真剣に考えるようになった。新管区長になったパアデレ・フランシスコ・カブラルは、一五七〇年（元亀元年）パアデレ・トルレスと交代し、五畿内に向けて旅立つ決心をした。彼はこの機会に、その領国岐阜の信長を訪ねることにした。カブラルが極寒にもかかわらず、遠路の旅をしてきた、というだけでも、自尊心の強い信長をたいそう喜ばせることになった。信長は、とても機嫌よくパアデレ・カブラルとパアデレ・フロイスを迎え入れ、手ずから二人に茶菓を振舞った。そのとき信長はイルマン・ロレンソに、日本の神仏についてその見解を尋ねた。信長はイルマンの答えに満足したようだったので、イルマン・ロレンソはこの好機を捉えて、デウスの愛と正義についての説教をした。信長はその説教に満足した様子で、

「これより正しい教えはありえない。予は他の教えが不正で、憎悪すべきものであることが、よくわかった。パアデレの掟と、予の心は遠くない」

と言った。

パアデレたちが帰路につくとき、信長は馬と荷物を運ぶ人夫を一緒に行かせ、道々の全領主に

「パアデレたちを敬意をもって遇すること。また翌日のために、新たに馬と人夫を用意するように」

と申しつけた。人々は尊大な信長が、こんな振舞いをするのを見たことがなかったので、少なからず驚いた。信長の好意ある態度を見て、将軍義昭もカブラルたちを歓待した。

一五七四年（天正二年）カブラルは再度五畿内に行った。この時も彼は信長を訪ねた。信長はこの時京都にいて、前回と同様にパアデレを歓待した。また先に述べたようこの二回目の巡察の時に高槻を訪れ、最初の集団洗礼に列席した。信長がこのようにパアデレたちに好意を示したので、パアデレたちの立場は、ぐっと良くなった。多くの者が教会を訪れ、洗礼を望み、説教を聴きたいという声も、四方八方から上がった。そして間もなくカブラルが九州に帰った際、彼が将軍や信長から受けた厚遇が、豊後、大村、有馬、天草の人々のキリスト教への改宗の上に、大いに影響を及ぼしていることが分かった。

第二節　都の教会の新設

一五七四年（天正二年）から七八年（天正六年）に至る間は、平穏なときが続いた。都の信徒にとって、最も重要な出来事は、都教会の設立であった。京都での聖祭は、パアデレ・ヴィレラが一五六〇年初夏に下京で求めた、古ぼけた家でずっと行われていた。周辺の住人達は様々な嫌がらせをしたが、パアデレ・ヴィレラがいつも毅然とした態度をとっていたので、教会内には踏み込んでこなかった。ヴィレラは一五六二年（永禄五年）以来、上流階級の人が住んでいる上京に家を借りようと、数回試みていたのであったが、そのたびごとに、仏僧の妨害にあっていたのであった。したがって下京の古ぼけた一軒家が、パアデレ唯一の都における定住地であった。そこには聖堂が設けられていたが、年と共に古くなり、パアデレも信徒も新しい聖堂を、望んでいた。信長の手厚い扱いを受けたパアデレたちは、上流の人々の間に知人も増え、彼らはしばしば高貴な異教徒の訪問を受けるようになったのである。キリシタンたちは、四本の支柱のうち三本にはひびが入り、残りの一本は曲がっている、自分たちの教会を恥ずかしく思い、パアデレもまたこのように質素すぎる教会は、品位を汚すものだと考えていた。

そこで、一五七三年（天正元年）の破壊後上京が再興された時、パアデレ・フロイスとパアデレ・オルガンチーノは、五畿内の主だった信徒たちをあつめて言った。

「皆さんに伺いたいことがあります。わたしたちは、京の都に、立派な教会を建てたいと思っているのですが、これをどう思いますか？」

信徒たちは喜んで答えた。

「パアデレ様、それは素晴らしいお考えです」

「なんといっても、都は全日本の首都であり、日本の法律はすべてここから出ているのです」

「都には全く教会がありませんでしたから、都に教会を建てることは、長年来の特別な希望でございました」

「もしこのことが実現すれば、信徒であればだれもが出来る限りの協力をするでありましょう」

だがこの計画は、信長とその所司代村井貞勝《さだかつ》の好意がなければ、実現不可能であった。なぜなら信長は、京都の邸宅を作るために、すべての木材を独占していたからである。パアデレたちに好意的だった村井貞勝は、木材やその他のすべての建築材料の自由搬入を許したばかりでなく、あらゆる税を免除した。また後日、都中の大工が、信長の新建築のために召集された時も、貞勝は教会建築に携わっていた大工のみは、そこから外した。

都のキリシタンの数は、決して多くはなかった。だが、彼らだけでなく、全五畿内の信徒たち、とくにキリシタンの領主たちが、教会の建築に対して、物惜しみせず、熱心に協力した。キリシタン武士たちは、必要な用務や資材について研究を重ね、彼らの間で役割を分担した。一同の中で、特に六名が率先して働いた。高山ダリオ、結城弥平次ジョルジ、ミョーサン・ジュスト、清水・レオ、三箇島城主の姉妹である三箇《さんが》フィリッパ、それに池田丹後守シメオンである。

高山ダリオは、良質の木材を担当した。彼は自ら森へ行き、良い木を選んで伐採させ、京都へ届けさせた。また、高槻から労働者を送り、援助した。

結城弥平次は、多くの金銀を寄付した。それだけでなく、円柱の礎石となる重い石を設置するために、四、五十人の部下と共に京都へ行った。三箇フィリッパは、河内と摂津のキリシタン城主を訪ね、新建築のための寄付を集めた。彼女は、娘と共になしえたすべてのことを、新築のときもそうでないときも、教会のために振り向けた。

教会の建築が完成するまで、キリシタンを快く思っていない人々からは、様々ないいがかりをつけて、無理難題を突きつけられた。フロイスは、仏教が盛んな京都において、二人のパアデレがおかれた困難な状況を、〈二人の回教徒が、ローマあるいはリスボンで、キリスト教の教会の隣に、華麗な回教の寺院を建てようとしている〉姿に例えている。

パアデレたちが手に入れた敷地は、教会と司祭館を建てるには小さすぎた。だが、キリスト教に敵意を持っているまわりの住人たちは、どのように金を出してもパアデレに土地を売ろうとしなかった。仕方なく、パアデレたちは、一階を教会にして、その上を自分たちの住居にすることにした。これは、一般市民を怒らすであろうことは想像できたので、パアデレたちは、あらかじめ信長と村井貞勝の同意を得ておいた。案の定建物の二階の建設が始まると、境界付近の住民は、村井貞勝に訴えた。

「恐れながら申し上げます。異国人宣教師の寺院が、都の神聖な場所にそびえたつことは、都にとって不面目なことであると存じます。のみならず、近隣に住む女や娘たちは、パアデレに見下ろされるので、庭に出ることもかないませぬ」

貞勝は答えて言った。

「そのような訴えは、もはや遅きに過ぎる。パアデレたちが、都に立派な寺院を建てることは、都にとってはむしろ名誉なことじゃ。またパアデレたちが、三階建ての建物を建てたのは、だれも彼らに土地を売らなかったので、必要に迫られてやむなくそうしたのである。最後の異議に対しては、隣人の庭の中を見られぬように、何か高い露台を設けるように、パアデレ

南蛮寺

に命じよう。ただし、都の市民が、寺院や他の建築物の、上階を取り去ることができたならば、パアデレにも同じことを命じよう」

訴え出た者たちはこの答えに満足せず、更に評定衆に訴えた。評定衆は、直ちに上階を取り壊さねば告訴する、とパアデレたちに迫った。パアデレたちは、

「それは困ります。そんなことをしたら、建物全体が壊れてしまいます。異議があるのならば、もっと前に言ってほしかった。それに私たちは信長さまと、村井貞勝様の御認可を得ております」

と答えた。そこで反対者たちは、多くの贈り物を持って、大勢で信長のもとへ行こうとした。だが、パアデレたちは彼らの先手を打ち、イルマン・コスメ高井[※1]が贈り物を信長に届けていた。後からやってきた反対者たちは、信長がパアデレやイルマンたちに好感を抱いているので、その言葉を撤回しないであろうことを知り、目的を達せずに引き上げた。面目を失った彼らは、人々に嘲笑されるのを恐れて、夕方暗くなってから帰った。パアデレたちに対しては、彼らはそのことはおくびにも出さず、建築現場を見に行ったり、これをほめたりした。代官村井貞勝は、棟木を上げるために千人の手伝いをよこした。人夫をよこした時には、パ

アデレの隣人たちでさえ、長年の敵意を忘れ、茶菓を出したり、自分たちも手伝ったりした。村井貞勝は、自らも現場を訪れ、贈り物として、パアデレたちに六十クルサドの金を与えた。

あらゆる困難がキリシタンたちにとって、好ましい方向に解決された。信徒たちの熱心さは、建築が進むとともに、ますます高まっていった。非常に貧しい人たちでさえ、寄付をしたいと願った。金子を出すことのできない者は、わずかな米や、働いている人たちの食糧を調理するための鍋を持ってきた。

〈富める者はその富に応じ、貧者は貧者なりに、より多くを差し出した〉

とフロイスは述べている。さらに続けて、

〈都に住む貴婦人たちは、現場で働いている人々のために、調理された食べ物を何度も送り届けた。また他国に住み、自分でそのような奉仕ができない人は、金子を送った〉

と、その書簡に記録している。

木材、他の建築材料、食料品、労働力の他に、二千五百クルサドの大金が、教会の建設のために集まった。

一五七六年（天正四年）の降誕祭の前日、パアデレ・フロイスと交代するために、豊後からパアデレ・ステファノニ[※2]（?〜一六一一）が到着した。降誕祭には、五畿内で最初の荘厳ミサが行われた。都の教会は、フランシスコ・ザビエルの到着した日に因んで「聖母被昇天の教会」と名付けられることになった。パアデレ・オルガンチーノは、一五七七年（天正五年）八月十五日に盛大な献堂式を行った。この大祭のため、都や全五畿内から、多数のキリシタンが集まった。高山ダリオとジュスト右近父子も、家族や二百人を超える従者と共に姿を見せた。都の人々は、こんなにも多くの駕籠《かご》と騎馬の兵士、こんなにも多くの人々が、教会に雪崩のように押し寄せるのを見て驚嘆した。高山父子は赦しの秘跡を受け、聖体拝領をした。多くの他の人々も、秘跡に与った。聖式は一日中続き、翌日ダリオは家臣と共に高槻に帰った。

　それ以来新教会は名所となり、多数の人が訪れた。教会はそれほど大きくはなかったが、品位を保ち、良い木材で作られており、日本人の好みに合っていた。パアデレ・オルガンチーノが案を練ったのであるが、このことはいかに彼が日本人の感覚に適合するものを心得ていたかを、証するものである。この教会が、当時の日本人に深い感銘を与えたということは、徳川時代の反キリスト教文学（排耶書）が示しており、「南蛮寺」[※3]として大きな役割を演じている。パアデレたちは、都の群衆に説教をし、大勢がキリスト教徒になった。フロイスによれば、

〈他の者は故郷に帰って、彼らが都で聞いたことを伝えた。そして、主のみ名、並びに我らの聖なるカトリックの信仰は、日本の隅々にまで行き渡った〉

だがキリスト教徒にとっての収穫は、今や五畿内に威厳ある聖堂を得たこと、年中の主祭日に中日本全域から、ともに集まる家を持ったことであった。それは、彼らの信仰を強め、未信者に信仰の喜びを伝えるために、非常に役立っていた。

第三節　一五七九年の日本教会

一五七九年（天正七年）には、都のキリシタンの数は大したことはなく、二百ないし三百程度であった。だが洛外の信仰に忠実な領主のもとでは、キリシタ

ンの数は多かった。高槻では高山ダリオ父子が、八千人を信仰に導いた。三箇島《さんが》では、領主三箇の未亡人の尽力で、四千人が教会に入った。結城弥平次と彼の甥である結城ジョアンが信仰の普及に努めた河内岡山に、二千人のキリシタンがいた。河内国の他の二カ所若江と八尾では六百、大港市堺では約百名、その他美濃、尾張両国では二百人の信徒を数えた。一五七九年十月十日付の書簡の中でパアデレ・フランシスコ・カリアンは、

〈都とその近郊の教会は、総数一万五千のキリシタンを有していた〉

と報告している。

西南地方、特に九州には、もっと多数のキリシタンがいた。ザビエルによってその基礎を築かれた鹿児島の信徒たちは、聖なる師ザビエルが帰ってしまってからは、大きな発展を見せなかった。しかし彼らは、パアデレがいないにもかかわらず、三十年間信仰を守り続けた。また平戸の教会は、キリスト教徒達を憎んでいた領主松平隆信のもとで、耐え忍ばなければならないことも多かったが、やがて隆信の親族籠手田《こてだ》が改宗したり、マカオとの貿易のことを考慮したりして、信徒たちをある程度は寛大に扱った。それで、信徒は増え続け、間もなく三千人に

達した。彼らの大部分は、籠手田領の生月、高島に住んでいた。

ザビエルが大きな希望を託していた山口の教会は、一五五六年（弘治二年）領主義長が没して後、不幸な日々を過ごしていた。信徒たちは、孤立状態にあった。パアデレ・カブラルは、第二回の五畿内巡行の時、この見捨てられたキリシタンたちを訪れたのであったが、パアデレが出発するとすぐに、迫害が始まった。一五七八年（天正六年）にパアデレ・フィゲイレド（?〜一五九七）が再度彼らを訪れようとしたときには、山口の信徒たちは、

「パアデレ様がいらっしゃると、私たちは苦しくなるばかりですから……」

と言ってその訪問を断ったほどであった。

だがこの教会は、一五七九年（天正七年）には、未だ五百人以上の信徒を残していた。大友義鎮《よししげ》がフランシスコ・ザビエルを双手を挙げて歓迎した豊後の布教は、長い間にも少ししか進歩しなかった。三十年たっても、信徒の数は二千人からほとんど増えなかった。パアデレの病院で世話を受けた、ごく貧しい人々が、大部分を占めていた。この芳しくない状態の理由は、領主が説教を聴こうともしないので、自然に上流階級の人々、とくに武士たちが、キリシタン宗門から離れ

た存在であったから、と言えよう。殊にキリシタンの大部分は、病院の貧しい患者であったことから、人々は、キリスト教は貧者と病人のための宗教である、という考えを持っていた。大友の態度は、彼がいつもパアデレを優遇し、紹介状を書いてパアデレたちにいくつもの扉を開き、彼らをその保護のもとに置いていく度も危険から救ったことを考えるとき、一層意外である。

この豊後における状態と、ポルトガル船がマカオから入港するのを常としていた、平戸の領主の敵意を見て、管区長トルレスは考えた。(領主に、マカオとの貿易の利益について話してみよう。そうすれば、その利益得たさに、キリシタン宗門を奉ずるかもしれない)

一五六一年(永禄四年)以来、イルマン・アルメイダは北西九州の肥前大村領主、大村純忠《すみただ》に、すでにこの件で働きかけ、成功していた。大村純忠は、パアデレたちをキリシタンだけが住んでいる、横瀬浦港に来るように勧めた。そしてそこで貿易を行っているポルトガル人に、十年間一切の税を免除すると約束した。一五六三年(永禄六年)には、自らキリシタンになった彼は、盲目的な熱心さから、寺院や神像を破壊した。それがあまり激しかったので、長い間暴動と闘わなければならなかった。それでもついにこれを制圧し、大村領の家臣は、キリシタンになるか、それとも国外に去るか、いずれかを選ばなければならなくなった。一五七七年（天正五年）その領内には、一人の異教徒も見られなくなった。一五七九年（天正七年）には、同地には四十以上の教会があり、五万ないしは七万のキリシタンがいた。

大村純忠が洗礼を受ける前に、島原半島（当時は有馬と言った）の領主有馬義貞は、宣教師を派遣してくれるように、と弟である大村純忠に願った。また島原の城主も同様だった。両者は、純忠のようにパアデレたちを優遇することによって、ポルトガル船を自分たちの港へ導き入れようと考えたのであった。

一五六三年（永禄六年）春、イルマン・アルメイダは島原と、少し後には有馬領の主要港口ノ津で布教を始めた。彼は、両市で素晴しい成功をおさめた。一五七六年（天正四年）には、有馬の領主有馬義貞《よしさだ》自らも洗礼を受けた。翌年彼が死ぬと、信徒数は一時的に減ったが、息子晴信が洗礼を受けたので再び復活し、一五七九年（天正七年）末には有馬領の信徒は一万二千を下らなかった。

天草諸島では、一五六六年（永禄九年）以来教会地盤が置かれた。地方豪族が、大村、有馬のように自分たちの港にも、ポルトガル船を引き入れたがったからである。だが、志岐の領主のように、受洗後間もなく偽キリシタンであったことを顕わし、信徒の家臣を迫害した領主もあった。一方、本渡の領主天草伊豆守ミゲルは、キリスト教嫌いの兄弟からの嫌がらせを受けたが、信仰を守り抜いた。その息子ジョアンは、迫害が一般に広がった時代を通じて、教会第一の保護者の一人であった。一五七九年（天正七年）全天草諸島のキリシタンの総数は、一万人に達した。一五六六年（永禄九年）以来、平戸西方の五島においても、布教が始められたが、しばらく栄えた後、衰退した。一五七九年（天正七年）には、千人の信徒のうちまだ二百人が残っていたが、他の者は一五七三年（天正元年）の迫害の時移住した。だが望郷の思いにかられ、多くの者が信仰を捨てた。大商業都市博多には古くからの信徒が、一五七九年（天正八年）には三百人、付近の部落には約六百人のキリシタンがいた。

九州教会史におけるもっとも重要な出来事の一つは、大友義鎮《よししげ》の改宗であった。それは、パアデレたちも信徒たちも、長い間待ち望んでいたことであった。他の九州の領主たちの場合、その改宗は、商業上の利害関係が絡んでいた。だが義鎮の場合、彼は三十年間パアデレたちを優遇してきたし、そのころマカオからのポルトガル船は、来なくなっていたのである。先見の明があった義鎮は、始めからヨーロッパ諸国と、その宗教の文化的意義を認識していたが、三十年たってやっとキリスト教徒になったのであった。おそらく彼が洗礼を受けたとき、家臣たちに広がる動揺のことを考えて、なかなか決心がつかなかったのであろう。主権を息子義統《よしむね》に委ねてからは長くは躊躇せず、一五七八年（天正六年）八月十八日に洗礼を受けた。すでに三年前、仏寺の住職になることになっていた次男も、父の許しを得て、キリシタンになった。この時以来教会の威信は高まり、豊後の武士や上流階級の人々の間に、改宗者が多く見られた。一五七九年（天正七年）信徒の数は六千人に達し、翌年には一万人になった。大友義鎮（後の大友宗麟《そうりん》）のような人望のある人物が改宗したことで、豊後の教会の信徒は、大きく変わった。それまではほとんどが病人や、貧しい階級の人だったが、武士階級が増えたのである。もし間もなくおこった戦（キリスト教に反対する者たちはこれを神のたたり、と呼んだが）がなかったら、九州全土はキリシタンの島になっていたことであろう。

一五七九年（天正七年）、日本の教会は約十万人の信徒を数えた。三十年という短い期間の布教としては、素晴らしい成果であった。大友義鎮の改宗の良い影響は、はっきりと表れていた。有馬全領土のキリスト教化は、若い領主有馬晴信の受洗とともに、始まろうとしていた。都地方では、希望はさらに輝かしいものであった。パアデレ・フロイスの出発後、パアデレ・オルガンチーノは、信長との親交をさらに育んだ。信長の息子たちも、喜んでパアデレたちと交際し、キリシタン宗門の布教を望んでいた。当然宣教師たちは、大きな希望と確信を抱いたのである。

註1　P164　コスメ高井　都出身イエズス会修道士。長年日本のセミナリオ、コレジオの教師、「日本のカテキズモ」等の書物の作成にもかかわった。後年は消息不足。

註2　P166　フランシスコ・ステファノニ（〜一六一二）ローマ出身イエズス会司祭。七四年来日、日本の各地で宣教事業にかかわる。

註3　P167　南蛮寺　四条坊門姥柳《うばやなぎ》町（中京区蛸薬師通室町西入ル）に、京都布教の拠点として建立された和風建築の聖堂。天守閣風の木造三階建てで一階は聖堂、二階は集会所、三階は修道院六室、後に隣家を購入して敷地を広げ、蛸薬師通りと室町通りに門を設けた。神戸市立博物館所蔵の「洛中洛外名所扇面図、なんばんたうの図」はその寺のものと推定され、妙心寺春光院所蔵「一五七七の数字とイエズス会紋章」の入った鐘はその南蛮寺のものとされる。

第七章　最初の試練

第一節　荒木村重の謀反

先に述べたように、一五七八年（天正六年）末期における日本教会の歩みは、大友宗麟《そうりん》の改宗と、織田信長の保護とがあって、非常に順調であった。だが宗麟が洗礼を受けて程なくして始まった戦は、大友家にとって不運な結果をもたらした。この敗戦によって、数年後大友家はすべての属国を失っただけでなく、豊後本国さえ危うくなった。そのためにキリシタン宗門が打撃を受けたことは、あき

有岡城跡

らかである。

都地方の教会は、当時板挟みの状態にあった。都の布教は信長の利害と一致していた。信長は十年間パアデレを優遇し、仏僧を憎む政策をとってきた。一五七一年、信長は都にほど近い比叡山の僧院を破壊した。一五七四年（天正二年）には大坂の真宗の強大な門跡三佐顕如を攻撃したが、決定的な打撃を与えることはできなかった。一五七八年（天正六年）末、本州の南西全域を領していた毛利家と、信長の重臣で、摂津、河内の領主である荒木村重が、僧兵等と同盟を結び、戦はますます広がった。大坂の僧たちと毛利家は、キリスト教徒をひどく嫌っていたから、もしこの戦いで彼らが勝利すれば、中日本における大迫害につながる恐れがあった。しかも布教の保護者であった高山父子は、村重の家臣であり、主君同様信長に敵対することになれば、事態はキリシタンにとっては、より深刻なものとなるのであった。今日までキリシタンの保護者であった信長は、日本中央のキリシタン宗門に、復讐するかもしれなかった。

村重の信長に対する反逆については、フロイスの「日本史」の中で、若干触れられている。信長が大坂を包囲したとき、村重はすでに謀反人の行為を見せ、街に食料を送った。そしてその後も信長に逆らう行為を見せ、ついには「自分は信長の敵である」と公言するようになった。村重は彼の領土であった摂津を、信長に返すように言われるのではないかと恐れていたし、五畿内、更には日本全体の王になりたいという、彼自身の欲望もあって戦に走ったものと考えられる。

村重の謀反の理由について、日本側の文献は語っていない。だが村重は、公然と決裂が見られる以前から、信長の敵側と関係していた。細川家の「細川家記」、松井家の「松井家譜」によれば、信長は一五七八年（天正六年）十一月十九日に、村重と、大坂の僧侶たち、毛利輝元の叛逆同盟のことを内報されている。翌日、他からも同様な内報があった。そこで信長は、松井友閑《ゆうかん》、萬見仙千代《まんみせんちょ》、明智光秀たちに、村重の答弁を求めさせた。村重はすべてを告白し、二心ないことを誓い、その証しとして自身の母を人質として差し出すと言った。村重は安土へ向かったが、茨木まで行ったときに、その地の城主、中川清秀は、今、安土に行くのは、首を与えるも同然。むしろ信長と決戦を交えたほうが良い、と言った。

高槻城主（大阪府高槻市）高山右近は荒木村重の家臣であった。信長に対する戦が決せられた時、右近はその場にいなかった。これは、右近の公正な意思により反対されることを、他の家臣が恐れたからであった。

右近はその戦の知らせを聞いて、すぐに村重のもとへ急いだ。そして言った。

「衷心から申しあげます。殿が考えておられることは、不名誉な反逆以外の何物でもないと、人はみなすことでございましょう」

そして右近は、自分が利己的な利害から、これを述べているのではないことを証するために、自らの妹を人質として村重に差し出した。高山右近の真摯な態度に深い感銘を受けた村重はいった。

「あい分かった。だが、そちがなぜそこまでこの戦に反対するのか、その所をよく知るために、いま一度軍評を催したいと考える。その席で、右近に詳しく反対論を述べさせよう」

招かれて評議に参加する前に、右近は父ダリオに言った。

「たとえ統治権と命を失ったとしても、またたとえこの高槻城の前で磔の刑に処せられると知っても、それがしは自分の良心に従って、意見を述べてまいります」と。

そして右近は高槻に別れを告げ、軍評が催されることになっていた、有岡城《ありおか》

（兵庫県伊丹市）に向かった。反対の理由を述べるようにと促された右近は、村重の目を見て言った。

「恐れながら申し上げます。池田勝正《かつまさ》様の一家臣であられた殿を、摂津全国の領主に任命なさったのは信長公、いわば信長公は殿の恩人と申せましょう。その恩人に対して弓引くことは、不正であり忘恩と心得ます。軍師としての誉れ高い信長公に、殿が戦を挑まれましても、勝ち目はございませぬ。反逆者のそしりは免れますまい。信長公がご丁重に、松井様、萬見様の両遣使を遣わされたことから察しましても、もし殿が信長公に許しを請われましたならば、今日までの殿のお働きからも、必ずお許しくださる、と心得ます」

右近のこの言葉に対しては、居並ぶ村重の家臣たちからも、何らの異論も出なかった。

だが、二、三の者が言った。

「右近殿は、おそらく信長から戦に反対するように、と言われているのであろう」

「信長方に、取り入ろうと目論んでいるのかもしれぬ」

右近はきっぱりと言った。

「そのようなお疑い、根底から覆すために、わが息子を、殿にお預け申す」

そして右近は直ちに高槻城へ使者を送り、三、四才と思われる一人息子を迎えに行かせた。

村重は右近の言ったことに感動し、早速それまでに起きてしまったことを、信長に謝罪するために出発した。だが、村重が茨木から五レグア進んだときであった。村重の家臣が送った使者が、有岡から追いかけてきた。使者によれば、高山右近は謀反人であるから、村重は最初の決心に戻るべきだ。すぐに有岡に戻ってほしい。もし村重が承服しないならば、彼らは有岡の城門を閉ざし、他の君主を選ぶであろう、というものだった。

いったい、何が起こっていたのであろうか。最初の決議の発起人であり、個人的に右近を嫌っていた中川清秀は、自分ではなく右近が主君の向かう方向を決めたこと。さらに自分の勧告が、不正であり、忘恩であり、無思慮なものであるといわれて、面目を失い、右近を深く恨んでいたのである。彼が第一次の協議の時右近を外したのは、疑いない。村重は、彼の家臣たちの態度に抗する勇気がなくて、信長の敵であると公言したのだった。前将軍足利義昭も加わっていた同盟の同盟者たちは、村重に反抗する勇気を与えようとして、五か国を約束した。結局村重は、強力な軍勢と共に有岡城に帰った。

村重は信長に厚い恩恵を被っていた。それなのに彼のとった態度は、忘恩であり、明らかな謀反に他ならなかった。謀反を意図しただけで死に価するのであるから、武器をとって立ち上がったのであれば、なおさらのことだった。右近が村重に述べたことは、彼の公正さと大胆さを示している。右近が反対するに違いないと考えて、戦を望む者たちが、彼をその軍評の場に招かなかったことも、容易に理解できる。だが、右近が信長の寛大さについて信じていたことは、少なからず不思議に思われる。過去の不正を許したり、忘れたりすることは、信長の性格ではなかったからである。この場合の右近のこの確信は、おそらく理由のなかったものではないと考えられる。信長は、まさしく非常に危険な状態にあったし、悔悟している村重に対しては、少なくともその強力な反対者を抑えるためには、寛大な処置をとったであろうと思えるからである。

第二節　信長の残酷な試み

荒木村重は信長と戦うことになった。村重の家臣である高山右近も、信長と敵対関係に立つことになった。彼は命をかけて主君を諌《いさ》めたのであったが、村重が戦うことを決めてからは、日本の武士らしく主君に従ったのである。フロイスの「日本史」によれば、右近は参戦することに、迷いはなかったようである。だが、パアデレたちの意見は、異なっていた。彼らは右近が決めた態度について知ったとき、非常にあわてた。彼らは右近たちが負けることを見越していたし、キリシタン宗門に好意を持っている最高の主君信長に反抗したことを、異教徒たちが、好ましからぬことと捉えていたのも知っていた。パアデレ・オルガンチーノは早速高槻に右近を訪ね、

「右近殿は間違っておられます。右近殿の最高主君でいられる信長公に、叛逆することは許されませぬ」

と、彼を戒めた。

「パアデレ殿、それがしは忠誠の証しとして、妹と息子を村重さまに差し出しております。もし信長公が、二人を取り戻してくださるなら、信長公と進む用意はござりまする」

だが、これは不可能に思えた。右近はどのようにして、自分の苦しさから抜け出すことが出来るか分からなかった。パアデレ・オルガンチーノもまた、目的を果たせず、苦しい心を抱いて帰らなければならなかった。信長の怒りが、五畿内の信徒に及ぶことも案ぜられた。

「日本史」によれば、この時右近は決して何等の良心の躊躇なく、村重側についたのではなく、人質として差し出した妹と息子のために、村重と絶交する勇気をもたなかったことが察せられる。パアデレ・カリアンの一五七九年(天正七年)十二月一日付の書簡によれば、右近はこの戦いが許されるべきものなのかどうか、当初から疑問を抱き、パアデレ・オルガンチーノに自分の取るべき方法について尋ねた。オルガンチーノは、信長に味方することが彼の義務ではあるが、ことがあまりにも重大なので、祈って主の助けを願うように、と答えている。

日本武士道の見解からすれば、家臣はある程度のことは言うことはできても、ともかく、直接の主君に忠誠を守らねばならなかった。主君村重が最初の決心に従うことを決めたのであるから、臣下である右近もそれに服さなければならなかった。とはいえ、右近の良心が安心していたわけではなかった。それは、彼が自分の取るべき道について、オルガンチーノの指導を仰いだことによっても、知ることが出来る。パアデレ・オルガンチーノは、信長への右近の謀反によって生じた一般の非難を、キリシタン宗門にとって不吉なものとして恐れた。ということは、少なくとも当時の異教の人々は、武士道の伝統的な見解から、より上位の主君に対する義務を、より上位に見なしていたことを、物語っている。武士の最終目的は、最高の武将、王、天皇に従うことであり、この場合天皇の代理をするのは信長であり、村重ではなかった。村重に味方することの可否について、疑いの念を抱いていたとはいえ、右近はあえて村重と決別しなかった。これは、人質として差し出している、息子と妹のことを考えてのことだった。村重に背くことは、二人の確実な死を意味していた。また、右近は村重に大きな恩を受けていた。このことも、彼が主君に背くことを妨げていた、要因の一つであったろう。

右近はいかにして人質を失うことなく、事態から逃れられるかを考えていた。

高槻は、摂津の国の鍵であったから、信長にとってこの地を領有することは、非常に大きな意味を持っていた。だがこれは、信長自身も認めるように、容易ではなかった。高山父子が高槻を領有したときに城には入口と、小さい塔があるだけだった。が、今では城の周りには深い堀があり、堅固な城壁に囲まれていた。この城が自分の家の所領となってから、右近が堅固に築城したものであった。これによって、彼は優れた築城師としての名声を、得たようである。城は強大であり、城主右近は賢く、冷静であった。家臣は勇敢であった。信長にとってこの城を攻略することは、容易ではなかった。兵糧攻めだけが、攻略に成功する手段であったかもしれないが、それは飽き飽きするほどの長期の包囲攻撃と、時間の浪費を意味するものだった。パアデレ・ステファノニは、その書簡の中で、信長は城を征服することに疑いを抱いてさえいた、と記している。そして、日本側の資料においても、同様なことを述べているものが少なくない。そして最終的に信長は、突撃戦や兵糧攻めよりも、一難題を持ち出すという、より好都合な方法を選んだ。

オルガンチーノは、右近が村重側に加わったため、信長は五畿内のパアデレ、イルマン、そして信徒たちに仇をするのではないか、と恐れていた。そして、これは間もなく事実となった。戦いの糸口が開かれるとすぐに、信長は使いの若い武士大津伝十郎を送り、こう伝えた。

「予は確実な根拠から、キリシタンはすべてにおいてパアデレに同意し、その言葉に従順であると心得ている。右近は予の臣下である。それなのに予の敵であると公言した。そこで、予はパアデレ殿に依頼する。右近に、それは戒律により許されないことであり、彼が再び予のもとへ帰り、仕えるように、話してもらいたい。その際、右近は村重のことを考える必要はない。すなわち、村重は言うまでもなく予の家臣であり、右近が彼に味方することは許されぬ。本来の主君たる、予に背くことになるからである。もし右近が予の言葉に従うなら、予は、右近が望むより以上の金子と、望むだけの広大な領地を与えるであろう」

オルガンチーノは使者に答えた。

「おっしゃる通りでございます。右近は私たちの教えにより、『信長公の敵』と公言することは許されておりませぬ。私はできる限り、このことを右近に申しますが、右近は村重側に人質を取られておりますゆえ、彼が同意するかどうかは、不確かでございます。右近はそのことにより、人質ばかりでなく、日本人が生命よりも大切に思う名誉までも失うことになる、と考えているからでございます。信長公が右近に多額の金子や、広大な領地を約束なさっても、それは無意味でございます。右近の天性の素質を、十二分に知っております。そのようなものに従って動ずる人間ではございません」

オルガンチーノは、右近とダリオにこのことを話し、人質を取り返し、信長と和平を結ぶために、全力を尽くすようにと言った。

右近たちは、まず村重と討議しなければならなかったので、すべてが信長の思い通り行ったわけではなく、確答がないままに四、五日が過ぎた。この時間は信長にとってはあまりに長すぎた。信長は第二の使者をオルガンチーノに送り、荒木村重を滅ぼすためには、高槻城が絶対に必要であることを力説した。

しばらく待っても高槻からは何の連絡もなかったので、終に信長はオルガンチーノを呼び寄せた。そして、自分の計画を全うさせるためには、ぜひともパアデレの力を借りねばならぬ、と力説した。信長は泣きそうな声で、キリシタン宗門の幾多の美点を述べ、右近の性格のよさや、生まれつきの才能についてほめそやした。それから自分がそれまでパアデレたちや教会に対して、どんなにに良くしてきたかを、オルガンチーノに思い出させた。人質の問題については、信長が村重から得ている人質と交換するようにしよう、と言った。

「もし村重が、予の申し出を受け入れなかった場合、予は都と堺のすべての門に掲示させよう。『右近殿はその人質を利欲や臆病のために見捨てたのではなく、その主君に対する義務を全うさせるために、そうしたのである。また右近殿は、荒木村重が信長に対して反抗しないよう、信長への愛からその人質のことを定めたのである』と。もし人質が殺されたなら、右近はより一層の名誉を勝ちうるのみならず、彼が示した忠誠を、人は後々までも決して忘れないであろう」と。

最後に信長は付け加えて言った。

「もし右近が予の側につき、予の味方になることを約束するならば、予はパアデレの教えを、すべてにおいて保護しよう。そして右近には、彼が望みさえすれば、金子も広大な領地も与えよう。予はこのことを保証するため、一部は右近のため、また一部はパアデレのために、書状を書こう」

オルガンチーノは、あまりの驚きと恐れのために、返答も出来なかった。右近が信長公の友となった場合、布教は大いなる進歩を遂げるだろうが、その逆の場合には、大いなる迫害が待ち受けているだろうことが、予測できたからである。信長のもとから帰るとすぐ、オルガンチーノは一人のイルマンに書状を持たせて高槻へ行かせた。だが道中いたるところ敵ばかりだったので、彼は目的を果たさずして帰ってきた。オルガンチーノは、このことを信長に知らせた。同時に彼は、怜悧《れいり》で大胆な同宿を再度高槻に向かわせたが、彼は様々な手を使って、城にたどり着くことが出来た。彼は使者としての役割をはたし、信長の書状を渡した。

右近は答えた。

「信長公にお伝えいただきたい。『困難は、荒木村重殿が人質を有していることにございます。人質の問題さえ片が付けば、我らは即刻信長公にお味方いたすでございましょう。

したがって信長公には、当分摂津には、敵対行為をしないで頂きたい、とお願い申しまする。その四、五日の間に、我らは人質を取り戻すことに、全力を尽くしますゆえに』と」

同宿がこの返答を持って帰った時、信長は自分の計画がうまく行きそうなことを知って、非常に喜んだ。そしてこの問題をより早く片付けるために、一計を思い付いた。すなわち、パアデレの身柄を拘束することだった。右近父子がこのことを聞いたなら、彼らは一層迅速に行動するだろう、と考えたのである。

そこで信長はパアデレ・ジョヴァンニ・フランシスコ（ステファノニ）と、イルマン・ロレンソを都の教会の二人の同宿と共に、近江国永原の陣営に連れて行き、そこにしばらく留め置くように命じた。

パアデレ・オルガンチーノはイルマン・ロレンソに、ダリオ父子宛に感動的な手紙を書かせ、もし彼らが信長に味方しないときには、信長は疑いもなく、イエズス会士全員を殺すであろう、と述べ、現世での別れを告げた。第二の手紙の中で彼は、

「高山ダリオ殿、ジュスト右近殿にお願い申します。この戦において勝ち目は全くないゆえに、村重殿に信長公と和平を結ぶように、勧めていただきたい。このこと切にお願い申す」

と言っている。また彼は、パアデレたちが、いかに大きな、また深刻な危険にさらされているかについても述べている。この世における訣別を告げる手紙に接し

て、高槻の信徒たちは涙を流した。信長との和解について村重の代理人と右近が会い、これらの手紙が読み上げられた時には、村重方の一人さえ涙を流した、とフロイスは記している。村重は、その報告を聞き、もし信長が彼の以前の領地を是認するならば、和平に応じよう、と決心した。

この好ましい報告を聞いたオルガンチーノは、非常に喜んだ。だが、信長はこの和平に応じず、村重の領土へ向けて進軍を始めた。オルガンチーノは、失望落胆したが、さらに新たな試みによって、右近を味方に引き入れようと、信長にしばらくは高槻領を荒らさないでほしい、と頼んだ。

その間信長勢は、有岡城の周辺を荒らしていた。一方信長は、千騎だけを率いて、高槻に向かった。だが、右近の領土を荒らすことはなかった。右近もまたその部下に、決して信長の軍勢を煩わすことがないように、と命じた。オルガンチーノの試みは、成果を見ることなく日を重ねた。そこで信長は、オルガンチーノを始めとする、都の住院のすべての居住者を捕縛し、何人かの主だった信徒を、自分の陣営に拘引するように命じた。

彼らが馬に乗せられてひかれていく様を見て、異教徒でさえも大いに同情し、信長が不正にもパアデレたちを自身の戦にまきこんだ残忍さに、不満の意を表した。一方信徒たちは、パアデレたちと共に死のうと、教会へ急いだ。京都所司代村井貞勝は、家臣に教会を監視させた。捕虜たちが陣営に連れてこられた時、信長はオルガンチーノに新たな命令を出した。新しい命令は、前回のものよりさらに残忍だった。

「右近が直ちに高槻城を明け渡さないときは、全宣教師を高槻城の前面で十字架につけ、その領地の全信徒を殺し、全教会を破壊する」

という信長の言葉を右近に伝えよ、というものだった。そして同時に、信長は武将佐久間信盛に書状を書かせ、その中で右近に摂津の国の半分を与え、キリスト教徒らを手厚く保護しよう、と改めて約束した。

だが右近の父ダリオは、信長の申し出を拒絶したばかりでなく、今後送られた使者はことごとく殺す、と返答した。ダリオは心から人質の身の上を案じていたので、村重の間諜を恐れ、あらゆる談判を打ち切ろう、と望んでいたのである。信長からの最後の申し出も、右近の耳に入れなかった。おそらくダリオは、高槻城を明け渡すことに反対の、強力な勢力を後ろ盾としていたものと推察される。

高槻城の要務は、大体においてダリオが掌握していた。

第三節　右近の英雄的な決心

オルガンチーノは、ダリオの厳しい拒絶の言葉を信長に伝えた。信長は右近の置かれた立場に非常に同情し、翌日高槻城を攻める決心をした。

(信長公は、私の努力が不成功に終わったので、宣教師や信徒たちに、恐ろしい復讐をするだろう。)

オルガンチーノはそれを恐れ、もう一度、右近とダリオの考えを翻させる試みをする決心をした、だがダリオは信長の使者は殺す、とはっきり言っている。そこで、オルガンチーノは、計略を練った。彼は、信長の復讐を恐れて助けを求めてきたふりをして、イルマン・ロレンソと共に、高槻城を訪れた。高槻城で、二人は教会に通された。間もなくやってきたダリオは、二人を見て非常に喜び、「これはこれは、パアデレ殿、イルマン殿、よくぞ逃げて来られました。信長に捕えられている、他のパアデレ殿、イルマン殿をお案じ申しておりまする」

オルガンチーノは、ダリオを信長方に引き入れるべく、長時間説得を試みたが、ダリオは、見張り番を巡視する時間が来た、とだけ言って立ち去った。そして、すぐ村重に、オルガンチーノが来たことを告げた。

翌朝オルガンチーノは、キリシタン武士たちに赦しの秘跡を授け、ミサを捧げ、聖体を授けた。キリシタン武士たちは、口々にパアデレが幸運にも逃げてこられたことへの、喜びの言葉を述べた。ミサの後で、ダリオが来て言った。

「パアデレ殿、やぐらに上って見られませぬか？　信長が武勢を率いて、高槻に押し寄せるさまをご覧になれますぞ」

「いいえ、教会を見捨てて、よそに参るようなことはしません」

オルガンチーノは、厳しい顔つきで答えたが、その後考えていった。

「いや、ダリオ殿。皆がほめている高槻城の、新築の砦を見せてください」

実はこれは口実で、オルガンチーノは夜にでも城から抜け出すために、その場所を見つけたいと思ったのであるが、これは見破られてしまった。ダリオはパアデレたちが逃げ出さないように、四人の見張りをつけた。パアデレは、すでに右近の数名の家臣と右近に、高槻から脱出することを相談していたのであるが、この時すべての出口は閉ざされていることを知った。

もはやオルガンチーノには、信長に捉えられているパアデレやイルマンたちを、磔の刑から救う、何の手立ても残っていなかった。だが、この時すでに信長は、パアデレたちが高槻城内で捕えられていることを知っていて、同情を示していたのである。信長は、

「彼らが罪なくしてこれらを耐えているのは、予の責任である」

と述べたという。このことを知らないオルガンチーノは、教会の前の十字架の前にひざまずいた。高槻城には、戦乱の間に粗末にされることのないように、領内から約五十基もの十字架がおかれてあった。パアデレ・オルガンチーノはこれらの十字架の間をあちこちさまよい、十字架を己が腕に抱いて、涙を流した。その姿を幾人かのキリシタン武士たちが見て同情し、彼を司祭館に連れ行った。そして、

「パアデレ様、お嘆きなさいますな。我らが右近様に願って、必ず高槻からお逃がしいたしますゆえに」

と、オルガンチーノを慰めた。

その間右近は、内心の激しい苦しみの中に、日を過ごしていた。彼は長い間祈り、熟慮し、ついに信長と和睦する決心をかためた。

村重は謀反人なのだから、自分は上位の主君信長と闘うことはできない、と右近は最初から分かっていた。だが、彼の息子と妹の身を案じるがゆえに、村重に対抗することが出来なかったのである。また、村重は現状のままで和平を結ぼうとしたが、信長はその申し出を拒絶した。村重に無条件に従うことを求めていたのである。村重は感情を害し、

「これ以上信長と折衝を重ねるならば、人質を殺害する」

と、右近父子に告げた。ダリオは、たとえ信長が、五畿内の全キリスト教徒を殺そうとも、もう信長とは交渉すまい、と心に誓った。

ダリオは彼の息子の一人がその娘と結婚することになっていた、トーサンという武士を含めた強力な後ろ盾を持っていた。ダリオと親密な関係であったトーサンは、大のキリスト教嫌いだった。

すべての事情は、右近の立場をさらに困難にした。彼は当初は人質の身に及ぶ

危険を考慮して、自分の良心の声に従うことが出来なかったのである。だが今、信長が教会全体に対する、恐ろしい脅迫を表に出したことにより、右近はその父とも対立することになった。当時高槻城の事実上の城主は、ダリオであった。それは、信長の申し出をダリオが拒絶し、右近がそれを行わなかった、ということを、事実が暗示している。しかも右近は、オルガンチーノが城に来ているということを、知らされていなかった。ダリオたちは、右近がパアデレを城から脱出させようとするのではないか、と恐れたのである。そのうえ、ダリオは、「武士道に定められている切腹を行う」と言ったので、右近の苦悶はますます大きくなった。切腹は自殺であり、キリシタンの教えでは、厳しく禁じられていることであった。将来についての不安もまた、右近を襲った。右近が信長と和解した場合、世の人々は、

〈自分の領土を拡大したいがために、わが子と妹を見捨て、武士の名誉も犠牲にした、破廉恥な人物〉

と右近を見なすであろう。また気まぐれな信長は、将来右近の土地を取り上げたり、彼を追放したり、命さえも取ろうとするかもしれなかった。そんな場合日本

の武士道においては、切腹して自分の名誉を保つ、というすべが残されていた。だがキリシタンである右近は、教えが禁じている自殺はしたくなかった。これらすべてのことを考え、右近はなかなか決心がつかなかった。そして、彼がやっとの思いでたどり着いた決心も、たいして満足すべきものではなかった。

だがその時右近は、彼の忠実な部下から、オルガンチーノのことを聞かされたので、その絶望的な状態からパアデレを救うのは、自分の計画を今実行に移すほかない、と思った。高槻城を父と共に死守することは、彼のより良い確信に背くことになるから、問題にならなかった。城を信長に明け渡そうと、右近が言ったとしたらどうだろう？　五畿内の信徒を助けることにはなろうが、ダリオやその後ろ盾となっている者たちが、武器を取って信長と戦うことは、明らかである。右近の意見は通らないであろう。どちらにしても、それは人質の死と、父の自殺を意味していた。

右近は決心していた。高槻城主としての地位を去り、一切の権利を父に返そうと。それは、城の防衛を放棄することであった。一方彼自らは剃髪して世を捨て、残りの生涯を教会に仕えて暮らそうと。

彼は武器を持たず、紙の着物を着て、オルガンチーノと共にひそかに信長の陣営を訪れようと、思っていた。信長はその決心に満足し、教会を救ってくれるかもしれなかった。これが不可能なときは、パアデレ、イルマン、信徒たちと共に死ぬ覚悟であった。そうすれば、村重も人質を殺さないだろうという、かすかな望みもあった。高槻は村重の所有になるであろうし、右近も日本の武士道から見ても、なんの不正も働いたことにはならないのだった。

この打開策は、右近のような英雄的人物がとるにしては、あまりにも積極性のない対策と思われるかもしれない。しかしこの絶望的な状況の中で、すべてを正当に判断し、すべての困難な要求に応じ、しかも英雄性を欠かないでいるためには、天才的な解決策であったことを認めざるを得ないであろう。高山右近のように天賦の才のある武将が、二十五歳の若さで、城主としての輝かしい生涯への、あらゆる希望を捨てることは、決して小さな犠牲ではなかったはずである。さらに信長が、その右近の犠牲に満足するという確証もなく、残虐な死が待っているかもしれなかった。右近の行為に対して、村重が人質の生命を助けてくれるということも、全く不確かであった。

右近は自分の考えを、だれよりもまず、パアデレ・オルガンチーノと、イルマン・ロレンソに相談した。その後、右近は最も信頼していた武士たちを集めて言った。

「くれぐれも、トーサンには注意しなければいけない。わが父上をも含むトーサンの一派は、われわれが信長公と和解せぬように、あらゆる手立てを使うであろう。そのためには、キリシタンの指導的な人物さえ、葬りさろうとしかねない」

それから右近は、父ダリオに宛てた長文の手紙をしたためた。その中で彼は、自分の考えを明かし、父に高槻のすべての権利を返すから、できるだけよく守ってほしいと願った。右近はこの書状を忠臣に預け、

「パアデレ・オルガンチーノが城を出られてから、これを父上に届けるように」

と命じた。右近はまず、パアデレたちを城から脱出させ、自分も近くまで見送る、という口実を設けて、一緒に城を出た。右近の家臣たちはまだ彼の考えを知らなかった。

高槻の城を出て三射程ほど進んだところで、右近は足を止めた。そして右近に従ってきた数名の、信頼の置ける家臣に向かって話した。彼が領主の地位を父に

返し、武器を持たずに信長の陣営に赴くこと、そののちは俗世を離れて、教会への奉仕に人生を捧げようと決心したことを。

忠実な家臣たちは、涙を流しながら、自分たちと一緒に高槻に帰ってくれるように、何度も願ったが、右近の決心は変わらなかった。彼は、自分の武器や武装を記念品として家臣に分け与え、自らは束髪を切り、武装の下に着こんでいた、紙の着物だけになった。それから彼は家臣たちに別れを告げ、パアデレ、イルマンと共に、信長の陣営にむかった。

あとに残された右近の家臣たちは、しばらくしてその驚愕から覚めると、いかにしてダリオを納得させ、高槻城を明け渡すことにさせるかについて話し合った。彼らはまずダリオやトーサンたちに気づかれないように、城の天守閣やその他の高楼を、自分たちの仲間で占拠することにしたが、これは誰にも疑念を起させることなく成功した。そうしておいてから、右近の書状を父ダリオに渡した。右近が天守閣の中にいるとばかり思っていたダリオは、その書状を読んで怒り狂った。彼は急いで天守閣に走り、大声で武士たちを呼んだが、どこからも答えはなかった。誰も、右近の父と争いを始めたくなかったからである。そこでダリオは他の砦に走ったが、ここも右近の家臣が抑えていた。トーサンは、その時考え違いをして避難していたので、ダリオに答えることが出来なかった。自分が閉じ込められていることを悟ったダリオは、城から脱出しようとしたが、門番すら戸を開けようとしなかった。ダリオは恐るべき力を発揮して、戸と門をけ破り、城外に出た。そこで、トーサンとその家族に会えたダリオは、彼らと共に有岡に向かった。すべてを村重に報告して、人質を助けようとしたのである。

ダリオはここ数日来、不自然なほどの興奮状態の中にいたし、人質となっていた娘と孫の身を案じて気が気ではなかったので、キリシタンらしからぬ、また本来のダリオの性格とは相いれないことを、いろいろ行ってきた。だが、「日本史」の作者フロイスは、ダリオのキリシタン的な精神に関わる、あるエピソードを伝えている。

〈有岡が近くなったころ、ダリオはコンタツを取り出そうとした。だがどうしても見つからなかったので、家臣の一人に命じて急いで、高槻に取りに帰らせた。やがて長い時間の後に、彼がコンタツを探しあてて戻ってきたので、ダリオは非常に喜んだ。彼は、祈りの中に平安を見出し、落ち着き、本来の正しい我に返っ

たのであった〉

ダリオは無事に有岡につき、起こったことのすべてを話した。人々は、彼の取った行動を称賛し、高槻で起こったことには責任がない、といった。また右近は公の生活から引退したのであるから、なんらの非難を受けることもなかった。だが、ダリオは人質の生命を案じ、あらゆる知人、友人、親族にとりなしを願い、村重も人質の生命を危険にさらすようなことは、あえて行わなかった。

右近とオルガンチーノは、残酷な死から救われた囚われの身のパアデレやイルマンたちに、大きな喜びとともに迎えられた。また右近がこちら側に来たので、高槻城も間もなく難なく落ちると考えた、信長陣営の武将たちも、右近を歓迎した。近江や都に監禁されていた宣教師たちにも、この喜ばしい出来事が伝えられた。信長の武将たち、殊に豊臣秀吉と佐久間信盛は、信長に仕えるようにと、熱心に右近に勧めた。だが右近はその申し出を拒絶したので、彼らは今度は、オルガンチーノに、右近の気持ちを変えさせてくれ、と頼んだ。だが、オルガンチーノは

「右近殿は、私と共に都へ行き、これからの人世を教会に捧げるおつもりで、高

槻を出られたのです。その決心は、変わらないでしょう」

と答えた。

程なく信長は、右近とオルガンチーノを彼のもとへ連れてくるように命じた。ダリオが村重のもとへ逃れてのち、高槻城は開け放たれていたので、信長は大喜びで、二人を歓迎した。右近は、信長に長い挨拶をした。彼は、装具と武器を与えられ、その後信長に仕えるように命じられた。信長の命令には、誰も逆らえなかったから、右近ももはや異議を申し立てることはできなかった。そして高槻を、約倍の報酬と共に返された。だが城塞は取り壊さなければならなかった。さらに信長は、右近の人質を取り返すべく、全力を尽くそうと約束した。

右近が高槻城に姿を見せたとき、忠臣たちの喜びは大きかった。だが、妻および母の喜びは、彼女たちの子供の運命を不安ゆえにかき乱されたのであった。

佐久間信盛は、オルガンチーノとそれまで信長の陣営で監禁されていた宣教師やキリシタンたちを、大勢の随行者と共に都へ凱旋させ、そうすることによって、信長はパアデレやキリシタンの友であることを、世間に知らせるつもりだった。だが、オルガンチーノは、近日来の興奮と心配のため、発病してしまったので、この豪華な名誉は遠慮し、高槻へ帰った。監禁されていた者たちが、勝ち誇って都へ戻った時、多くの異教徒までが家を出て迎え、ある者は涙を流した。彼らが教会に帰ったので、たくさんの人が訪れた。所司代村井貞勝は最初に訪れ、敬意を表し、祝辞を述べ、信長の命令とはいえ、こんなにも厳しい処置をしなければならなかったことを、わびた。

右近は、その後、信長の副将として仕えた。彼は、有岡城の包囲攻撃にも参加した。村重の重臣たちは、

「見せしめのために、右近の息子と妹を、磔になされませ」

と言ったが、村重は、

「右近はあの人質を、予が信長と戦うことを妨げようと与えたものじゃ。この戦には、殺す理由がない」

と答えた。

戦運は村重に与さなかった。最も熱心に戦闘を勧め、信長と村重を和解させようとした右近に謀反人の嫌疑をかけた中川清秀は、戦が始まると間もなく信長に投降し、茨木城を開け渡した。

有岡城の包囲攻撃は続いた。十ヵ月を経て、食料はきわどい、というところまで行ったので、村重自身はひそかに尼崎へ逃げた。裏切りのため、敵方は城内に入り、天守閣を保つばかりとなった。救援の見込みもなく、食料品はごくわずかだったので、守備兵は信長と交渉しようとした。信長は、村重に和平を締結するよう勧告させるため、全将兵が尼崎に行くことを許した。

だが信長は、有岡の天守閣明け渡しに際し兵庫、尼崎の城も要求したので、村重側は和睦に反対した。そこで信長は、有岡に人質として残留させた妻子たちに対し、恐るべき懲罰を科した。村重の妻子、近親等三十六人は京都に連れていかれ、斬首された。百二十人の婦人たちは尼崎で磔にされ、さらに三百八十人の婦人を含む五百四十一人は、火あぶりの刑に処せられた。

有岡城の占拠の時、右近の人質はダリオと共にまた信長のものになった。そして、無事に右近のもとへ返されたが、ダリオだけは信長に京都に連れて行かれた。右近、親族、パアデレたち、また五畿内の一般の信徒たちは、教会のためにかくも功績のあった人物の生命を保たれるように、主に熱心な祈りを捧げた。ダリオは死ぬ、と思われていたからである。

この状況を見た信長は、右近への憐れみと配慮により、ダリオを死刑にせず、越前の国北庄に連行して、窮屈な牢獄に投じさせた。ダリオは幾多の苦しみを耐え忍び、信長の残忍さに、一言も苦情を述べることがなかった。

越前領主柴田勝家は、志操も高く、キリシタン宗門に好意を持っていたので、監禁者に許されていた、あらゆる補助を与え続けた。その家臣もまた同様であった。ダリオが追放されて間もなく、信長は右近に使者を送り、次のように述べさせた。

「その方の父は、死罪に値する。が、信長公はその方に対する同情から刑を減じ、父の生命を赦し、監禁を軽減させようとのお考えである。ゆえに、その方の母は、急ぎ安土に来て、信長公からその赦しの命を拝領せよ」

ダリオの妻マリアは、安土で丁重に迎えられ、追放された夫と共に生活してよいとの許しを得た。さらに信長は、多額の金子まで、生活費として彼女に与えた。こうして北庄での、厳しい拘束の生活は一変した。ダリオは領内を自由に動き回り、使徒的活動を続けることが出来た。一人の宣教師も足を踏み入れたことのないこの地に、越前の使徒となった彼の、輝かしい活動分野が開かれたのである。ダリオは、オルガンチーノに書状を書き、

〈もしこの地に一人のパアデレが来られるなら、収穫の多い布教地になりましょう〉

と告げた。また事実ダリオは同地にキリスト教の基礎を作ったのであるが、これについては後述する。

荒木村重の敗北は、右近の義母黒田マリアにも大きな影響を与えた。彼女は摂津国餘野の領地を失った。彼女は夫の死後、その弟と再婚したが、親族の強制から棄教した。また、未成年の子供たちも、棄教した。長女ジュスタは、高山右近の妻であるが、一五七四年（天正二年）ごろ右近と結婚してからは、ふたたび立派なキリスト教徒となった。彼女と夫右近は、母を教会に立ち返らせようとの、努力を止めなかった。彼女は、餘野城を失ってから高槻に滞在中に、公に悔悟を示し、教会に戻った。二度目の夫と子供たちも、ともに洗礼を受けた。右近夫妻はとても喜んだが、残念ながらマリアは間もなく発病し、程なく亡くなった。

第八章　ヴァリニャーノの中日本訪問

第一節　九州におけるヴァリニャーノ

　大友勢が日向で大敗北し、豊後のパアデレとキリシタンたちが意気消沈していた頃、巡察師アレッサンドロ・ヴァリニャーノ（一五三九〜一六〇五）が、口ノ津（長崎県南島原市）についた。彼はイエズス会総長の代理として、日本の布教状況を見て回り、それについてローマに報告する、という任務を持っていた。豊後の戦乱のため、また重要な用務の解決のために、彼はまず、有馬に逗留した。この地の信徒たちは、有馬義貞《よしさだ》の没後、苦しい日々を送っていた。だが口ノ津の信徒たちの不屈なことは、領主有馬晴信《はるのぶ》を深く考えさせ、彼は迫害を止めさせることにした。

　晴信は、自分の港口ノ津にヴァリニャーノが到着したことをおおいに喜び、彼を歓迎した。晴信は、自らもキリスト教徒になることをいとわぬ、とまで言った。おそらく洗礼を受けることにより、ポルトガル船を自分の港に引き入れることが出来る、と考えたのであろう。だがヴァリニャーノは、以前のパアデレの苦い経験によって賢明になっていたので、さしあたりかなり冷淡な態度を取り、将来の補償を要求した。談判はほとんど一年続いた。しかし晴信は、洗礼を受けることにより、内外の敵に対して、教会と叔父大村純忠《すみただ》の援助を受けたいと思っていたので、ヴァリニャーノのすべての条件を受け入れ、一五八〇年（天正八年）始めに洗礼を受けた。

ヴァリニャーノは、若い日本の教会の最も重要な問題として、日本人の協働者が必要であると考えていた。彼は有馬に神学校（セミナリオ）を作り、そこに上流階級の子弟を入学させ、道徳的なことも含めた教育をし、後に布教師、修道士または在俗司祭として、布教に協力させたいと願っていた。同時に彼は、パアデレ・オルガンチーノにもこのことを話し、中日本にも同じような神学校を作ることを要請した。一方、豊後にも同様な学校がおかれることになった。

有馬の神学校は、二十二人の生徒で開講されることになった。キリスト教についての学習はもちろんのこと、ラテン語、日本語、日本歴史の他、ヨーロッパの中学で教えられるような、他の授業も行われることになっていた。同時に教会音楽も教育され、説教や教理問答、作詞や弁論の練習も行われた。オルガン、チェンバロ、ヴァイオリンと言ったような楽器の演奏を学ぶ者もいたし、絵画や銅版画を試作するものもいた。この新しい学校に対する希望が、どれほど大きかったかということは、一五八二年（天正十年）のイエズス会の年報に、
〈安土、有馬両神学校には各々百人の生徒がおり、日本人のパアデレが十分養成されるだろう〉
と記されていることからも分かる。

その間豊後での事情が幾分よくなってきたので、ヴァリニャーノは豊後で彼の仕事を始めることができた。ここでもまた、布教の目的のために学校を作る、という彼の最も重要な活動が行われたのである。神学校がまず第一に、教理問答の教育のために、日本人の協働者を養成し、修道召命を促進する心を喚起することを目的としていたのに対し、豊後の二つの学校では、若い修道士の養成に重きが置かれていた。ヴァリニャーノは、修練者の基礎訓練のための修練院（ノビシア

ード）を開いた。そこでは生徒たちはいつも霊的訓練に励まなくてはならず、その後説教や公教要理の手助けが許されるのだった。修練院は、一五八〇年（天正八年）の降誕祭に、六人の日本人、六人のポルトガル人の計十二人の生徒を集めて開かれた。

二か月間、ヴァリニャーノは自らこの若い生徒たちに、キリスト教的完徳と、イエズス会の学校についての講義をした。そして修錬者のために、一般に「エクザーメン・ゼネラーレ」と呼ばれているイエズス会の会憲草案、聖イグナチウスの規則、またおそらくは心霊修行をも日本語に翻訳させて与えた。

豊後における第二の学校は、府内の学院（コレジオ）で、若い修道会士たちの学問的教育を目的としていた。学院は、三人のパアデレと十人の神学生で開設され、ヨーロッパ人には日本語、日本人には人文学の授業をもって開校した。このようにして、ヴァリニャーノの豊後における要務は、一五八一年（天正九年）の初めに大体終了した。

第二節　安土神学校の設立[※1]

信長は荒木村重との戦いで、高山右近を味方に引き入れることをずっと願っていたのであったが、パアデレ・オルガンチーノの尽力のおかげで、これがかなったことを非常に喜んでいた。そのため彼はオルガンチーノに恩義を感じていたし、彼と信徒たちにこれまで以上に好意を示した。

一五七六年（天正四年）以来信長は安土の琵琶湖畔に、華麗な城の建築を始めていた。それは都に近く、また岐阜からも遠くないように、と配慮されたものであった。そして城により美観を備えさせようと、周囲に新しい都市を築くこ

安土セミナリオ跡

とを思い立った。そこで信長は配下の武将たちに、安土に大きく美しい屋敷を建てさせ、一年のある一定の期間そこで過ごすようにさせた。そうすることによって武将たちは財産を使い果たし、強力な君主である信長に、刃向かうことが出来なくなったのである。高山右近も、そうすれば信長が満足することを知っていたから、安土に大きな別荘を建てることにした。

安土の城と街が完成されて後、信長は誰でもこの街を訪れて見物してよい、と告示した。パアデレ・オルガンチーノは、ずっと以前から信長にあることを願いたいと思っていたが、今が最高のときだと考えた。

（安土には多くの武将が滞在している。もしこの地に教会が設立されるなら、多くの実りがあろう。キリシタン宗門の威信は少なからず高まるだろうし、日本の各地からこれほど身分の高い人々が集まっているということは、最上層の彼らにもたらされた福音は、必ず広まっていくに違いない。）

とオルガンチーノは、考えたのであった。さらに、教会ができ信長の近くに住むことは、信長やその息子たちとより親しくなる、という利点もあった。ただ、信長は、どの仏教の宗派にも安土に寺の建設を許さなかったから、果たして彼がオルガンチーノの願いを聞き入れるであろうか否かは、分からなかった。信長の告示を開けて、全国から安土を訪問する者が殺到したとき、オルガンチーノもまた、京都から信長の居城を見物するためにやってきた。オルガンチーノは、自分がはるばる京都からやってきたということが、信長を喜ばせるに違いない、と十分心得ていたので、自分の願いを言うには、これが最上の機会だと考えたのである。案の定信長は、オルガンチーノの訪問をとても喜んだ。そして、オルガンチーノの願いに答えてこう言った。

「パアデレ殿の望みは叶えてしんぜよう」

それから間もなく、信長から知らせがあった。市内の古い日蓮宗の寺院を、教会の建築用地として使う許可だった。だが、もし役立たぬと思うなら、他の地を与えよう、と彼は言った。

キリシタンたちは、様々な理由からこの場所を希望しなかった。まず第一に、ここは一般の人だけが住んでいる場所だった。そして第二に、最も激しくキリスト教を憎んでいる日蓮宗の僧たちは、もしパアデレたちが彼らの寺院を壊して、そこに教会を建てたりしたら、どんな復讐をするか分かったものではなかった。

オルガンチーノも信徒たちの意見に賛成だった。そして彼は、信長が少し前に湖を埋め立てて造った城山に近いある場所を、所望した。信長は、多くの武将には拒絶したこの場所を、すぐにオルガンチーノに与えた。一五八〇年（天正八年）五月二十二日、聖霊降臨祭のことであった。

信徒たちはこの知らせに接して、大喜びした。キリシタン武将たちは、オルガンチーノに、

「パアデレ殿が即刻教会の建築をはじめられれば、信長公はそれをご自身への敬意として、ご覧あそばすでしょう」

と言って、一刻も早く建築に取り掛かるようにと勧めた。都には、有馬の神学校にならって建てられるべき神学校のために、すでに木材や瓦が集められていた。神学校は三十四も部屋のある大きな建物になるはずだったから、木材も瓦も十分にあった。キリシタン武将たちは、これを安土の教会のために使うようにと勧め、そのための援助を申し出た。あるものは金子を、他の者は米を、またある者は労働者や大工を提供した。オルガンチーノがその提案に賛成したので、人々は木材や瓦を安土に運び始めた。すべてのキリシタン武将の中にあって、高山右近

の活動は際立っていた。千五百人を超える人々を、資材の運搬、地ならし、建築などに、無償で提供したのである。こうして約一か月間に、堂々とした三階建ての建物が出来上がった。それは信長の住居に次いで、安土におけるもっとも美しい建物だった。信長もこの建築にはとても興味を持ち、たびたび現場へ行ったり、自ら指図したりした。

最下層には応接室と茶室があった。二階にはパアデレの居室、三階には神学校があった。信長はその敷地がいくぶん狭いことを認め、さらに二軒の隣家の所有地をもパアデレに与え、すぐに教会の建築も始めるように、と言った。

京都の新教会と同様、安土の新建築にも、興味津々の、多くの人が押し寄せた。その建物が信長の屋敷に近かったこともあって、人々の中には、最上流階級に属する人々も多かった。パアデレはこの好機会を逃さず、彼らに説教した。そしてその結果多くの身分のある人が洗礼を受けた。その中に、京極高吉《きょうごくたかよし》夫妻がいた。この建築の最も重要な成果は、パアデレと信長父子の、より活発でより親密な交際であった。特に三男三七殿（織田信孝）は、キリシタン宗門に非常に興味を持っていた。長男信忠は、すでに岐阜でパアデレ・オルガンチーノの訪問を受け、それ以来彼の城に教会を建てたいと望んでいた。十五日ないしは二十日ごとに、パアデレたちは信長を訪れ、その度ごとに親しく歓待された。また信長はたびたび彼らを招待して、数時間も宗教問題について雑談したりした。

パアデレ・オルガンチーノは、パアデレ・ヴァリニャーノから委託された、神学校の開設の準備を始めた。ここで高山右近は、絶大な奉仕を行った。武士たちを動かし、その子弟を創設された神学校に送るようにさせた。そして子供たちを、規則正しい共同生活に、慣れさせるようにした。これは二つとも、容易なことではなかった。特に、髪を切らなくてはならない、という規則が厄介であった。というのも、日本では剃髪は仏門に入るということを意味していたから、子供たちはあらかじめ修道生活に定められている、と思うだろうからであった。高槻を訪問した際、パアデレ・オルガンチーノは、新設された学校に入学させるために、国の最高の武士たちの子弟の中から、八人を選んだ。だが、彼らを神学校の最初の生徒として安土に連れて行くと言ったら、子供たちも嫌がるかもしれないし、何より両親が承服しないだろう。そう考えたオルガンチーノは、子供たちを安土の祭りに招いた。そして祭りが終わった後も、子供たちが安土に残るように、説得した。そして神学校に入るように勧めると、子供たちはこれも承諾し、自分から進んで髪を切ることも決心した。

だがこれでは、問題の一部が解決しただけである。今度は両親の賛意が、必要だった。子供たちが髪を切ることについて、まったく知らされていなかった彼らは、おそらく非常に立腹するだろう。オルガンチーノは右近に書状を送り、事の次第をすべて話し、両親を安心させ、同意を得るために彼の力を貸してほしい、と願った。封建時代の武将一般の考え方からするならば、右近はパアデレを恨みに思っても不思議はなかった。なぜならパアデレは右近の許しも得ず、知らせもせずに、彼の家臣の子弟を安土に連れ去り、教会に奉仕させることを決め、そうすることによって右近から新進の武士を奪ったことになるのだから。だが、右近はそのようには考えなかった。霊的な生活に招かれたのは、主の格別な恩寵である、と考えたのである。少数の武士が失われたことなど、その恩寵の前には、取るに足りないことだ、と彼は考えた。また彼は、日本の教会の将来に対しての、神学校の意義を認めていた。安土の神学校の最初の生徒が彼の領国から選ばれたのは、右近にとっては大きな名誉であった。フロイスはこの時の様子を「日本史」にこう記している。

〈右近がパアデレ・オルガンチーノの書状を受け取った時、子供たちの父も含めて、大勢の武将たちがその場にいた。右近は両手を天にあげ、大きな喜びを示し、主のために働く子供たちが、自分の領国から選ばれたことを、神に感謝した。それから彼はパアデレの行ったことを皆に語り、これをほめた。同時に彼は、このような生活を望んだ子供たちの扶養のために、その日から二百石を与えよう、と約束した。人々は、主君の考えに苦情を言うこともできず、意見を述べることもせず、右近と同じように主に感謝した〉

と記している。

生徒の一人は、母に無理に連れ戻された。右近はこれを聞いて非常に怒り、彼の親族であったにもかかわらず、その母子を領国から追放した。多くの人々やパアデレまでもが憐れみを乞うたが、右近は減刑することなく、きっぱりと言った。

「今慈悲を施すことは、かえって残酷になろう。ここでもし彼らを許したならば、他の子供たちも、些細な理由で、迎え戻してくれ、と親にせがむことになるやもしれぬ」

それ以後親たちは、選ばれた使命に耐えるように、子供たちを励ますようになったのであった。

第三節　右近と高槻のキリシタン

荒木村重の敗北後、高山右近は信長の直接のキリシタン家臣であり、彼の最も有能な武将となった。信長の覚えもめでたかった。彼の領地は、ほとんど二倍にまで大きくなった。勢力は向上し、右近は村重の家臣でいたときよりも、ずっと自由に領内で活動できた。

宗教上の寛大ということは、十六世紀のヨーロッパ人、少なくとも八百年間イスラム教に対抗して、祖国とキリスト教のために戦ったピレネー半島の国民にとっては、解されぬことだった。当時の見解から言うと、領主は臣下の魂の救いについては、神の前に責任があった。家臣が真の宗教であるキリスト教を知らなければ、これを知らせ、教え導くのは領主の義務であった。この考え方はヨーロッパにおいて長い歴史を持っていた。だから、ヨーロッパ人であるパアデレたちが、改宗した日本人のキリシタン武将たちに、この義務をしっかりと教えなければならない、と考えていたのも当然のことであった。フロイスによれば、〈カトリックの真理に心服し、その中に人類最大の、そして唯一の真の幸福を見出していた高山右近〉は、この考えに同意した。だが彼は、家臣をキリシタン宗門に改宗させるにあたっては、決して強制的な態度を取らなかった。未信者に説教を聴かせ、キリシタン宗門を受け入れるように、情愛深く勧めるだけであった。

右近の改宗熱に、反対する者もないではなかった。ことに仏僧たちは、右近を憎しみの対象としていた。彼らはキリシタン宗門に好意を持っている信長に直訴しても、成功する見込みが乏しかったので、右近を嫌っている中川清秀に、彼を中傷してくれ、と頼んだ。だが信長自身、右近が忠実であることは、経験によって知っていたので、その悪口には耳を貸さなかった。そこで仏僧たちは、魔術で有名なある山伏に、魔術の力を借りて、右近を滅ぼしてほしい、と訴えた。山伏たちは堺に近い山の中に集まって、右近を呪詛《じゅそ》しようとした。彼らは人形に右近の名を書いて逆さに吊るし、釘をあちらこちらに打ち込んで、右近は非業の最期を遂げるだろう、と予言した。

パアデレ・カリアンが一五七九年（天正七年）に書いた手紙によれば、高槻領内のキリシタンの数は、八千人に達した。パアデレ・メシア[※2]によれば、一五八〇年（天正八年）十月にはすでに一万四千人であったという。一五八〇年には、そのとき既に三千人が洗礼を受けており、六、七千人が、洗礼の準備をしていた。一五八一年（天正九年）には、全住民二万五千人のうち、一万八千人がキリシタンであった。教会の数は、二十以上に達した。だが一五八一年の始めの高槻には、こんなに多くのキリスト教徒の世話をするパアデレもイルマンもいなかったのである。

第四節　ヴァリニャーノの高槻訪問

パアデレ・ヴァリニャーノが豊後での用務をほぼ終えたので、パアデレ・オルガンチーノは、中日本の教会の様子を見てくれるようにと、切に願った。そして長い旅に同行させようと、自らの使いを送りさえした。ヴァリニャーノは、管区長カブラルや、地方長コエリョ[※3]（一五二〇頃～一五九〇）が反対したにもかかわらず、その招きに応ずることを決めた。そして一五八一年（天正九年）の春、遠路の旅についた。彼らは様々な困難や、冒険に遭い、同年の三月十八日、枝の主日の前日に堺に付き、日比屋了珪の家族に、温かく迎えられた。

堂々たる体格のヴァリニャーノと、彼が連れていた小さい黒人[※4]は、どこへ行っても人目を引き、ここ堺でも二人を一目見ようと人々が押し寄せた。枝の祝日の朝、ヴァリニャーノはこの街と京都の間にある城の、キリシタン武将たちを訪問し、その後高槻に向かった。彼が堺に上陸する前に、飛脚がいろいろな場所に向けて出発し、ヴァリニャーノの到着と、高槻で聖週間と復活祭を過ごすことを知らせてあった。それで枝の祝日の朝には、すでに八十人の騎馬の者と、多数の群衆が迎えに出て、ヴァリニャーノを高槻に案内した。彼らは堺から、池田丹後守シメオンの城がある河内八尾に向かい、夕刻三箇島についた。三箇サンチョと彼の妻ルチアが多数のキリシタンと共に彼を迎え、もてなした。パアデレ・オルガンチーノも神学生と共に、パアデレ・ヴァリニャーノを迎え、高槻まで同行した。結城ジョアン、彼の叔父である結城弥平次ジョルジも、ヴァリニャーノを迎えて、歓迎の気持ちを表した。ヴァリニャーノの一行は結城ジョアンの城、河内岡山で一晩休むことにした。

一行は翌朝、河内岡山を出発した。淀川に着くとすでに渡し船が用意されていて、対岸には一行を高槻に案内するために、見渡す限りの騎馬の群れが待っていた。城主高山右近も、六才の息子ジョアン、弟太郎衛門、パアデレ・セスペデス、イルマン・ディオゴ・ペレイラ[※5]（?〜一六一八）と共に、ヴァリニャーノ一行を迎えた。こうして一行は枝の主日の後の火曜日、三月二十一日に高槻城に到着した。

一五八一年（天正九年）のイエズス会年報は、ヴァリニャーノの高槻訪問と、高山父子の賛辞で始まり、

〈都地方のキリシタン宗門の、最初にして最高の柱であり、それについては幾多の述べることがある〉

と記している。だが当時ダリオは越前に追放されていたので、書簡の作者コエ

リョは右近のことだけを書いたのだが、後にフロイスが「日本史」の中に、幾分手を入れて収録したものと思われる。彼は高槻の祭典を描写して、

〈巡察師は従者と共に、聖週間の火曜日に高槻についた。貴族の男女は、城から一レグア離れたところまで出て、巡察師の一行を迎えた。同地でパアデレ・ヴァリニャーノが接した、あらゆる素晴らしいことの中で、真の意味で、その名ジュスト（正義）にふさわしい、この若い城主と近づきになったことほど、満足と驚嘆を生ぜしめたことがらはなかった〉

二十八才の右近は、信長の最も勇敢な武将の一人である。城の主、領国の支配者でありながら、教会やパアデレに対しては、大侯というより僕のように、謙遜であり従順であった。

〈彼が神の教えを固く守ることについては、すべての異教徒も驚いている。彼のように武勇もあり、政治の場でこれほど名望のある若い武将が、多くの異教徒の諸侯と親しく交際し、信仰をもった生活を送っているのに接するのは、驚嘆を禁じることが出来ない。だが我らの主は、彼に大いなる思慮を授けてくださったので、彼はキリシタン宗門が義務付ける、すべてのことを行い、同時に人々から敬

愛されるようにふるまっている〉

とフロイスは「日本史」に記している。

パアデレ・ヴァリニャーノが、高槻で盛大な聖式を行う、という知らせは、わずかな間に中日本中に伝わった。五畿内の全域、美濃、尾張の国々からさえ信徒たち、とくにキリシタン武士たちは、高槻に駆け付けてきた。この地でこの聖式が行われるのは、初めてのことだった。銀の燭台、美しい金襴の祭服、多くのパアデレ、イルマンたち、安土神学校の生徒たちによる聖歌などは、この地の人々が初めて見聞きするものであった。大勢の聖体拝領、聖木曜日の公の鞭の苦行（ジシピリナ）などを見たヴァリニャーノは、

「まるでローマにいるような気がする」

と、もらしたほどであった。聖金曜日には、京都で賭博に加わって、キリスト教徒の悪の手本となった若い武士が、公に鞭の苦行を行い、その後米四十石を、貧者に分け与えた。それはまさに感動的であった。聖土曜日のオルガンの素晴らしい音色を聴いて、信徒たちは感激して涙を流した。

復活祭の行列を目撃したフロイスは、

〈これほどまでに美しい祈祷行列を、日本でまだ見たことがない。異教徒を除いても、一万五千人のキリシタンがいた。十字架の傍には、きらめく甲冑に身を包んだ武士十二名と、天使のように着飾った二十五人の少年がいて、それぞれ御絵を手に持って進んだ。花で美しく飾られた天蓋は、香炉や芸術的に細工を施された、いくつもの提灯や旗を周りに従え、四人の武士によってあちらこちらに運ばれた。天蓋の下には、巡察師が十字架の顕示器や、他の聖物を持って運んだ。助祭たちは、祭服を来ていた。右近殿はこれまでにも多くの機会に、その慈善を好む性格を表わしていたのであるが、今回はそれが際立っていた。彼は、私たちだけでなく、集まったすべてのキリシタンのために盛大な宴会を開いたのである〉

と述べている。

この聖式には誰もが感動した。それで右近は、安土からの帰途再び高槻で聖体行列を行ってくれるようにヴァリニャーノに願い、聞き届けられた。フロイスによれば、

〈聖体行列は、復活祭の時以上の華やかさと、荘厳さを持って行われた。群衆もより多く集まった。行列の進む街路の家々の前には、ろうそくの瞬く門が作ら

れ、長いまっすぐな道の終わりには大きな、立派な十字架が立てられていた。これらの経費は、すべてジュストによるものである。祭りが終わった後、彼は前回よりももっと豪華な祝宴を開いた〉

このヴァリニャーノの二回の高槻訪問で、二千人もの異教徒が洗礼を受けた。また右近は、領内の二十を超える他の教会も訪れてほしいと、パアデレに依頼した。これほどの信徒数、教会を持つ高槻に一人のパアデレもいなかったということは、ほとんど考えられないことである。これはひとえに、宣教師の数が足りないゆえであった。右近は、この機会に、パアデレと日本人イルマンの派遣を、巡察師に願った。

右近はまた、高槻の教会は、その信徒の数からいっても、盛大な式典を催すにはあまりに小さすぎる、と判断した。そこで彼は、もっと大きな教会を建てようと決心したが、安土における新築のため、教会は願ったほど早く、また活発に工事はできなかった。

気前がよく、また感謝でいっぱいであった右近は、ヴァリニャーノとの別れに際し、一頭の美しいウマを贈った。

第五節　信長とヴァリニャーノ

信長が、早く会いたいと望んだので、ヴァリニャーノは復活祭の祝宴の後すぐに、高槻を出発した。京都ではすべての人がヴァリニャーノの黒人を見たいと、待っていた。信長もその黒人を見たいと望んでいた。そこで、オルガンチーノは、復活祭の月曜日にその黒人と共に、信長がいた本能寺をおとずれた。信長は黒人の皮膚の色が本来黒いということを信じようとせず、上体を裸にさせたが、同様に黒かった。そこで信長は、皮膚を洗え、と命じたが、フロイスによれば〈洗えば洗うほど黒くなっていくように思えた〉という。

復活祭の水曜日、三月二十九日にヴァリニャーノは、フロイス、オルガンチーノと共に信長を訪れた。信長はヴァリニャーノの背が高いのに驚いた様子であった。数時間話してパアデレたちが帰った後で、信長はフロイスを再び呼び戻し、北日本のある領主から贈られたばかりの、素晴らしい野生のガチョウをヴァリニャーノに贈った。

次の土曜日四月一日には、京都で調馬（馬揃え）が催された。これは、信長、その息子たち、家臣の武将たちが、華美な衣服をまとい、馬にも同様に着飾らせて、信長一門の威光を示すためのものであった。この祭りに信長は、巡察師、パアデレ、イルマンたちを招き、彼らのためによく見物できるように、特別な露台を設けさせた。ヴァリニャーノは、信長に四人の男が運ばなければならないほどの、立派な椅子を贈った。信長はこの贈り物が、とても気に入った様子であった。

それから間もなく、信長は安土へ帰った。少し遅れて、ヴァリニャーノも安土へ行った。時間を取ってゆっくり信長を訪れ、同時に安土の神学校を、確実に基礎づけるためであった。信長はパアデレ・ヴァリニャーノに城を見せ、ヴァリニャーノが褒めると少なからず満足した様子であった。そして、別れ際に言った。

「予はパアデレたちの一人ひとりと近づきになりたい。今度は、すべてのパアデレとイルマンを、伴ってこられよ」

安土のキリシタンたちは、信長が巡察師にこれほどの好意を示したことを、とても喜んだ。すでにオルガンチーノが開校していた神学校は、順調な歩みを見せていた。生徒数は二十五、六人に達していた。

ヴァリニャーノは約一か月安土に滞在し、その後、彼はこの地方に住んでいる信徒たちを訪ねたいと思い、信長にその許可を願った。

「望むところへ、望むパアデレを派遣してよい。予の領地でキリシタン宗門が栄えることは、予の喜びとするところじゃ」

と信長は答えた。

パアデレ・ヴァリニャーノが再び安土に帰って来た時、もっと大きな名誉が彼を待っていた。少し以前に信長は、有名な絵師に一双の屏風を描かせていた。それは安土の街と城とを、華麗に写した物で、信長はそれがとても気に入っていた。天皇が所望されても、首を縦に振らなかったほどである。にもかかわらず信長は、もしヴァリニャーノが気に入ったならば、これを与えよう、と言った。これほどまでに物惜しみしない贈り物を断っては、かえって彼の機嫌を損ねるだろう、と考えたヴァリニャーノは、

「ありがたき幸せにございます。この芸術品を、中国、インド、ヨーロッパにて多くの者に鑑賞させせましょう」

と答えた。信長はこの言葉を聞いて大変喜び、この屏風は彼自身大変気に入っているもので、これを与えるということは、彼がいかにパアデレを厚遇しているかを、世に示すことになろう、と書簡[※6]を通じて述べた。この最大の好意を示す信長の贈り物は、日本におけるヴァリニャーノの威信を高めた。その芸術品を一目見ようと、安土でも、また彼が九州へ帰る道々でも、人々が押し寄せた。ヴァリニャーノは好奇心に満ちた人々を満足させるために、何度も教会内で屏風を広げなくてはならなかった。

安土教会の建設に、信長は巨額の補助金を与えよう、と約束した。ヴァリニャーノは仏教の「死者の日」に当たる、お盆の前に出発するつもりであった。だが、信長は、この祭りを、パアデレへの好意を示す機会にしたいと思い、ヴァリニャーノを引き留めた。普通安土では、家々だけで、城は照らさなかったが、今回はヴァリニャーノに見せるために、色とりどりの松明で城を飾った。また神学校から城山の山頂に通じる道の両側には、松明を持った人々が並び、その間を若い武者たちが走り抜け、熟練と武勇を演じて見せた。パアデレやイルマンたちは神学校の上階で見物していた。信長自身近くにやって来たので、パアデレやイルマンは階下に降り、信長に挨拶した。信長はこれを喜び、しばらく彼らと歓談した。

パアデレ・ヴァリニャーノの出発の少し前になると、パアデレたちとイルマンたちは、城に呼び寄せられ、信長は城の細々としたところまで見せた。そして、かなり長い間彼らと歓談し、個々のパアデレ、ことにヴァリニャーノの素性、経歴、巡察師としての委任権について、数々の質問をした。ヴァリニャーノに示した信長の数々の好意は、異教徒の武将たちに感銘を与え、九州への帰途は、凱旋行と呼ぶにふさわしかった。

第六節　越前のダリオ

右近の父高山ダリオは、越前で長い追放の日々を送っていた。彼は以前からこの地にパアデレを派遣してほしい、と願ってきた。そうすれば、この地の信徒たちは、聖体拝領もできるし、赦しの秘跡も受けられるだろう、と考えたからである。巡察師ヴァリニャーノが安土に滞在しているあいだに、ついにこの願いは聞き届けられ、日本と日本人をよく知っているパアデレ・フロイスと、日本人のイルマン・コスメ高井が派遣された。

彼らは五月十四日聖霊降臨の祝日に、高槻の信徒数人と共に安土を出発し、十七日の朝、北庄（現福井）に着いた。ダリオは大喜びで、彼らを迎えた。ダリオの家はとても小さかったが、彼はそこに祭壇を設け、集会所として用立てていた。彼は友人たちにパアデレの到着を知らせ、彼らを説教に招いた。その夕方には、二十人ほどの身分の高い人々が、従者と共に訪れた。イルマンが説教を始める前に、ダリオはなぜパアデレたちが、遠い国から日本へ来ているのか、その理由を話した。人々はその後も説教を聴きに来るようになり、いつでも温かく迎えられた。

ダリオはパアデレに言った。

「この地の領主柴田勝家殿は、キリシタン宗門に好意を持っておられまする。パアデレ殿が来られたことを、喜ばれるに相違ございませぬ。今夜説教を聴きに来られた、柴田殿の家臣の武将たちも、極めて熱心で、節度ある人々ゆえ、彼らのもとでは大いなる収穫があるかと存じまする。されど今、短い間だけ説教したのでは、十分ではござりませぬ。長い間、規則的に続けなければなりませぬ。したがって、たとえ信長公からお許しがあったとしても、高槻には戻らずこの地に留まり、自宅を教会にして、信徒のために尽くしたいと存じまする。パアデレ殿は、この考えをいかがと思われまするか？」

翌日ダリオは、パアデレとイルマンを、柴田勝家のもとに連れて行った。フロイスと以前からの知己であり、懇意でもあった勝家は、再会を非常に喜んだ。そして、

「パアデレ殿が予の領国にキリシタンの教えを広められるのは、大変喜ばしい。何人もキリシタンになるのを、妨げられることはなかろう。しかし、それを望まぬものには、強制はせぬ。だが教会がたてられ、それによってパアデレ殿の仕事が実を結ぶのは、望ましいことだ」

と、上機嫌で語った。

ダリオたちが家に戻ると、説教を聴こうと二、三十人が待っていた。数人は昨夜来た人々で、残りは新しく来た人々だった。一回目の説教が終わったか終らな

いうちに、街から四、五十人の住民が押し寄せた。

その後、柴田勝家は改めて使者を送り、パアデレとイルマンを、食事に招いた。食事はたまたま金曜日にあたっていたので、ダリオは、キリスト教徒は、金曜日と土曜日には肉食を禁じられている旨を告げた。勝家はそれを聞いても少しも感情を害することなく、食事を延期しよう、と言った。実際にはこの食事は、五月二十二日の月曜日におこなわれた。フロイスは上座につき、勝家は末席についた。高槻からパアデレたちと一緒に来た信徒たちは、別室で食事をした。勝家は繰り返して、北庄に教会を建てて、パアデレとイルマンを住まわすべきであること、さもなければすべての努力は実を結ばないだろう、と述べた。その後ダリオは、パアデレに街を見せ、勝家が今回の建築のために寄贈する、と言った土地を一緒に見に行った。

その間説教は連日続けられた。イルマンは、日中は武士に、夜は一般住民に説教し、パアデレはダリオの家臣に赦しの秘跡を授けたり、未信者の家臣に洗礼を受けるように仕向けたりした。フロイスに領主勝家が示した好意のおかげで、人々はより多く、より熱心にダリオの家に集まるようになった。イルマンは昼間四回も説教し、夜は夜で宗論を戦わせなければならなかったので、すっかり声が出なくなってしまった。フロイスは自分が引き受けていた役割の上に、更にイルマンの説教をも引き継がなければならなくなった。ダリオの小さい家には、毎日三百人以上が集まり、同数の人々が外から覗いていた。人々は説教師を見ようと、ある者は木に登り、ある者は屋根に上って瓦をはいだりした。

一週間後の聖霊の祝日の前の水曜日には、十一名が洗礼を受け、次の土曜日には三名の身分の高い人が、日曜日にはさらに六名が洗礼をうけた。フロイスが越前に滞在した二十二日間に、約五十名が洗礼を受けた。

この間、ダリオほど幸せなものはなく、彼以上に熱心だった者もいなかった。ある者には説教があることを知らせ、説教の助けをし、ある者にはキリスト教の教えについて説明し、洗礼志願者のために祈りを書き写した。毎日二回、彼は多数の聴聞客にご馳走し、ダリオの家は、キリシタン宗門を好み、その教えを学びたいと思うすべての人々のために、開放されていた。

柴田勝家が約束した、教会の建築用地寄贈の件は実現しなかった。おそらくこれはフロイスが、パアデレが来ることを確約できなかったためであろう。だがダリオは、パアデレを派遣してほしい、という彼の願いが聞き届けられる、と期待して、自分の家の傍に建築用地を求めた。

別れに臨んで柴田勝家は再度いった。

「予はこの地に教会が建ち、パアデレが送られることを望んでいる。日本及び日本語に通じ、予と親しいパアデレ・フロイス殿の他に、適任者はいない」

フロイスは北庄から六、七日で、府中のキリシタン武士、平野レオのところについた。フロイスはすでに十八年前、堺で彼に洗礼を授けていたのである。フロイスはこの地においても、人々をキリシタンの教えに導き、小さいながら、キリシタン信徒の基礎を開いたのであった。

第七節　ヴァリニャーノ五畿内来訪の意義

ヴァリニャーノがイエズス会総長に宛てた最初の書簡では、彼は日本における布教の状況にかなり悲観的であった。九州の大村と天草では、キリシタンの諸侯は、一揆をおこした豪族と戦っていたし、有馬、五島、平戸では多くの信徒がキリスト教を棄てるように、強制されていた。山口ではもうずっと以前から、パアデレたちは活動できなくなっていた。キリシタンたちはパアデレが少ないので、十分な教育を受けておらず、したがって容易に教えを捨てた。この状況を見たヴァリニャーノは、新しく信徒数を増やすより、すでに洗礼を受けている者たちをよりよく教え、信仰を維持させる方が有効ではないかと真剣に考えた。ヴァリニャーノと一緒に働いたパアデレ・メシアの書簡はより悲観的である。彼は、マカオ貿易のことを考えて、〈彼らはほとんど現世的利害関係から、キリスト教徒になった。信仰を受け入れているにすぎない〉と記している。

中日本の地区長であるパアデレ・オルガンチーノは、パアデレ・ヴァリニャーノの気持ちを知っていた。だが、もしヴァリニャーノが五畿内を訪れ、同地のキリシタン諸侯や信徒に会ったならば、日本の布教についても、その見方を変えるに違いないと、確信していたのである。管区長パアデレ・カブラルと、肥前の地方長パアデレ・ガスパル・コエリョが、豊後での巡察の後、巡察師がまっすぐインドへ帰ることを望んだのに、オルガンチーノは、巡察師は中日本の教会を訪れるべきである、と言い張ったのには、そんな理由があった。そして、ヴァリニャーノが彼の勧めを受け入れたのは、日本の布教にとって非常に幸いだった。

ヴァリニャーノは、五畿内で三箇《さんが》サンチョ、その息子孫三郎頼連《よりつら》マンショ、池田丹後守教正《のりまさ》シメオン、結城忠正ジョアンとその叔父である結城弥平次ジョルジ、そして高山右近らと会った。彼らは現世的利害関係からではなく、宗教的理想と、個人的な信念から、キリシタンになった人々であった。彼らはその模範的な生活を通して、言葉を実行に表わしたキリシタンの武将たちであった。ヴァリニャーノは彼らの一人ひとりと、親しい間柄になった。中でも高山右近の居城高槻での二度の滞在は、ヴァリニャーノの心に深い感銘を残した。復活祭の聖式に与るために、二日も旅してきたキリシタンもいた。この犠牲もいとわない精神、聖祭に際しての彼らの信心と俗世を離れていること、パアデレに対する子供のような敬愛の心、また全ての他のことにも増して、右近の抜群の性格、彼の信心深いことなどは、日本布教の将来に対する、ヴァリニャーノの態度を、決定的なものにした。

ヴァリニャーノは、すでに一年日本に滞在していた。だが、今、彼の日本に対する評価は好転した。ヴァリニャーノはイエズス会総長に、〈日本の教会と布教には、まだまだやらなければならないことが残っています。時間が必要です。私の滞在を、あと四、五年延長して頂けますようお願い申し上げます〉という書簡を書いたほどだった。そして、九州のキリシタン大名の使節と共に、自身もローマに行き、日本教会の恭順の心を教皇に捧げようと決心した。そうすることによって、日本布教の積極的な援助を勝ち得、始まったばかりの神学校の基礎を固めたい、という考えもあった。

ヴァリニャーノの五畿内への旅のもう一つの重要な成果は、管区長の更迭であった。それまで管区長であったカブラルは、心の中では日本人の友人ではなかった。彼の狭い考え方に由来するものであるが、必要以上に厳格だった。日本人には、パアデレの仕事をするだけの器量はない、と彼は思いこんでいた。ヴァリニャーノの最初の日本の印象は、少なからず彼の意見に左右されていたのかもしれない。だがヴァリニャーノは、五畿内で、オルガンチーノの好ましい、信頼のおける性格が、どれだけ日本人の心をとらえているかを見ることが出来た。それで、九州においても、これと同様のことをしようと考えたのである。

パアデレ・カブラルはこの考えに逆らおうとしたので、巡察師は仕方なく彼を更迭しなければならなかった。後継者としてコエリョを選んだことがすべての点でよかった、とは言えないにしても、その後風向きが変わり、日本人にパアデレの資格への道が開けたこと、できる限りの国の風習との調和によって、以前より日本人を教会に導けるようになったことは否めない。

註1　P214　安土セミナリオ・一五八〇年、イエズス会の巡察師ヴァリニャーノ神父が、日本人司祭や伝道士の養成を目的に設立した全寮制の学校。文献：古巣馨「ユスト高山右近―今降りてゆく人へ―」（ドン・ボスコ二〇一四年）九六頁

註2　P224　ロレンソ・メシア（〜一五九九）エボラ出身イエズス会司祭。一五七九年ヴァリニャーノとともに同伴者として来日、八一年マカオに戻り、同所で死亡。

註3　P225　ガスパル・コエリョ（一五二〇頃～一五九〇）オポルト出身イエズス会司祭。一五七二年来日、肥前地方の集団改宗の指導者の一人、八一年日本准管区長に任命され、秀吉の宣教師追放令発布当時その職にあった。

註4　P226　ディオゴ・ペレイラ　コチン出身のイエズス会修道士、一五七七年来日、一六一四年マカオ追放まで日本の各地で働いた。

註5　P228　その黒人は本能寺の変で信長と共に死亡。

註6　P234　ヴァリニャーノ、一五一九年十二月十日　ロノ津発書簡

第九章　武将右近

第一節　信長の死

日本の教会に対する期待は、ヴァリニャーノが日本を去った当時が最も輝かしかった。安土で信長はヴァリニャーノに様々な機会をとらえて好意を示した。九州へ帰る道々でも、地方の領主はヴァリニャーノに丁重だった。教皇への使節は、ヨーロッパの一般の人々の間にも、日本の教会への興味を呼び覚まし、それはいろいろな援助という形で表わされた。

一五八二年（天正十年）の始め、信長は城山の近くに、総見寺を建立した。それはエジプトのピラミッドのように魂を祭るためでも、日本で大人物が記念とし

安土城 信長時代の総見寺三重塔

て建立するような、記念神社でもなかった。信長が生存中も、彼が神のようにあがめられたい、と望んだための物であった。そこには大きな文字で、〈日本の君主である信長が、この寺院を建立した。ここにおいて、信心を持って礼拝する者は誰でも、富、健康、長寿、子孫の繁栄など、多くの恵みを得るであろう。だが信心の心を持たない者は、現世でも来世でも、破滅を味わうであろう〉

と書かれた札がたてられた。

人々をこの新しい廟《びょう》に招くために、信長は、日本全国から有名な神仏の像を運ばせて、総見寺に陳列した。もともとこの寺は、信長を生き神として礼拝するために建立された寺だったから、他に神体はいらないはずであった。だが、この新しい〈神体〉は、その寺院におかれた他の神仏像より、尊敬を受けないかもしれない、という恐れがあった。結局信長は、大きな石を神体として、すべての神仏像の上位に安置することによって、この問題を解決した。そして、人々は五月十二日の彼の誕生日に総見寺に参詣すべきである、と告示した。事実この日には信じられないほどの民衆が、雪崩のように総見寺に押し寄せた。だがこの十九日後、信長は目をかけていた家臣明智光秀の謀反に遭い、命を落としたのである。信長が総見寺の建築を始めた日にちは、イエズス会士の手紙にも見られず、日本側の資料によっても判断できない。だが、ヴァリニャーノが安土に滞在していたとき、すでに建築は始められていたものと考えられる。パアデレたちは、それが信長自身のための寺になろうということは、まだ知らなかった様子である。もし知っていたら、疑いもなく、一五八二年(天正十年)のイエズス会の年報に記したはずだからである。それまで信長の改宗を信じていたパアデレたちにとっては、それは著しい落胆であったであろう。傲慢な信長は、神のように自分を礼拝せよ、と命じ、その命にそむく者を認めなかった。だから遅かれ早かれ血なまぐさい衝突は避けられなかったに違いない。だがみ摂理によって、総見寺の奉納後数週間の後に、信長の計画は水泡に帰したのであった。フロイスはこれを、〈神的名誉を我が物にしようとした、信長の尊大さに対する神の罰〉と見なしている。信長は、激しい復讐心からか、それとも法外な野心からか、恐るべき行為をあえてした寵臣明智光秀が企てた謀反によって命を落とした。当時信長は、もう長い間、強力な毛利一族と戦っていた。備中高松で毛利勢と対陣していた羽柴筑前守秀吉は、相手に壊滅的な痛手を与えるために、援軍を要請してきた。信長は、明智光秀を三万の兵と共に送った。だが光秀は、自分の居城亀山城へ向かい、最も信頼のおける四人の家臣にこう打ち明けた。

「予は、信長、信忠父子を討つ決意である」と。

一五八二年（天正十年）六月二十一日朝、明智勢は主都についた。だが謀反を打ち明けられた四人以外は、どこを目指しているのかも知らなかった。光秀は、信長の居城であり、元は僧院だった本能寺に押し入り、ちょうど洗面しようとしていた信長に矢を射た。矢は信長の側面に当たったが、彼はすぐさま矢を抜き取り、薙刀を取って荒獅子のように奮戦した。だが、間もなく銃創を腕に負い、室内に入って戸を閉めた。同時に寺院は各所から火を発し、燃え盛る炎の中で信長は、自ら命を絶った。信忠はこれを聞き二条離宮に逃れたが、一時間の戦闘後彼も炎の中で自害した。

主人の死の知らせをうけた安土の城代は、琵琶湖から流れる瀬田川に架かる橋を破壊した。だが光秀はすぐに橋をかけなおし、六月二十三日にはすでに安土に入り、抵抗もなく城を占領した。信長の莫大な財宝を手にした光秀は、味方の結束をさらに強めるために、惜しみなく家臣に分け、一部は好意を仰ぐために天皇に贈った。

明智光秀が安土に入る前に、安土のパアデレたちと神学生は、琵琶湖のある島に逃げた。これはある人物の勧めによるものだったが、実は彼は友人を装った悪人で、島に到着するとすぐに、約束の賃金ではなく、救い出されたすべての所持品の半分を要求した。幸い光秀の家臣の一人がキリシタンであったため、パアデレたちは坂本へのがれることが出来たが、もしそうでなかったならば、命を奪われていたかもしれなかった。

明智光秀は、パアデレ・オルガンチーノにあることを依頼した。高槻にいる高山右近に、光秀に味方するように、という書状を書け、というものだった。オルガンチーノは、良心において右近に謀反人に味方をせよ、とは言えなかった。が、その依頼を直接断ることも、許されなかった。そこで、彼は一計を思いつき、日本文では光秀の意図通りのことを書き、ポルトガル語で書かれた第二の書簡の中で、たとえパアデレ、イルマン一同が磔刑に処せられたとしても、右近は絶対に謀反人の味方をしてはならないこと、良心従うべきことを強調した。オルガンチーノは、このようにして、難を逃れたのである。

第二節　山崎の合戦

右近の妻ジュスタは、高槻城で信長の死の知らせを受けた。ジュスタは、明智光秀が高槻城を襲ってくるのではないかと、恐れた。城主右近は毛利の軍勢と戦うために城を留守にしており、高槻城にはわずかな兵しか残っていなかったのである。彼女が恐れたのも、無理のないことであった。

一方光秀は、荒木村重との戦いの際の信長の残酷な仕業を右近は覚えているに違いないから、きっと自分に味方するだろう、と考えていた。光秀は安土から戻って後、ジュスタに、城

山崎合戦の地

は右近の物として保たれるから、案ずるには及ばない、と知らせてやった。光秀は右近が味方するだろうという考えにあまりにも確信を持っていたから、人質を取ろうとさえ思わなかった。右近が自分に敵対することが明らかになったときでさえ、信長のように、パアデレたちを捉えようともしなかったのである。

　高山右近は信長の死の知らせを受けたとき、高槻城は謀反人の軍勢に襲われ、一族の者は人質になっているに違いない、と思いながら、急いで高槻に帰った。帰ってみると、城は無事だったし、一族の者は元気でいたので、右近は大変喜び、安堵した。さらに他の喜びもあった。近隣の城の武士や農民は、そんな機会を利用して、略奪をおこなうのが常だった。だが右近の家臣はほとんどがキリスト教徒だったので、模範的にふるまい、秩序を保っていたのである。右近は壊されていた砦を急いで直し、光秀に反対することを公に示し、敵の襲撃に備えた。それから中川清秀と共に尼崎に向かった。

　秀吉は信長の死の知らせを受けて、六月二十五日つまり信長の死から四日後に、主君の死のことは知らせずに毛利と和睦し、軍勢を率いて主都に向かった。信長の三男信孝は、軍勢と共に四国へ向かおうとしていたが、父の死の知らせに接して、大坂へ向かった。そして、秀吉と信孝は、信長の死に復讐することで、同盟を結んだ。

六月三十日の土曜日に、秀吉は尼崎で作戦の会議を開いた。中川清秀も池田信輝《のぶてる》もともに、謀反人明智光秀を最初に攻撃する名誉を望んだ。しかし、高山右近は秀吉に言った。

「敵に最も近く住居を構えている者が、この名誉を得るのが、習わしでございます。高槻は光秀の陣、勝龍寺に最も近うございます。その役目、なにとぞ、この右近に仰せつけくださいますよう」

「あい分かった。そのほうに先鋒を申し付ける」

秀吉は、大きくうなずいた。

明智光秀とその軍勢は六月二十三日に安土に入り、三日間略奪を繰り返した挙句、六月二十六日に安土を去り、主都に向かった。

三箇サンチョと息子のマンショが、金子と河内の国の半分を約束されて光秀の味方に付いたほかは、摂津、河内両国の城主は秀吉側についた。光秀はぐずついていて、右近と同盟を結ぶ機会を何度も逃し、ようやくその時になって、武力で高槻城を獲得しようとした。

先陣を許された右近は、小邑山崎に陣を張り、中川清秀は左手から、池田信輝は右手から敵に向かった。秀吉と信孝は、主力を率いて、幾分遠方から後ろに続いた。光秀は勝龍寺（京都府長岡京市）を去り、山崎に近づいた。右近はわずか千の兵で、八千あまりの大群と戦わなければならなくなった。右近は援軍を待ったが、すでに敵は山崎の城門をたたいていた。そこで右近は主の加護を願い、小勢をもって敵軍を攻撃した。その結果右近の軍は二百人以上の上級武士の首級を上げた。それに対し、彼は一人を失ったに過ぎなかった。光秀の軍が浮足立った後に駆けつけた中川清秀と池田信輝の軍が、左右から攻め立てた。明智軍は秀吉、信孝の主力が到着する前に、バラバラになって逃げ始めていた。

キリシタンたちは、右近が十倍の敵に対して、わずかな損失で勝利を収めたことを、非常に喜んだ。フロイスは、

〈すべては神のみ摂理によるものである。主なる神は、ジュストとその家臣に、さらに大きな名声が与えられるように、この勝利をお望みになった〉

と記している。

もっとも右近は以前から戦いにおいて幸運な成果を得ていたし、その勇敢さと、正義を愛する性格のゆえに、いつも人々から尊敬されていたのである。信孝は、右近がこの輝かしい勝利を収めたのは、彼がキリシタンであったからだ、という意見を持っていた。また当時の日本側の資料も、右近の行為を率直に認めている。細川忠興の「軍功記」にも、右近が先鋒を務めたこと、敵を散々にやっつけたことが述べられているし、同様なことが、甫庵「信長記」にも見られる。だが、たいていの日本文献、特に後半の物には、この右近の輝かしい勝利について何も述べられていない。それは彼がキリシタンであったということ、そしてキリシタンは徳川末期の見解によれば、一般的な憎悪の対象だったから、歴史的に正当に扱われなかったということであろう。

明智勢は大恐慌をきたし、勝龍寺を通過して京都まで逃走した。だが京都の町に入ることもできず、仕方なく光秀の主城である坂本に逃れた。多くの兵はより身軽になって逃げるために、武器や武具を捨ててしまったので、坂本に着く前に農民に殴り殺されてしまった。光秀は始め勝龍寺に逃げ込んだが、寺が敵に包囲されたので、坂本へ行こうと思い夜半に逃げ出したのである。そして幾人かの農

民に、

「大いなる褒美を取らせるほどに、我らを坂本まで案内せよ」

と言ったが、農民たちは聞き入れず、かえって光秀を殺してしまった。だがその首級を信孝のもとに持って行くだけの勇気はなかったので、他の者が光秀の首級を、信孝に届けた。光秀の首級は、まず胴体とつなぎ合わされ、京都郊外で張り付けにされた。


安土にいた光秀の家臣は、主君が滅びた、との知らせを受けて、坂本に逃れた。信長の次男信雄は安土の街と城に火を放った。山崎の戦いは一五八二年（天正十年）七月二日月曜に行われ、火曜には秀吉の軍勢はもう坂本に着いた。高山右近は城に近づいた最初の一群の中にいた。光秀の家臣の長は、右近の姿を認めると、

「高山右近、ここへ来るがよい。おぬしを富ませてしんぜよう」

と大声で叫んで、大量の金子を窓から投げた。それから城内に住んでいる者をすべて天守閣に集め、敵の手に落ちないよう妻子を殺した。そして、すべての武士と共に切腹して、命を絶った。この時光秀の次男も死んだ。

明智光秀が滅亡した後、同盟軍は美濃・尾張両国まで進んだ。この軍の三名の武将の一人は、三箇の大敵であり、三箇父子の首に賞金を懸けた。三箇父子は夜分逃走することが出来たが、城と街には火が放たれた。美しい教会は焼け落ち、その島に家財を避難させていた多くのキリシタン武将は、大きな損害を受けた。三箇島の信徒たちの唯一の慰めは、間もなく、熱心なキリシタン大名である、河内岡山の結城ジョアンが、褒賞としてこの島を与えられたことであった。

第三節　清州会議

このようにして明智光秀の一族は滅びた。そして、織田信長の後継者を、誰にするかという問題が持ち上がった。山崎の合戦後二週間もたたない七月二十五日に、信長の主将たちは、織田家の本国である尾張の国の清洲に集まった。信長の遺児たちの中では、偉大な信長の後継者としてふさわしい者は、誰もいなかった。信孝は光秀との戦いに目立っていたし、秀吉は敬意をもって彼に接しているように見えたので、信長の莫大な財産を、彼に継がせようと思っているかに見えた。フロイスも、そのような見方をしていたが、ただし後に、自身が後継者となりたいと望むか否かは、分からない、と述べている。

実は秀吉は、後継者としては信孝でも信雄でもなく、信忠の息子でわずか一才の秀信を立てようと目論んでいた。だが、最初のうちは、それを明かさなかったのである。当然のことながら、信孝、信雄は、秀信を除こうと考えた。信孝も信雄も、武将として優れた家臣を持っていたが、彼らは彼らで心の中では秀吉と同様に、自らが統治権を得たいと望んでいた。信長の息子たちを、単に傀儡、口実として利用するつもりだったのである。だが、信長の息子たちには一同の意見が一致しなかったので、ことは秀吉の思惑通りに進められた。秀信は信長の正統な後継者になり、叔父である信雄が、後見人になった。

政務の処理には、地位を同じくする、羽柴秀吉、丹吉長秀、柴田勝家、池田信輝の四人が当たることになった。山崎の合戦での右近の軍功にたいして、その年収を昇格させることが、この議会での最初の議題として取り上げられた。フロイスによれば、〈豊能郡を二万石の年収を持って受けた〉とある。だが、「大日本資料」によれば、〈能勢郡之内三千石江州佐久間分之内千石〉となっている。

第四節　秀吉のもとで戦う

清州会議の協定により、信長の家臣であった武将たちは、表面上は穏やかになったように見えたが、実際のところ喜んだのは、秀吉だけであった。彼は都に帰るとすぐに、出入り口を確保するために、山崎と八幡を堅固に固めさせた。柴田勝家と織田信孝は不満を示し、直ちにこれらの新しい城を壊さなければ秀吉を滅ぼしに行く、と告げた。

「来るならば来るがよい。誰がより強者であるか、だれが五畿内に君臨すべきかを知らせよう」

というのが秀吉の答えであった。これは宣戦布

賤ヶ岳の戦い（手前は余呉湖）

告であった。とりあえず柴田勝家は恐れなくてよい、と思った秀吉は、信孝を攻めることにした。そして、一五八二年（天正十年）十二月には、その居城岐阜に着いた。秀吉の軍勢を見た信孝は、準備もしていなかったのでうろたえて、寛大な処置を願った。秀吉は彼を許したが、そのとき一緒にいた信孝の母と妹、それに信長の孫も人質として差し出すように命じた。

一五八三年（天正十一年）の初め、秀吉は伊勢の瀧川一益《たきがわかずます》と柴田勝家に対して、戦を仕掛けた。秀吉は電光石火の早業で、勝家の居城である琵琶湖畔長浜に至った。勝家の養子勝豊は義父を裏切り、城を明け渡した。その後秀吉は、瀧川の居城亀山に向きを変えた。亀山では、フロイスによれば〈日本で最初の坑道〉が掘られ、この坑道によって城の、防禦工事は爆破された。城は明け渡されたが、坑道を爆破するため火薬を装填した右近は、他の八名のキリシタン武将と共に、危うく命を落とすところだった。

柴田勝家は瀧川一益の援軍として、甥である佐久間盛政《もりまさ》と八千人を送り、自らも残りの兵を率いて後に続こうとした。秀吉は佐久間盛政と戦うために、兵の一部二万を送り、その後自らは残りの一万五千を率いて瀧川の城である峯に進撃し、これを攻め落とした。ほぼ時を同じくして、信孝が再び秀吉に背く動きを見せた。秀吉は強力な武将たちとともに、すぐ岐阜に向かった。佐久間盛政と戦ったのは、秀吉の弟羽柴秀長、中川清秀、高山右近らであった。このうち秀長は一万五、六千の兵を持っていたが、清秀と右近の軍勢は二千だった。無鉄砲な性格の清秀は、敵と一戦を交えようと言い張った。一方思慮深い右近は、それは無理だと主張した。この時の様子をフロイスは、

〈ジュストとセイビョウエ（中川清秀の幼名）は意見を言い合った。ジュストはこれだけの兵で、大軍に向かうのは無謀であるといい、セイビョウエは戦闘を開くべきである、と言った。右近は勇敢なことに置いては、誰にも引けを取らないほどの武将だったので、ついに二人は無謀にも、越前の大群に向かって進撃することになった。戦いは長いこと続いたが、いかんせん越前軍は多勢であった。次々に援軍を差し向けたため、高山、中川軍は次第に配色を濃くしていった。セイビョウエは、あまり堅固ではない己の城に逃れ、右近は僅かな兵と共に、秀吉の弟の城にのがれた。それは、人の力でというよりむしろ奇跡によって、と言ったほうが当たっているかもしれない。柴田勢はセイビョウエの城を攻め、彼をはじめ

逃げ遅れた多数の兵を殺した。こうして、勝利は越前方に帰することとなった〉と、記している。

このフロイスの詳細な記録により、右近と清秀は、長時間八倍の敵軍に対して戦ったのだから、極めて勇敢であったのだが、結局圧倒的多数の敵に敗れたのだ、と言えよう。同様のことが、秀吉の業績を記録した「甫庵太閤記」にも見られる。中川家譜も同様に、彼らの勇戦ぶりを記録している。これら当時書かれた文献に対し、後世の文献やこれらを書いた近代の著述家が、右近は賤ヶ岳の合戦のとき、「ただの一撃さえ加えずに脱走した」と、主張しているのは一体何故であろうか。これらの非難は徳富蘇峰に見られ、氏は当時の文献を引用さえせずに、次のように述べているのは、不思議とさえ思える。

〈そもそも高山は、信長の時代にも名ある勇士の一人であった。山崎合戦にも先陣として、その手柄も顕著であった。しかるに今回に限り、一戦にも及ばず逃走したのはなぜであったろう？　高山と中川は、同功一体の人であった。然るに今回の一戦にも、一勇一法一死一生互いに相隔離したのは意外なことである。しかも、彼が後に前田利家に好意を持たれたのをみれば、高山必ずしも卑怯な男とい

うべきではなかろう〉

秀吉はこの敗戦の知らせを聞いて、すぐに駆け付けたのであるから、もしも右近が卑怯なふるまいをしたのだとすれば、この時烈火のごとく怒ったはずである。だが、フロイスによれば秀吉は、

〈右近が、ただ秀吉のためだけに一身をささげ、多くの家臣を失い、自身も大きな危険に身をさらした〉

ことに対し、態度と言葉を持って感謝したのである。また秀吉は右近を、

〈同地方における最良の武士とみなしたので、彼を自分の近くに置きたいと願った〉

のであった。

それらの証しにより、賤ヶ岳の戦における右近の行動は、あらゆる非難から免れるべきであることが分かる。秀吉は四年後には右近を追放したのであるが、その理由はいずれも後述されるように、彼がキリシタンの信仰をまもって、暴君に反抗し続けたからに他ならない。だが右近が金沢へ追放されたという事実は、後の反キリスト教的著述者に、賤ヶ岳の合戦において、右近が卑怯であった、とい

う証明に役だったに違いない。そして公正であるべき歴史家にとって、日本人名辞典類の中においても、その誤りが今日なお主張されているのは、非常に残念なことである。

中川清秀の無鉄砲なふるまいの他に、賤ヶ岳の敗戦の責任をどこかに探すとすれば、それは援軍を差し向けなかった、秀吉の弟秀長と、桑山修理であろう。戦闘の後、秀吉はこのことに対して、ひどく怒ったと言われる。

右近は賤ヶ岳で義父、二人の義兄弟、多数の家臣を失った。秀吉の右近に対する熱い感謝の念も、理由のないことではなかった。フロイスは、

〈五畿内、豊後、下《しも》の地方（九州）に流れた噂によれば、ジュストは全軍と共に、戦死したということであった。右近は同地方の教会の柱であり、イエズス会の楯であり、高徳の人物であったから、この知らせは日本全教会に、大きな悲しみを与えた。この不幸な噂は、主として真実に基いているものであるが、神はジュストに生命を与え給い、日本教会の悲しみを軽減させることを望まれた〉

と記している。

秀吉は佐久間盛政の軍に壊滅的な打撃を与えた後、柴田勝家の城北庄まで、柴

田軍を追いつめた。勝家と彼の家臣は居城に火を放って、切腹した。佐久間盛政と柴田の息子は、一人の裏切り者によって秀吉に渡され、京都で斬首の刑に処せられた。瀧川と同盟を結ぼうと考えていた織田信孝は、長島城に向かう途中で、自らの家臣に殺された。

大勝利をおさめた秀吉は、信長の事実上の後継者として、京都に向かって進軍した。まず彼は、信長の盛大な供養をすることから始めた。彼自身と養子にした信長の息子勝秀が、喪主の役を担当した。この際高山右近が示したキリシタン武将としての態度を、フロイスはこう記している。

〈葬儀の場所に棺が運ばれ、その前に薫香を盛った香炉と共に仏像が置かれた。この国の異教徒の習慣通り、人々は少量の香を香炉にくべて、先君信長を拝もうとした。

その席には、日本の諸侯、大名が多数集まっていたが、右近はたまたま秀吉の傍に立っていた。先年天皇より関白の位を賜っていた秀吉は、まず第一にこの儀礼をおこない、各自同じようにせよ、と皆に命令した。

ジュストは、内心大いに苦しんだ。儀礼を行いに行くなら、偶像崇拝の罪を犯すことになるだろうし、関白の命に背いて行かなければ、たちどころに領地どころか命も失いかねないからであった。といって人々の目に触れないように、密かにその場を立ち去ることも、できなかったからである。

この苦境に立って右近殿は、気高くも勇敢に決意した。人々は各々儀礼を行うために出て行ったが、右近殿は関白の傍を離れなかった。もしその理由を尋ねられた場合には、キリスト教徒としてこのような嫌悪すべきことはできない、と答え、もしそのために秀吉に命を奪われることになろうとも、すべてデウスへの愛から、忍耐を持って耐えよう、と決心したのであった。だが人々は、右近がキリシタンとして、どんな場合であっても、このような儀礼はできないと知っていたためか、誰一人として右近に答弁を求めることはなかった。すべてデウスのお計らいである。このデウスのみ摂理はジュストに強さを与え、この時以来、どんな苦境に立った時でも、真のキリスト教徒としての態度を示そうと、決心させた〉

秀吉に次いで名望もあり、強力であった柴田勝家が滅びて後は、他の二人は秀吉の強さを認めた。池田信輝は摂津から美濃へ移され、丹羽長秀は若狭から遠い越前へ移された。秀吉は自ら摂津、和泉、河内を治め、主都への出入り口を固めるため、弟秀長には、因幡、丹波、丹後を与えた。摂津、河内からは、中川の息子秀成と高山右近を除いて、小豪族が離れた地へ移された。その後秀吉は、まだ彼に服していなかった瀧川一益に使者を送った。その用向きは、次のようなものだった。

〈職を退き、関白殿下に臣下としての忠誠を示せ。この命に従わぬ時は、長島の農民に命じてその首を斬らせ、京都へ持ってこさせる〉

瀧川一益は非常にうろたえて、すぐに秀吉の提言に従った。そして急いで息子と共に京都に行き、秀吉に恭順を誓った。

秀吉は強力な毛利一族も、自分の意のままにすることを心得ていた。信長が死んだとき和睦を結んだのだが、毛利はこの協定を破る好機をずっとねらっていた。しかし勢いに乗った秀吉の威嚇には激しいものがあり、秀吉と和解することが最も得策と考えた。有力であった徳川家康、信長には服従することのなかった上杉景勝さえ、秀吉には服従を誓った。

清州の会議で決まったように、秀信は安土で暮らしていたが、秀吉は彼を自分に忠実な家臣と共に坂本に送り、そこで養育させた。信長の第二の遺児信雄には、伊勢全領の他尾張と伊賀を与えたが、同時にそれで満足し、決して五畿内を望んではいけないことも、厳しく言い渡した。この新たな国分けの後、秀吉は自分のために、大坂に壮大かつ豪華な居城の建設を始めた。それは、信長が安土に建てた城を、すべての点で凌駕するものになろうと思われた。一五七三年（天正元年）以来追放の身になっていた将軍義昭が、このころ秀吉に使者を送り、自分に与えられるべき名誉を受けたいと言ってきた。だが、秀吉はほとんどこれを無視した。

主都近郊には、紀伊全国を支配していた根来《ねごろ》の僧兵がいた。彼らはいつの日にか、秀吉にとって有害な存在になりそうであった。そこで秀吉は僧兵を奇襲しようと、強力な軍勢を準備していた。ところが、一五八四年（天正十二年）五月、新たな敵が現れた。織田信雄は父信長の遺産を失ったことを諦めきれず、徳川家康と同盟を結び、秀吉の統治権を奪おうと攻めてきたのである。秀吉は僧兵に向けようと準備していた強力な軍勢を、新しい敵に向けた。そして伊勢、伊賀両国を征服し、次いで尾張も攻めようとした。同地では家康と彼の同盟者が、小牧山城に、難攻不落の陣を張っていた。ここで秀吉は裏をかかれ、大きな損傷を負って退却した。

この戦闘では五畿内の指導的なキリシタン武将である、結城ジョアンが命を落とした。だがこの不幸な出来事の中にも、教会の他の柱である池田丹後守シメオンと、高山ジュストが奇跡的に救われたのは、パアデレとキリシタンにとって、大きな喜びであった。

フロイスはつぎのように記している。

〈戦闘の前日、羽柴秀吉は右近に第一線で戦うように命じた。秀吉が右近の勇敢なことと、武将としての才能を認めていたからである。主なる神は、パアデレ、イルマン、神学生それに彼の地方の信徒らを保護するために、右近を守りたもうた。秀吉は、キリシタン、特にジュストには、彼がそれまでしてきた良いことのために、非常な信用を置いていたので、戦闘の前夜命令を変えた。右近は秀吉の側近の護衛にあたり、代わって前の任務を他の人物が務めた。彼らは全員戦死した。もしジュストがその任務についていたなら、彼も命を落としていたことだろう〉と。

池田信輝配下の池田丹後守シメオンは、三百の小勢を持って、三千を超える優勢な敵に向かって戦った。この戦いで彼は主君を失い、敗色は濃くなる一方だった。異教徒の兵は切腹しようとしたが、この時シメオンは、大声で、「われはむしろ敵との戦闘中の死を選ぼう」と叫び、自ら十字架のついた旗を取り、刀を抜いて前面の敵の中にとびこんだ。彼は、四、五十人を失ったが、刀をもって血路を開くことが出来た。後にこのことを聞いた秀吉はこれをほめ、多額の金子を贈って労に報いた。

根来の僧兵は秀吉の不在を狙って、一万五千の軍勢で、大坂に攻め入る準備をしていた。彼らは通過するところを放火し、略奪して行ったので、人々は大坂から避難を始めた。だが秀吉は、大坂の南方の岸和田城に七、八千の守備兵を残しており、僧兵はここを通過せざるを得なかった。城を守る軍の大将は、敵を安心させるために、手出しをせずに、前衛を通過させた。そして突然兵を出撃させ、僧兵を襲い、たちまち四十四人ばかりを殺した。すでに岸和田を過ぎ、大坂に向かっていた前衛は、大急ぎで引き返したが、大多数は途中で怒り狂った農民に殺された。同時に、秀吉の家臣で、かねてから名望のある小西行長《ゆきなが》は、七十艘の船を堺港に集め、以前大友宗麟が信長に献上した大砲で、和泉の海岸を側面から攻撃した。

僧兵に対するこの勝利は、五畿内の教会にとっても、大きな幸運であった。なぜなら秀吉は河内、摂津両国の全域の城砦を破壊させていたから、僧兵たちがこれらの地を占領し、全教会を破壊するのはいとも容易《たやす》かったろうからである。

秀吉と、その敵信雄、家康同盟軍との戦いは、なかなか勝負がつかなかった。高山右近は秀吉方で、勇敢に戦った。一五八四年（天正十二年）の末になっても、まだ決着はつかなかった。秀吉はついにこの同盟軍を打ち破るのは困難であると考えた。そして彼はより長けていた外交的手腕によって、信雄と家康を不仲にし、個々と和睦を結ぼうと考えたのである。それはかなり容易に実現し、信雄は家康に疑惑のまなざしを向けるようになった。和睦は結ばれたが、信雄は全伊賀国と伊勢の半領を譲渡せざるを得ず、尾張と伊勢の半領で満足しなければならなかった。家康も秀吉の提案を受け入れるより他なく、一五八五年（天正十三年）一月十二日に、和睦が成立した。秀吉に最も好条件であった。

これで秀吉は、根来《ねごろ》の僧兵との戦いに、集中することが出来た。彼らはその間に好戦的な、雑賀《さいが》の農兵と組んでいた。一五八五年（天正十三年）四月、戦が始まった。秀吉は強力な軍勢を率いて堺から出陣した。高山右近も指揮官の一人として参戦した。秀吉の軍は、激戦の末、僧兵の第一線の諸城を攻め落とし、やがて根来、雑賀の主陣地も陥落した。フロイスによれば、〈根来では千五百を下らぬ寺院が壊された〉という。

同年夏、秀吉は四国全域に勢力を広げていた、長曾我部元親《ちょうそかべもとちか》を滅ぼそうと決心した。戦いの結果、秀吉はこの強力な敵に勝利し、全四国のうち、土佐のみを与えた。この戦いにおいて、右近は八月十日に脇城を征服した。

当時は将軍が最高の官職であった。だがこの職は、源氏の後裔にのみ与えられるものだった。一年前義昭を粗末に扱った秀吉は、足利家の養子になる見込みがなかった。しかし彼は、四世紀以来関白職を継承してきた、藤原家に入ることに成功し、但し藤原姓を名乗ることなく、あらたに傍系の豊臣家を創始した。秀吉は天皇から関白を任命され、天皇の公の代理者として、事実上の統治を行うことが当然のこととみなされた。

高山右近は、三年間秀吉のもとで戦い、輝かしい成果を上げた。彼は幾度も奇跡的に死を免れた。日本史においては、その勲功はほとんど語られていない。それどころかキリシタン憎悪の資料は、賤ヶ岳の戦いにおいては、彼に不名誉な卑怯者の烙印を押している。このキリスト教徒的英雄は、当時の資料がその時代の最も勇敢で有能な武将として描いているにもかかわらず、死後もまた信仰ゆえに誹謗されている。信長が高槻城を武力によらずに手に入れようと、非常な努力を払ったのは、高山右近を相手にしては、それはほぼ不可能だったからであろう。それは、イエズス会士による文献だけでなく、日本側の資料にも見られることである。天才的な武将で政治家でもある秀吉が、右近に自身の護衛を命じたという事実だけを見ても、秀吉が右近を高く評価していたことがわかる。優れた武将である徳川家康も、

「高山右近配下の千人は他のいかなる者の一万人以上に相当する」

と主張している。彼もまた、右近の軍師としての才能を、高く評価していたに違いない。

第十章　使徒右近

第一節　右近の模範

すでに何度も高山右近を、信仰に熱心な人として取り扱ってきた。彼が喜びとするところは、神の国を広げることであり、人々と信仰の喜びを分かち合うことであった。彼が秀吉の寵愛を喜んで受けていた幸福な数年間、この熱心さは一層高まっていた。

彼の模範が人々の熱心さを燃え上がらせたのは、右近の人格にあった。カルディム[※1]（一五九五〜一六五九）はマカオにあって日本、右近の略伝中に簡潔に、〈右近の品行方正なことは、人々の心に尊敬の念を起させ、多くの人をキリスト教にみちびいた〉と述べている。貞潔、ということで明らかに模範的でなかった秀吉でさえ、右近の道徳的偉大さに、感嘆の念を抱いていた。フロイスは、〈秀吉にとっては、若者としてこのように純潔であることは、ほとんど不可能に思えた。それで彼は、毎日右近について語り、その模範的な生活を称賛した〉と述べている。セスペデスも、一年半後に、同様なことを記している。さらに驚くべきことに、秀吉は右近の名声を妬む者の中傷に対し、徹底的に彼を弁護したのである。

信長の復讐をようやく逃れた荒木村重は、信長の死後再び五畿内に姿を見せた。堺で商人の娘と結婚し、かなり下級の地位で秀吉に仕えていた。彼は茶道の大師匠千利休の最高弟とみなされていた。村重は世故に長けた外交家でもあったので、次第に秀吉のもとで力をのばしていった。彼は高槻城の陥落以来高山右近を深く恨んでいたので、今の立場を利用して、右近を中傷しようとした。

パアデレ・プレネスチーノ[※2]（?～一五八九）はその書簡の中で、次のように記している。

〈ある日関白殿は、側近のものと話していた。『世間に右近のように高潔なものはおらぬ。予は右近についての悪聞に接したことがない』それを聞いていた者の中に、摂津の国の元大名である、荒木村重がいた。彼は善人の右近が称賛されたことに黙っていられず、『それは、殿下のお考え違いでございます。それがしは、右近が密かに妾を置いていることを、知っておりまする』と言った。関白殿は、厳しい顔つきで、村重を叱責した〉

フロイスも同様なことを記しているが、それによると、秀吉は〈厳しい顔つき〉にはとどまらなかったようである。

〈荒木村重が、羽柴秀吉のもとで開かれた、茶の湯の席にいたときのことである。秀吉はジュストの類いまれな才能と、精錬潔白な暮らし方を褒めた。荒木村重はジュストの敵であったので、直ちにその言葉を遮っていった。『そうではございませぬ。殿下が右近の見せ掛けに欺かれておられまする。右近の内心は、まったく違ったものにござりまするぞ』これを聞いて秀吉は大変に怒り、『ここを立ち去れ、下郎め！　このようなことを再び語ってはならぬ！　予は右近が心中においても、外面と同様であることを、非常に良く知っておるのだ』と叫んだ。その結果村重は、秀吉のもとに再び立ち入ることが出来なくなった。村重は多くの仲裁者にとりなしを頼んだが、秀吉の許しを得ることはできなかった〉

どんなに右近が中傷されようとも、秀吉は彼が品行方正で正直なことに、高い見解を持っていた。また右近は同僚の間でも非常に尊敬されていたから、彼のいるところでは誰も、良くない話はできなかった。

〈ある時、身分の高い異教徒たちの集まりの席で、誰かが品の無い話しを始めようとしたとき、他の誰かが目配せをして、右近が同席していることを知らせた。するとただちに卑猥な話は止まった〉

と、プレネスチーノは記しているし、イエズス会の年報にも右近について、

〈若いが聡明で、天分が豊かであり、誘惑の炎の中にあっても、なお品行正しく純潔に生きたのは、まさしく驚嘆に値した。この模範は周囲の人々に強い影響を与え、右近がキリシタン信仰について語る言葉は、彼らの心を動かした。ある者はキリシタンになり、ある者はキリシタン宗門やパアデレたちに、好意を示すようになった。さらに他のものは、右近のように、完全にキリシタン道徳を守ることは不可能に思えた、という理由で洗礼を受けなかった。右近は長年にわたって、キリシタン的理想の権化として高く評価されてきたので、人々はキリシタン宗門を、《ドン・ジュストの教え》と呼ぶほどであった〉

秀吉は、勇敢、忠誠、品行方正な高山右近を、誰よりも信頼できる人物と考え、自身の護衛を任せた。だが秀吉は、幾多の戦闘のときに、右近が見せた数知れないほどの働きに対し、十分に報いていなかった、と言えよう。物惜しみをしない、というのは秀吉本来の性質ではなかったのである。彼が誰かに気前よく俸禄を与えたのは、ほとんど決まって打算的な考えから出るものであった。徳川家康に対して気前良く振舞ったのは、この敏腕であり強力な人物が、自分にとって危険な競争者となるのをけん制するためだったし、※3蒲生氏郷《がもううじさと》に多大な領地を与えたのも、味方に引き付けようという打算のためだった。蒲生氏郷はその当時有能な武将で、信長の婿であり、都の近くに領地を持っていた。秀吉が物惜しみしないことを示したのは、前田利家に対してのみであった。利家には柴田勝家亡き後、能登全国と加賀半国、後に加賀全国と越中国も与えた。したがって秀吉が右近に物質的に豊富に与えなかったとしても、それは別段驚くにはあたらない。それに秀吉は、右近が世俗的な褒賞に左右されないことをよく知っていた。そして秀吉はこの理由から感謝の義務を免れた、と信じていたのであり、右近の利己心のない性格を、己のために利用していたともいえよう。しかし一五八三年（天正十一年）の年報には、右近は秀吉の〈最大の寵臣で最も信頼されている人物である〉という記録があり、それから間もなく〈右近が秀吉の護衛頭に任ぜられた〉と記されている。

秀吉は、右近に大きな領国を与えて報いることがなかったにしても、摂津国の他の諸侯が移らされた時も、右近は高槻に残ることを許されたのである。それはパアデレたちにとっては、秀吉の大きな好意の証しと受け止められた。右近の他には、茨木城主中川清秀の息子だけが、自領を維持することを許されたのであるが、中川は俸禄を三万石に減らされた。右近と中川清秀は、秀吉側に最も大きな犠牲を払ったのである。清秀は賤ヶ岳の合戦において戦死した。したがってもし秀吉が、この両家を受け継いだ領地から追放したならば、恩知らずと思われたであろう。だが中川の俸禄が著しく減らされたということは、秀吉がいかに感謝の観念に乏しかったかということを示して余りある。彼はもともと都がいかなる敵の急襲にも安全であるように、都に近い領地は、その一統の者たちにのみ治めさせる考えだった。当分高槻と茨木を旧領主に治めさせたのは、彼一流の打算からであって、事実二年後には、高槻を自分のものにしているのである。

高山右近は、確かにキリシタンの中で秀吉の寵臣の第一ではあったが、唯一のキリシタンではなかった。秀吉が信用を置くべき地位をキリシタンにゆだねたということは、留意すべきである。右近は忠誠と正直の権化であり、その徳の原動力がキリシタン信仰にあることを、秀吉はよく知っていた。右近と同じ信仰を持つ人々を彼の幕下に引き入れ、右近同様彼らにも重要な地位を与えるべきである、と、秀吉は考えた。そして、その人材を選ぶ際には、右近の助言を受け入れた。この点、日本側の資料は何も言っていないが、秀吉の選んだ人物が、裁量で最も熱心なキリシタンであったことを考えあわせると、それは一層明白である。都地方最初のキリシタンの一人で、中日本教会の柱石の一人であった小西隆佐ヨアキムを秀吉は出納吏とし、一人の異教徒と共に富裕な堺市の管理を委任した。隆佐の息子で、日本教会の最も高貴な武士の一人であり、高山右近とも懇意であった小西行長アウグスチノは、秀吉の水軍総督となった。七十歳を超えた老人であり、長年信長に仕え、美濃のキリシタン信徒の、実際上の創始者であり保護者である、武井夕庵クリストフを、大坂に対する最も重要な城、坂本城の守将とし、信長の後継者と定められた、孫（織田秀信）の養育を委託した。その他にも、もう一人のキリシタンを秘書にしたことを含め、イエズス会士たちの書簡は、秀吉が日本の宗派の信徒よりもキリスト教徒たちを信用したこと、居城に何時も滞在していた武士たちの息子がキリシタンになったのを喜んだ、と報告している。

だがこれらを見て、秀吉が心中キリスト教に傾いていた、と結論付けるべきではない。彼は成り上がり者であり、信長の息子たちのみならず、功名心のある武将たちを数多く滅亡させたり、辱めたりしてきたので、復讐を恐れる理由を持っていた。それゆえに、彼は自分が信用できる確かな人々を必要とし、右近の模範は、キリシタンがこの信用に価することを秀吉に示したのである。

第二節　高槻の神学校

信長が滅び、その後の戦続きの数年は、中日本の教会特に河内の信徒たちにとっては、凶年であった。三箇サンチョが光秀の同盟に加わったために、三箇島の美しい教会は焼けてしまった。その後、新しいキリシタン城主結城ジョアンを仰いだのだが、彼が移されたためにその旧領河内の信徒一同は、彼の保護を失ってしまった。そして結城ジョアンが小牧山の戦いで英雄的な最期を遂げると、三箇島教会は決定的に孤立した。秀吉の勝利は、主都近郊のすべての主要な土地の所有は、その一統のものに帰することを意味していた。そしてこの理由から、池田丹後守シメオンは、河内から美濃へ移された。八尾、若江の信徒たちは、彼らのキリシタン領主を失ってしまった。これらのさまざまな逆境の中にあって、高槻※4の教会が維持され、その領主によってパアデレや苦しめられたキリシタン宗門の、足場となり避難所になったことは、大きな幸いであった。

明智の兵たちが安土を略奪したとき、神学校もまたその魔手を免れることはできなかった。パアデレ・オルガンチーノは、高価な教会用具や、若干の書籍を京都へ救出することが出来たが、鋲や釘で固定しておかなかったものはすべて引き出されて、建物は文字通り屋根と外壁を残すばかりとなった。神学校が安土の街と共に焼け落ちてしまったかどうかについての記録は、残っていない。だがその後、京都、またはまもなく神学校が再開された高槻へ、その建物が移されたこと

安土セミナリオを高槻教会の敷地内へ移す

に対しても、何も記録が残っていないので、おそらく焼けてしまったのであろう。
　京都のパアデレの地所はとても小さかったので、パアデレの部屋は教会の上の三階に設けざるを得なかった。ここに神学生を収容するのは無理だった。そこで右近はパアデレに、神学校を高槻に再開したらどうか、と提案した。彼は安土に神学校を開くときにも、物質的に援助したり、高槻から神学生を送ったりしたのであったが、今また復活した安土の神学校の、事実上の創立者となったのである。右近は広い土地を提供したので、神学生たちは、ゆっくり勉強や宗教上の修練にいそしむことが出来た。右近とその父高山ダリオは、まるで慈父のように心を込めて神学生たちの世話をした。彼らは、才能のある日本人の若者を育てることがいかに大切かを、よく知っていたのである。

神学校は発展していった。パアデレや信徒たちは大きな希望を抱いていた。三十人の生徒の中には、特に前途有望な十二、三人の少年がいた。〈大いなる説教師で日本の諸宗派に博識を有し、優美な文章を書く〉イルマン・ヴィセンテは、キリスト教の教義、宗論、弁論学の優れた教師であった。ラテン語では、イルマン・シメオン・ダルメイダが彼らを教育して、大きな成果を上げるところだったが、残念なことに彼は程なく発病して、帰天した。一五八三年（天正十一年）には、高貴な家の出身である六、七人の子供が、神学校に入学した。フロイスは、〈その中の一人は真の日本の王の従兄弟にあたる、ヴィエドノという公爵の息子である。この子供はその高貴さと良い性質によって、生きた模範を他の者に示した。この子供は誰かに勧められのではなく、ただ神への愛に動かされて、自分から神学校に行くことを望んだ。また六、七人の生徒はイエズス会に入会することを願い、中日本の最初の修道会請願者として、臼杵の修練院に送られることを望んだ〉と記している。

高山右近は以前にも安土神学校の生徒を扶養するために、毎年二百石を寄贈したが、高槻でも同様に、物質的な援助をした。彼は秀吉と家康の戦の間、パアデレたちが神学校の生計のための費用を集めることが出来ない、と聞いた。右近はすぐに戦地から、自分のものを割いて、大坂のパアデレ・オルガンチーノに大量の米を送り、すべての必要なものを、神学校に多量に届けるように、と家臣に命じた。

高槻の神学校は、最初から校内に聖堂を持っていた。だがこの聖堂はいろいろな面で、十分なものとはいえず、右近の性格にも合わなかったので、気に入らなかった。それで、彼は明石に移される直前に、より大きく、より美しい聖堂を造った。このことは、一五八五年（天正十三年）八月二十五日付のフロイスの書簡に記されている。

第三節　高槻布教の発展

高槻に神学校が移されたので、この城下町は中日本キリシタン宗門の、最も重要な所になった。三箇島の教会が消失し、河内岡山、八尾、若江の信徒たちは保護者を失い、美濃、尾張のキリシタンも見捨てられたままになっていたので、高槻の教会は長く続いた戦の日々、全中日本のキリシタンの砦であり、避難所であった。他の場所では布教活動も思うようにできなかった間にも、高槻教会は著しい発展をとげたのであった。

右近の父高山ダリオは、信長の死の知らせに、妻と二人の娘と共に、追放先から高槻に戻った。彼はその模範と言葉によって、越前でも多くの人々をキリスト教に導き、立派なキリシタンの集団を作り上げた。かつてダリオは、一五八一年(天正九年)夏にパアデレ・フロイスが訪れた際に、

「たとえ信長公に高槻に帰ることを許されても、この北庄に残る所存にございます。この地の信徒たちの、世話を致さねばなりませぬゆえ」

千提寺クルス山（奥に当時の最大の教会忍頂寺があった）

と言っていたのであるが、今この混乱した政治状態に直面して、その息子の傍 にいた方が有益だと判断したのである。高槻においても、教会のために高い功績のある人の追放が、こんなにも早く、思いがけない経緯をたどって終わったことは、大きな喜びだった。ダリオはすぐに以前の日々のように、熱心に布教活動に加わった。それは、城主右近のたびたびの不在のときにも、心強いことであった。

イエズス会士の報告によれば、高槻領は、信長の死の直前には、約二万五千の住民で、そのうち一万八千人がキリシタンであった。このことは、右近が強制的な手段を取らなかったことを示している。もちろん右近は、全領民がキリシタンになることを願っていた。仏僧たちは行動を妨げられぬばかりか、説教を聴きに来るようにと、命じられたこともなかった。

ダリオはすでに数年前から、仏僧の改宗への努力をはじめ、何人かの古老に、説教を聴きに来るよう、洗礼を受けるように勧めていた。彼らがキリシタン宗門を受け入れたことによってそれまでの収入を失う、といった不安を取り除くために、彼らがそれまでの収入で身分に相応した暮らしができないならば、その禄よりさらに大きな収入を期待させた。そのうえ、更に特別な補助を与える約束もした。その結果、八人か十人の仏僧が洗礼を受けた。資料は、

〈村重の没後、右近は全領民をキリスト教徒にするように努めたので、多数の寺院が破壊されるか教会に替えられた〉

と述べているから、相当数の僧侶が洗礼を受けたことは明らかである。だが、右近は彼らをキリシタンにするために、権力を用いたことはなく、彼らは全く自由に決めてよいものであった。おそらく右近は、かって仏僧たちが中川清秀と組んで、信長の前で彼を誹謗したように、自分に敵意を持つ者たちに、中傷する機会

を与えないように、と考えたのであろう。だが信長が暗殺され、秀吉の自分への寵愛に確信が持てたとき、右近はこの憂慮を捨ててよいと感じたので、僧たちに説教を聴きに来るようにと命じた。同時に彼は、

「もしキリシタンになる決心がつかないようなら、領国を去らねばならぬ」

と言った。この結果百人を数えた僧侶はすべて洗礼を受けた。寺院のうち教会にするのに適したものは教会になり、残りのものは壊された。右近の処置は、高槻の住民の間で、少しも批判や怒りを巻き起こさなかったようである。それまで右近は高槻で極めてよい印象を与えており、イエズス会の年報では、まれにしかパアデレやイルマンが訪ねてくることが出来なかったにもかかわらず、高槻の信徒たちが、迫害の間も信仰を守り抜いたさまを賞賛している。

清州での会議後新たに領地を得たので、右近領下の住民は三万人に達した。ヴァリニャーノが訪ねた時でさえ、高槻には二十の教会があった。それでも一人のパアデレもイルマンもいなかったのである。信長暗殺のときにはパアデレ・ジュゼッペ・フォルナレト[※5]（?～一五九三）が一人のイルマンと共に安土で活動していたが、神学校が高槻に移って以来、同地には、二人のパアデレと数人のイルマン

が住み、生徒たちを教えたり、霊的な世話をしたりしていた。一五八三年(天正十一年)の間には、パアデレとイルマンが山地のキリシタンたちを訪ね、まる一か月滞在して霊的指導をした。この機会に、新たに約二百三十名が洗礼を受けた。

高槻領の新たに獲得された地域へも、キリシタンの教えは、次第に広がっていった。パアデレ・フォルナレトは、その書簡の中で、〈神学校での教職の傍ら、強化に従事することは、ほとんど不可能である〉と述べている。右近の新たに獲得された地方では、フォルナレトは、少なくとも二千六十五人に洗礼を授け、他の地方では千人以上が洗礼を待っていた。この地方では、寺院は消滅し、ダリオはいたるところに教会と十字架を建てさせた。住民は自分から説教を聴きたいと望んでいたので、洗礼を受ける前に寺院を破壊せよ、とのダリオの命に喜んで従ったのである。一五八五年(天正十三年)の最初の十ヶ月だけで、高槻領だけでも三千名が洗礼を受けた。高槻旧領のキリシタンたちは、以前にもまして熱心になった。以前には全く見られなかった地域にも教会と十字架が建ち、今や全領地はキリシタンとなった。これらの成果の大部分は、右近の説教と模範によるものであった。右近は、キリシタン的道徳に基づいた生活で模範を示し、キリスト教の真理を明快に説くことによって、家臣をキリシタン宗門へ導くことを、決して怠らなかった。フロイスは、

〈主なるデウスは、ジュストに非常な精神力と、熱心さをお授けになった。彼は単に言葉をもって説教するだけでなく、生活態度全般で、人々の模範となった。その姿は俗界における領主、武将というより、むしろ修道士のようであった。彼は未信者のために行われる教理の説教を、慎重に順を追って暗記し巧みに話した。我々のイルマンのうち、彼に勝る説教をする者はいないほどであった。ジュストは、その名のとおり正しく生活を律している。我らの主は、日本において大いなることを全うさせるために、ジュストをお選びになったと思われる〉

と述べている。

第四節　大坂[※6]の新教会

秀吉は、大坂に、それまでのすべての建造物を凌駕するような、後世に残る立

派な城を建築しようと考えた。高山右近は、秀吉の名誉心をよく知っていたから、誰であれ自分に倣って大坂に建物を造らない人に対して、秀吉は容赦しないだろうと考えたのである。諸侯、商人、仏僧たちはすでに別荘、商店、寺院を建てるための土地を、秀吉に依頼し始めていた。右近は、パアデレたちも、大坂に住居を建てたほうがよいと考えた。そこで彼は言った。

「パアデレ殿も、関白殿下に教会のための土地をご下付くださるよう、お願いされた方がよろしゅうございましょう。それも、できるだけ速やかに。殿下は、これまで何もおっしゃいませぬが、大坂に教会が建てられることをお望みなのは、明らかでござりまする。殿下は、パアデレ殿がそのために必要な資金に困窮しておられることは、ご存じありませぬゆえ、殿下がそれをお命じになったときお断りするのは、不可能にござりまする」

秀吉は新建築は命ぜずとも、京都にある美しい教会の移転を命じるであろうから、主都における地所の喪失や、多額の経費のことはともかくとしても、これはパアデレやキリシタンにとって、大変困難なことになる、と考えられた。さらに秀吉は、キリシタンたちが教会の建築のため、堺に土地を求めたことを知ってい

るから、

「堺よりも先に、まず大坂に教会を建てよ」

と、パアデレたちに命ずるだろうことは明らかであった。河内岡山では、結城ジョアンが三箇島へ移されて後、五畿内で最も美しい教会の一つは、異教の後継者の手に落ちているから、彼らがそれを日本の神の神殿にするのではないか、ということも案じられていた。それゆえ、京都の教会を救い、堺の教会建築の計画を挫折させないためには、秀吉の許可を得て、河内岡山の教会を大坂に移し、大坂にパアデレたちの住院も建てれば、秀吉も満足するであろう、というのが右近の考えであった。右近はパアデレたちが、安土でどれほど大きな損失をこうむったか、現在どれほどの困窮状態にあるか、そしてこのような建築がどれほど天主の名誉を増すものであるかをよく心得ていたので、移転の全費用を担当しよう、と申し出た。パアデレたちは、喜んでこの右近の気前の良い申し出を受け入れた。

一五八三年（天正十一年）九月、パアデレ・オルガンチーノはイルマン・ロレンソと共に、大坂に秀吉を訪ね、教会の用地と、教会を岡山から大坂に移す許可を願った。秀吉は、略式にではあったが、パアデレたちを極めて好意的に、親しく受け入れた。秀吉はパアデレ・オルガンチーノとイルマン・ロレンソを、二人のキリシタン出納係の小西隆佐、秘書の安威了佐《あいしょうさ》シモンが居る席に迎え、長時間雑談した。そのとき秀吉は、

「パアデレたちが、日本にデウスの教えを広めるために、かくも遠方の国から来朝し、このように様々な苦労をしていることに、予は驚きもし、感心もしているのじゃ。教会のための適当な用地は、喜んで下付しようし、また岡山から大坂へ教会を移すことも許す」

と言った。

パアデレ・オルガンチーノが別れを告げた後、秀吉はイルマン・ロレンソを伴って、彼が教会建築のために寄贈しようと思った土地を見に行った。イルマンが立ちあって測量したところによれば、それは幅六十プラサ（百十メートル）、奥行き五十プラサ（九十一・九メートル）あった。

「このように広い土地を与えるのは、パアデレが、樹木をたくさんに植えることが出来るためじゃ」

と秀吉は言った。その地所は、大坂の最も美しい場所の一つで、秀吉自身の言葉

によれば、多くの大名が望んだが秀吉が与えなかったものであった。その土地は秀吉の城の近くにあり、一方が川で他の三方は堀によって築かれ、城のように近づきがたく思われた。高山右近はこの寄贈を大変喜び、教会の近くに彼自身の家を建てると言った。

後日オルガンチーノは、感謝の気持ちを伝えるために、再度秀吉を訪れた。彼はこの時も、居並ぶ武将たちが驚くほど好意的に、丁重に迎えられた。高山右近は、早速河内岡山の教会の移転に取り掛かり、一五八三年（天正十一年）の降誕祭には、大坂の新教会で、摂津、河内、京都、堺からのキリシタンの大群衆が集う中で、最初のミサが行われた。

第五節　大坂における改宗

大坂教会は順調な発展を見せ、高山右近の勧誘によって、多くの武士たちが教会に通うようになった。

この様子をフロイスは、一五八五年（天正一三年）八月二十七日付の書簡で、〈羽柴殿の宮中には、日本の宗旨に通じ、はなはだ能弁な人が多い。しかしひとたびジュストが口を開くと、彼に勝る者はいない。彼が語るところは言行一致しており、その模範的な言動が、人々を満足させている。これはひとえにデウスの恩寵であろう。彼はすでにキリシタンとなった武士たちには、正しく生活するように勧め、異教徒の領主のもとにいる友人たちには、キリスト教徒になるようにと勧めている。我らの主は、ジュストの働きによって多くの人が洗礼を受けるようにお計らいになり、なおこれからも多数の人が、恵みによって、洗礼を受ける決心に至ることは疑いもない〉

と記している。

大坂の教会が落成するに先立ち、多くの若い武士たちが右近の家に集まった。中の一人で、高貴な身分の若者が、

「それがし、説教を聴いて感動いたしました。キリシタンになりたいと思いますゆえ、門弟の一人に、お加え頂きとうございます」

と言った。翌日、彼は多数の武士たちと共に、再度説教を聴くためにやってき

て、一緒に来た武士たちにも、キリシタンになるように勧めた。この若者は秀吉の家臣で、高槻と同じくらいの大きさの領地の領主であったから、彼が改宗することによる大きな成果が期待された。右近の友人の一人で、同様の才能と同様の地位を持つ者もまた、パアデレを訪れ洗礼を受けたいと願った。

一五八三年（天正十一年）降誕祭の新教会落成式は、キリシタン宗門の輝かしい表明であった。人々が大集団をなして説教を聴きに来たので、イルマンたちは昼夜を通じて休む暇がなかった。その中には多数の武士もいたが、明らかに好奇心から来たものもあった。十八、九才の若い武士で、秀吉が最も信用を置いている一人が洗礼を受けた。その後の打って変った彼の生活ぶりは、その改宗が真面目なものであることを示していた。以前の彼は虚栄心が強く、慈悲の心に欠けていたのだが、受洗後は誰に対しても誠実さを示し、すべての人々、特に秀吉の家政を任されていた彼の母を、キリシタンにしたいと願った。その後、秀吉が最も寵愛していた武士のうち、十二人の若者がキリシタンになった。

特に人目を引いたのは、牧村政治《まさはる》の改宗であった。彼は、近江国に二万六千石の禄を有していて、その不徳な生活のため、人々は眉をひそめ、あるいは憤っていた。彼の改宗の最初の動機は、改宗後まったく別人になった武士から受けたものだったが、これを徹底的なものにしたのは、親しい友である高山右近であった。洗礼後、牧村政治は別人になった。四人いた妻のうち初めの一人だけを残して他は去らせ、友人の右近の模範にならって、その他の悪習も抑えた。彼は上級の武将たちの面前で自分の信仰の自慢をし、彼らも同じように洗礼受けるように勧め、自身より高貴な二人の領主を改宗に導いた。政治はその家臣に、

「これまで悪習において予に倣ったように、これからは貞淑において予に倣え」

と訓戒し、特にただ一人の妻で満足するように、と言った。また彼は高山右近とともに、蒲生《がもう》氏郷《うじさと》の改宗のときにも大きな働きをしたが、このことについては後述することにする。


大坂教会では、最初の八ヶ月間に約五十人が洗礼を受けたが、その中には多数の武士がいた。さらに注目すべき改宗が、一五八四年（天正十二年）八月末から、一五八五年（天正十三年）十月の間に行われた。一五八四年（天正十二年）聖アウグスチヌスの祝日の前日、秀吉の家臣である第一級の領主が大坂教会で洗礼を受けた。霊名をアウグスチヌスと言った。高山右近の勧めによるものであった。お

おいに秀吉に信用されていた彼は、勇敢であるだけでなく、知性にも富んでいたし、話術の才能もあったから、パアデレたちは彼の影響によって、ほかの領主も改宗するのではないかと期待した。

さらにこの時代の重要な改宗は、強力で天分豊かな武将、蒲生氏郷の改宗であった。蒲生氏郷は、高山右近とはきわめて密接な間柄であり、千利休が愛した門弟の一人であった。右近はほかの友人同様、氏郷もキリスト教に導こうとしたが、ついには成功したとはいえ、それは容易ではなかった。

フロイスは一五八五年（天正十三年）の書簡の中で、

〈安土山に近い近江国には、一国の三分の一の年収を有していた、高貴な武士がいた。彼は高貴であり裕福でもあったので、信長はその娘の一人を、彼の妻として与えた。彼は蒲生飛騨守氏郷という名で、ジュスト右近殿の親友であった。彼はジュストの生来の良い性質を好ましく思っていたが、ジュストが常にデウスについて語り、若い武士にキリシタンになるように勧めるのを、不快に思っていた。彼はキリシタンに興味も持たず、傾きもしなかった。むしろ右近を避けようとさえしていたのである。

羽柴筑前殿は、自分の所領を一層安全にさせようと、蒲生氏郷に対し、もし彼が祖先伝来の近江の全領地を譲るなら、伊勢国の半国を与えよう、と提案した。蒲生飛驒守はこれを受け入れ、天照大神の神殿があり、彼が以前に領していたよりはるかに広大な、伊勢の半国を受領した。ジュスト右近殿はこの武士に注目し、彼のため我らの主に祈り、パアデレたちにもミサ聖祭や祈りの中で、同じようにしてくれるように願った。その武士は非常に主立った人物だったので、彼の改宗はデウスに大きな名誉を捧げることになるからだった。さらにジュストは、彼の勧めによってキリシタンとなった、他の武士の助けも借りた。彼は馬周り衆の頭で、飛驒守の親友でもあった。その他さまざまに手を尽くした結果、とうとう飛驒守は、神の掟についての説教を聴くことになった。飛驒守は、間もなくその宗論をとても好ましく思うようになり、もっとデウスのことを知ろうと、昼となく夜となく右近を追い続けた。だがジュスト右近殿は、飛驒守がデウスのことについて知りたいと思う以上に、彼とその話をしたいと望んでいた。このようにして、しばらく時が過ぎた。飛驒守殿はある戦から帰って後、教理の説教を聴くため、大坂の教会へ行く決心をした。彼はその説教を聴いて大変満足し、その後大いなる喜びのうちに洗礼を受けた。これを熱望していた我らにとっても、またキリシタン武士たちにとっても、これは大いなる喜びであった。彼は今日まで、その地方でキリシタンになった人々の中で、最も重要で徳の高い人物の一人である〉

と記している。

あるキリシタン領主は、パアデレ・オルガンチーノにあてた書簡の中で、蒲生氏郷について次のように述べている。

〈近江国の古い貴族の出である彼は、偉大な天分を持った領主であります。人と交わる時には人から好感をもたれ、良い勧告には進んで耳を貸し、布教のことにはとても熱心であると心得ます。好んで福音を広め、秀吉公の政治の場においても、友人たちにパアデレの説教を聴くようにと勧告しております。幾人かは彼の勧めに従って説教を聴き、洗礼を受けました〉

洗礼のときレオという霊名を授けられた蒲生氏郷は、特別な熱心さを示した。

フロイスはその熱心さについて、

〈彼は、自分が洗礼を受けたとき、自分と共に大坂へ来た友人たちに、説教を聴くように勧めた。友人たちのほとんどはキリシタンになり、パアデレたちを驚嘆の念で満たした。彼が領有している伊勢国の半国には、約十万の住民がいる。そして彼は、領民をすべてキリシタンにしたいと考えている。彼は、パアデレやイルマンを派遣してくれるように、と求めているが、我々はこれにあてるべき人がいないので、どうしようもない。またいかに門戸が開かれ、いかに多くの機会が、働き手のいないために空しくなっているかを、インドおよびヨーロッパに十分に理解させることは、我々にとって不可能である〉と述べている。

蒲生氏郷の改宗は、一五八五年（天正十三年）の初めと思われる。フロイスは他のところで、彼は根来および雑賀《さいが》の衆徒に対する戦いの少し前に、キリスト教徒になったと述べている。この戦は、一五八五年（天正十三年）の四月の前半に行われたのであるから、蒲生氏郷はこの年の一月から三月末の間に、洗礼を受けたに違いない。

蒲生氏郷の改宗後間もなく、やはり秀吉の寵臣の一人である、黒田孝高《よしたか》（官兵衛）もキリシタンになった。彼は播磨国に約六万石の収入を持っており、人望もあり、極めて才能豊かな武将であった。彼の改宗には、三人のキリシタン武将が関わり、力があった。小西行長が最初に勧誘し、高山右近と蒲生氏郷が、彼を洗礼に導いた。彼は右近の教え子にふさわしく、受洗後ただちにその家臣をキリシタンの教えに導こうと、熱心に務めた。それだけでなく彼は彼が絶大な人望を得ている、備前国の大名たちをもキリスト教に導こうとした。右近の霊的息子たちの中で、おそらく黒田孝高ほど多くの武士を、教会に導いたものはいないだろう。

さて先に述べたように、秀吉は最も重要な職務をキリシタン武士に与え、若い武士がキリシタン宗門へ改宗することを喜んだ。だが、このような華々しい布教活動の開花を見て、仏僧たちが、なんの危惧も嫉妬も感じないとすれば、かえって奇異なことであろう。彼らは当初から、キリシタン宗門を憎んでいた。そして信長や秀吉のもとでその政治的権力は弱められていたとはいえ、キリシタン宗門に対する彼らの憎悪は、弱められてはいなかった。

秀吉の居城には、かつて仏僧であり、当時秀吉から最も信頼されていた施薬院《せやくいん》全宗《ぜんしゅう》という老侍医がいた。彼はキリスト教徒を憎悪していたから、こんなにも多く武士たちが改宗してキリシタンになることは、彼にとって苦痛の種であった。

そこで彼は、秀吉が高山右近や他のキリシタンに、疑いの目を向けるように仕向けた。黒田孝高の改宗は、全宗がその悪意に満ちた主張を示すよい機会であった。

アントニオ・プレネスチーノは一五八七年（天正一五年）十月一日付の書簡の中で、

〈三年ほど前、右近殿のすすめと努力により、多数の武将が改宗した際、その中に小寺官兵衛殿（黒田孝高）がいた際のことであった。秀吉の寵臣でかつては僧侶であったトクウン（全宗のこと）というものがいた。彼は、デウスの掟の敵であったが、談話中に、『このように多くのものがキリシタンになるということは、右近及びその一味が関白殿下に対し、何かよからぬことを考えているに違いない。これは好ましくないゆえ、その旨関白殿下のお耳に入れようと思っている』と言い、それがパアデレたちに伝えられた〉

黒田官兵衛

と述べている。

パアデレが施薬院全宗の言葉を右近に伝えたとき、彼はその言葉を静かに聞き、

「それはこのように多くの意義深い改宗を妨害しようという、施薬院の口を借りた、嫉妬に満ちた悪魔の仕業と心得ます。が、それがしは、この仕事から手を引くつもりはござりませぬ。もし関白殿下が答弁を求められるならば、わが尊い教えの最も効果的な根拠を申す所存にござりまする。関白殿下がそれでご納得がなく、わが領地、わが生命も奪う、と仰せられるなら、それがしにとって永遠不朽のものを獲得するためには、それらは取るに足らぬものと心得まする」

と答えた。

右近はすべての人が自分の布教熱を喜んでいるのではないこと、そしてそれゆえに秀吉に疑いの目で見られていることを知った．右近は、猜疑心が強く、嫉妬深い秀吉の性格を熟知していた。だが右近はキリシタン宗門の布教に、確固たる信念を持っていたので、施薬院の脅しを無視して、己の領国と生命をかけても、自分のこれまで歩んできた道を前進し続けよう、と決心していたのである。

その後、教会はますます輝かしく発展していった。越前のある若い武士は大坂で

洗礼を受け、郷里で福音を広めるために、パアデレとイルマンを一人ずつ、派遣してほしい、と依頼した。大坂教会へ大勢の人々が行くようになったことは、その時まで信徒数が少数にとどまっていた京都の教会に、大きく影響した。同地では、強力な徳川家康の領地である三河のある有力な武将が洗礼を受け、ぜひともパアデレとイルマンを、郷里へ伴いたいと懇願した。だが残念なことに中日本には、パアデレもイルマンも足りず、彼も越前の武士も蒲生氏郷でさえも、後日に希望を託さざるを得なかったのである。人材の不足のために、なすべき仕事のほとんど十分の一しか達成できなかった。

また京都では、当時日本全国で最も有名な医師である。曲直瀬道三《まなせどうざん》がキリシタンになった。彼は漢文漢学の識者で、日本の諸宗派にも通じ、当時の人からまるで神託者のように尊敬されていた。豊後の府内学院の院長パアデレ・ベルキオール・デ・フィゲイレド（?～一五九七）は、この有名な医師に病気を治してもらいたいと思い、京都へ行った。二人の老人はいろいろなことを話し合い、その結果パアデレはこの学者に、神のこと、霊魂の不滅について興味を持たせることが出来た。道三は教えについて、学ぶために教会を訪れ、やがてベルキオールの霊名で洗礼を受けた。この改宗の効果は相当なもので、しばらくは京都やその近郊で、日常の話題となった。右近がこの知らせを聞いたとき、彼はちょうど戦場にいたが、この機会を利用して、数名の親交のある武将達に、説教を聴きに来るように勧めた。戦争が終わってから、事実何人かは信仰について学び、洗礼を受けた。老キリシタン武士三箇頼照《よるてる》サンチョは当時、

「道三の改宗は、教会の将来にとっては、一万人以上の改宗の意義がある」

と言った。また、あるキリシタン武士は、

「これは、秀吉公自身が洗礼を受けられたより意義がござる。秀吉公の場合には、彼がなぜ洗礼を受けられたのかと、いぶかしむ声も上がるだろうが、道三殿の場合は違う。彼は理性と光によって、心から確信して改宗したのだ、と人々は思うであろう。なぜなら彼は、偉大な学者であるからでござる」

と言った。

この時代の個々の改宗について詳しく述べるならば、あまりにも長文になろう。セスペデスは一五八五年（天正十三年）十月三十日付の書簡の中で、概要を述べているが、これはかなり欠点のないものと言えよう。彼は、蒲生氏郷は伊勢で

二十五万石、黒田孝高は播磨に六万石、市橋兵吉《へいきち》は美濃に二万石、牧村長兵衛（おそらくは牧村政治）は近江に二万石、瀬田左馬丞《さまのじょう》は近江に一万二千石を有すると挙げている。改宗した領主たちのうち、最も主だったものとみなされる彼らの他に、セスペデスによれば、二百名以上の武士が、大坂教会で洗礼を受けた。見受けるところ、セスペデスは高山右近による改宗者だけを、挙げているようである。いずれにしてもこれまで名前を挙げた人々は、結局右近から何らかの影響を受けて、受洗したと言ってよかろう。セスペデスは、当時のインド管区長パアデレ・ヴァリニャーノあての書簡の中で、右近の善い性格を挙げているので、彼の手紙を引用して本節を結びたい。

〈ジュスト右近殿は、地上におけるまれな人物であります。彼の毎日は、徳と品格にあふれ、主はその光によって洗礼を受けた武士たちを照らしたもうた、と言えましょう。彼の武士たちは、右近殿の語るところと勧めにより、説教を聴くように仕向けられました。ジュストとは尊師もご存知のように、力ある殿であり、俗世の中にあるにもかかわらず、あたかも現世の外に生きているかのように思われます。彼はその身分の義務を決して怠ることはありませんが、すべての人を創造主のもとへ導く方法、道はいかにして見出しうるか、ということをまず考えているのです。彼はデウスのことをとても巧みに語るので、日本人のイルマンも、彼に勝る者はありません。右近殿の生活は、異教徒の上にも非常に大きな印象を与え、多くの人が彼を尊敬し、彼を愛しています。筑前殿〈秀吉〉もたびたび彼のことを語られ、あのように清く生きることは、他のものにはできないだろうと言っておられます。筑前殿は右近殿を愛し、最も信用し、寵愛している者の中に数えています〉

第六節　明石転封

秀吉は関白職を得、中日本における万人が認める絶対的な君主になった。その後彼は、自分に属する諸領主からの、あらゆる可能な襲撃から身を守るために、

船上城址

都近郊のすべての重要地点を、自身またはその一族の手中に収めようと考えた。高槻は非常に重要な地点であった。右近の功績を考慮してしばらくは旧領地の所有を任せていたが、秀吉はいずれは自分の物にしなければ、と考えていた。パアデレやキリシタンたちは、中日本の教会にとって非常に重要である高槻が、右近から取り上げられるであろう日を、不安な気持ちで待っていた。

高山右近の国替えは、一五八五年（天正十三年）十月三日に行われた。国替えにされたたいていの領主の条件が悪かったのに反し、右近の播磨明石（兵庫県明石市）の領地は、高槻に比べ五割増しの年収があった。この時秀吉は右近とパアデレ・セスペデスには教会の所有を一任し、更にパアデレたちがそれまで通り、高槻の信徒たちの世話をすることを許した。パアデレたちはこの厳しい打撃の中にあっても、右近の播磨への国替えは、その地において教会に大きな実りをもたらすものになるだろう、との考えに慰められた。刊行された書簡集中には、右近の明石への国替えについてのパアデレ・セスペデスの記録は欠如しているので、その書簡の全文をここにあげる。

〈筑前殿は、わずかな日数で、五畿内でただ一人の1領主を自領に残したほかは、二十以上の領国からの国替えを命じた。たいていの者は以前より悪い条件で、以前彼らが持っていたよりも少ない収入になった。より強大な、より良い領地を得た者は、ごくわずかだった。それらの中にジュスト右近殿がおり、播磨へ移された。彼の国の二万ないし三万の信徒たちと我々にとっては、このようにして優れた領主を奪われたことは、大きな打撃であった。その際右近殿が約束された俸禄は、以前の公には四万石だったが実際には五万石以上だったものに加えて、二万石であった。筑前殿はこの領地を明石と呼び、室に近く海岸にある播磨国にあった。また彼は、二百艘の船を、右近殿に用立てた。

実にこの国替えのとき、筑前殿が右近殿以上に、好意を示したものはなかった。筑前殿は、他の諸侯にも国替えを命じていて、何人も彼の命令に背くことはできず、筑前殿のほうでもそれを当たり前のことのように扱っていた。だが、高槻の場合は、筑前殿はあたかも申しわけない、というように遺憾の意を述べ、高槻及び右近殿の領地にあったすべての教会は、パアデレたちの意向に任せるように指示した。彼らが望むなら同地にとどまり、信徒たちの世話をしてもいい、そして何人といえども彼らを妨害してはならない、と明言した。この好意を我々は、天主の大いなる御憐みであり、特別なみ摂理であると思った。我々はすでにすべてを失う覚悟をしていたし、特に山地にいた農民たちは、パアデレが高槻に留まり、ふたたび彼らのもとに来てくれるだろうか、という不安に悩まされていた。が、この農民たちは彼らの信仰が強固なことを、幾度も証明して見せ、後日背教することはないように思えたので、パアデレ・オルガンチーノは、従前どおりパアデレ・ジョセフ（パアデレ・フォルナレトのこと）を高槻に残すことに決めた。いま彼は、イルマン・ヴィセンテや数人の同宿と共に同地にいる。また我らの主は、高槻のキリシタン信徒たちに、さらなる恵みを与えてくださった。筑前殿は

明石時代の教会（現宝蔵寺）と壁に埋め込まれた十字架

右近殿の領地の大部分の収入役、並びに管理人にキリシタン武士の、安威了佐シモン殿を任じた。彼に委任された領地の一部には、山地に住んでいるキリシタン信徒の大部分がいた。我々は、天主の恩寵によってすべてがよく運ばれるであろうことを、確信していた。

一方、我らは右近殿が高槻から移されるという悲しい出来事も、良いことのため、ということを疑わなかった。我らの主デウスは、播磨や隣接する国々を改宗させようと欲したまい、そのために高山右近のようなよい種を、その地にお播きになった。そして、その地で優れた植物を栽培しようと思われたのではなかろうか、それを、誰が知ろう？　高槻へは、一六、七才の若者である筑前殿の甥が移ってきた。神学校はどこに置くべきかが明らかになるまで、ひとまず大坂に移された〉

単に経済的に見れば、右近は有利な交換をしたことになる。新領地の収入は本質的には高槻よりも多く、住民は一万人増加した。新しい主都は海辺にあり、一槽の大船を自由に使うことが出来たので、領地の収入が少なからず上がる、ということは当然予想できた。だが教会にとっては、キリシタン信徒からなる中日本唯一の地方である、高槻を失うことは、大きな痛手であった。高山右近が明石へ任じられたという知らせを受けて、同地の仏僧たちは、右近が寺院を破壊し彼らを国外に追放するのではないかと恐れ、非常に動揺した。事実右近は、どうしたらこの新しい領地を、キリシタン宗門をもって統治していくか、神仏への礼拝を止めさせることが出来るだろうか、と頭を悩ましていた。それは非常に困難であろうと考えられた。だが、その課題は仏僧たちの思慮のない振る舞いによって、思いがけなく容易なものとなった。彼らは仏像を船に乗せ、秀吉の母にとりなしてもらおうと大坂へ向かった。その際、彼らは代理人として、キリシタンの敵である施薬院全宗を用いた。

秀吉の母は、息子が右近と共に戦から帰ってきたらすぐにでも、彼らを援助しようと約束した。だが、秀吉は彼らの願いを聞き入れなかったばかりでなく、右近は高槻の報償として明石を受領したものであるから、彼の領国を彼が思うままに統治してよいのだ、と言った。さらに、その間ずっと船上にあった仏像を陸にあげ、薪木として使用するように命じた。関白の母は、これほどまでに面目を失った僧侶たちのためもう一度嘆願したが、秀吉の決心を変えることはできず、仏像は燃やされた。明石の寺院はその偶像を失い、僧侶たちは国を去った。

イエズス会の文書には、

〈右近は仏僧たちの身勝手な振る舞いに感情を害され、彼から暴行を受けたわけでもないのに、仏僧たちが国をかく乱に陥れたことに怒りを示した。右近は仏僧たちを、ふたたび帰らせまいと考えた〉

と記されている。

仏僧たち、とくに彼らの代弁者であった施薬院全宗は、この敗北の屈辱を忘れず、右近を破滅させる好機を狙っていた。施薬院は以前から右近とそのキリシタン布教を憎んでいたが、この敗北によって彼の憎悪と復讐の念は、ますます高まっていったのである。

明石のキリシタン化に対する主要な妨げが取り除かれると、この地は福音の種のために適していることが、すぐに分かった。高山右近が新領地に入るとすぐに、主だった新しい家臣は、キリシタン宗門を広めるためにパアデレを派遣してほしい、と願った。右近はこの希望をとても喜び、彼らに感謝し、全国を与えられたより大きな喜びであり、満足している、と言った。

間もなく一人のパアデレと二人のイルマンが、明石で活動を始めた。右近の父ダリオは、大教会の建設に着手した。布教は順調に進んだ。パアデレ・アントニオ・プレネスチーノは、彼が大坂の神学校から明石に派遣されたいきさつと、わずかの日数で二千人に洗礼を授けたことを記録している。
さらに多くの人が洗礼を受けようとしていたのであるが、おりから右近は秀吉に九州の戦場に向かうように命ぜられたので、ひとまず中断せざるを得なかった。

註1 P274 アントニオ・カルディム（一五九五〜一六五九） ポルトガル人イエズス会司祭。一六二一年マカオで司祭叙階。マカオ・コレジオ院長など要職を歴任、日本殉教者委員会の職にあり、「日本殉教者の名簿」や「日本殉教者数」を作成し、列福を推進した。一六五八年マカオにて死亡。

註2 P275 アントニオ・プレネスチーノ（〜一五八九） イタリア人イエズス会司祭。一五七八年来日、セミナリオ教師、秀吉の宣教師追放令の前後の京阪地区の事情を詳しく報告した。その中に右近の事情も含まれている。一五八九年マカオにて死亡。

註3　P278　蒲生氏郷（一五五六から九五）　信長、秀吉に仕えたキリシタン大名。一五八五年右近の勧めでレオの名で受洗。松坂城主、ついで会津領主と新しい土地にキリスト教を広めた。一時教会を離れたが、右近がその最期をみとった。

註4　P282　高槻教会は現在の野見神社辺りとされている。文献：中西裕樹「高山右近」一七八〜一九六

註5　P289　ジュゼッペ・フォルナレト（〜一五九三）　イタリア人イエズス会司祭。一五七八年来日、大村で日本語習得の後すぐに京阪地方に、高槻、次いで明石教会の責任者となった。秀吉の追放令後西国に渡り、九三年有馬にて死亡。

註6　P291　大坂の教会は、現在の大阪市北区天満の北大江公園辺りと言われている。

第十一章　第二の試練

第一節　一五八七年中日本教会の状況

戦乱の日々の中にあっては、武術的才能が特に重んぜられた。武将たちの中で特に勢力もあり、天分も豊かな四人、高山右近、蒲生《がもう》氏郷《うじさと》、黒田孝高、小西行長が、そろってキリシタン武将であったことは、中日本の教会にとっては非常に意義のあることであった。蒲生氏郷と黒田孝高は右近が信仰に導いたのであり、小西行長とも親しかった。四人はみな秀吉の寵臣で、揺るぎのないキリスト教徒であった。秀吉は蒲生氏郷をあつく用い、彼に広大な領地を与えたのであるが、そこには秀吉なりの考えがあった。この信長家の有力な代弁者を自分に従わせることは、秀吉にとっては非常に重要なことだったのである。彼は自分の統治権を安泰にしておくためにも、氏郷を重んじていた。それゆえ、蒲生の勢力は時と共に増大していくと考えられ、彼が改宗直後のような熱心さをこれからも示すならば、それは教会にとって大きな希望となりえた。氏郷は行長、右近と力を合わせて黒田孝高を改宗に導いた。そのため、この三名は互いにとても親密に結ばれていた。

小西行長は、早い時期から秀吉に水軍総督を任じられ、根来の仏僧、雑賀農民との戦いで功績をあげ、秀吉の寵愛を勝ち得ていた。一五八七年（天正十五年）のイエズス会年報に記されているように、同年初頭には、秀吉第一の寵臣になったと思われた。イエズス会士の書簡は、行長を褒め称える言葉に満ち、中でも貧者への慈善を特に称えている。秀吉は行長の功労を認め、瀬戸内海の小豆島を彼に与えた。また、播磨国に二、三の他の港と共に、大室港を設けた。全部を合わせた収入は二万石になった。管区長パアデレ・コエリョが一五八六年（天正十四年）に大坂を訪れたとき、行長は自領小豆島にパアデレを一人派遣してほしい、と願った。そしてパアデレ セスペデスが一人のイルマンと共に同地に行き、一か月以内に千四百人を超える人々に、洗礼を授けた。特に小西行長の勧めにより、有力な宇喜多家の家臣数名が洗礼を受けた。

黒田孝高は秀吉側の仲裁者として、毛利氏との和睦に貢献した。その際、彼は長いこと放置されていた山口の教会に、パアデレが帰る許しを得、さらに他の毛利氏の支配下にある国々でも、説教を聴けるようにした。九州での戦のときには、その指導的な武将としての立場を利用し、高官たちに教会や福音のことを語った。一五八三年（天正十一年）の大坂教会の開設以来、布教の中心人物は、高山右近だった。彼は、この教会の重要性を認め、すべての物質的な負担を担い、あらゆる機会をとらえて友人を説教に誘い、洗礼を受けるように励ました。一五八五年（天正十三年）は、布教の最絶頂であった。その後も上層階級から洗礼を受けるものがあり、中でもペトロの霊名で洗礼を受けた、信長の次男信雄[※1]は特筆すべきである。だが一五八五年以降新たに洗礼を受けた高級キリシタン武将の名は、あまりあげられず、ただ単に〈秀吉並びに甥秀次の配下の多数の著名な武士がキリシタンになった〉と記されている。

当時大坂の政治の場では、説教を聴いたり、洗礼を受けたりすることが、流行したように考えられる。少なくともパアデレ・オルガンチーノは、一五八五年（天正十三年）ごろには、二、三人の武士が、

「キリシタンにならない武士はない」

と言ったと記している。だがオルガンチーノは同じ書簡の中で、〈改宗者の誰もパアデレから何らかの形で、現世的な利益を求めることはできないのであり、彼らの生活における驚くべき変化は、その改宗が真面目なものであることを示している。これ等の改宗はすべて聖霊のみ業であることは明らかである。キリシタン宗門への尊敬と期待は、信長の時代までとは全く違って力強く発展している〉

と強調している。

根来の仏僧との戦いの中で、多数の寺院が焼けてしまったが、離れた場所にあったいくつかは残った。そこで右近はある日秀吉に、「華麗な門のあるこれらの寺院の一つを、大坂での住まいとして、パアデレにご下賜くださるお気持ちは、ございませぬか？」

と、尋ねた。秀吉は、

「そちはパアデレと一体であろうから、予はそれをそちに与えよう」

と答えた。そこで右近は早速寺院と門を解体させ、自費で海岸に運ばせ、キリシタン水軍総督小西行長に依頼してそれを大坂へ運ばせた。門はパアデレの敷地内に建てられたが、寺院の方は輸送中に沢山の木材が失われてしまったので、原型に再現することはできなかった。が、残った木材を使って、一軒の素晴らしい家に生まれ変わった。右近はこの秀吉の贈り物のことを手紙で知らせたが、ちょうどオルガンチーノが不在だったので、パアデレ・セスペデスが、感謝の言葉を述べるために、大坂から秀吉の陣営に急いだ。戦いのため雑賀城の周囲にめぐらされた城壁の上で、秀吉はパアデレを迎えた。彼は全武将の前で歓迎の意を表し、その後秀吉の弟秀長も同様に親しくパアデレを迎えたから、この場面に接した武将たちは、驚きの色を隠せなかった。

一五八六年（天正十四年）聖週間の火曜日に、秀吉は予告なしに信長の一子と兄弟、並びにほかの国々の領主たちを伴い、大坂のパアデレの住院に姿を見せ、教会を見たいと言った。そして従者と共に祭壇の前の畳に座を占めた。それからパアデレ・セスペデスに、主祭壇のキリストの絵について、いろいろと質問した。

セスペデスの答えに非常に満足した秀吉は、

「そちたちパアデレは、大坂の坊主たちより善いものであることを、予は十分に知っておる。そちたちは純潔な生活を送り、予や坊主どものように、みだらな生活を送らぬ。そのことによっても、いかにそちたちパアデレの方が優れているか、よくわかる。多数の妻を持つことを禁じている以外は、そちたちの掟がのべていること全てに、予は満足じゃ。この点をそちたちが聞き入れるならば、予もキリシタンになるであろう」

と言った。秀吉のパアデレたちへの寵愛は、その後間もなく、管区長ガスパル・コエリョが中日本を訪れ、関白秀吉から盛大な謁見を賜ったとき、最も明らかに示された。

第二節　九州のキリシタン大名たちの苦悩

キリシタンに対する秀吉の寵愛と高山右近の熱意が、中日本の教会の輝かしい将来を期待させた。一方九州の政治状態は、どうなっていたであろうか？　有馬晴信の受洗後、彼の領国の住民はほとんどキリシタンになり、豊後でも、大友宗麟の改宗後、キリシタンの数は、年々増え続けて行った。だが同時に大友家の勢力は、衰退していったのである。

大友宗麟は息子のためを思い、一五七八年（天正六年）に退位した。彼はその後まもなく洗礼を受けたのであるが、当時大友家は本国豊後以外に、豊前、筑前、筑後、肥後、それに肥前の大部分を支配していた。肥前は少し前まで有馬家に属していたのだが、その勢力は義貞の死後ほとんど滅び、本国有馬と高来の一部に限られていた。ことに勇敢で大胆な龍造寺隆信《りゅうぞうじたかのぶ》は、肥前国に大勢力を延ばすことに成功した。が、後に大友勢により、武力によって、豊後の統治下に組み入れられた。

しかし間もなく、大友家は危険な競争者である島津義久《よしひさ》と、九州で覇を競うこととなった。すでに義久は、謀反した豪族の助けを借りて、隣国日向を占領し、未成年の孫義賢《よしたか》に代わって政務を執っていた伊東義祐《よしすけ》は、豊後へ逃れざるを得なかった。義賢の母は、宗麟の姉の娘だったので、大友義統《よしむね》の従姉妹にあたった。それゆえ義統は、親族の領国を島津から奪い返すのは、名誉に関することだと考えた。その上義祐は、自身と孫のために、日向の全権利を、義統に譲渡したのである。この大国の獲得は、大友家にとって大きな勢力の拡大を意味していた。宗麟は、日向に大規模にキリシタンの教えを広めようと、自ら同地へ進んだ。だが大友勢は壊滅的な打撃を受け、宗麟は辛うじて豊後へ逃げ帰った。

この敗北以後、大友家は不幸続きだった。島津は争うことなく日向を保持し、豊後の属国では地方豪族の暴動を援助し、彼らと同盟を結んだ。龍造寺は再び頭角を現し、武力をもって、筑後国を領有した。同時にほとんど全肥前をその勢力下に治め、筑前、豊前では、秋月種実《たねざね》が島津と同盟を結んだ。他方島津は、肥後の大部分を傘下におさめた。豊後においてさえ、何人かの豪族が、彼らの領主の代々の統治に対抗し始めた。豊後がいくらかでも平安を回復し得たのは、宗麟の明知と実行力に負うものだった。

その間龍造寺隆信は、それまでの同盟者島津義久に対しても勢力を得るようになり、両軍の利害は北肥後で衝突した。一五八四年（天正十二年）龍造寺は、有馬晴信の従兄弟大村純忠に勝利し、有馬領の大部分を自己勢力下に治めた後、晴信に決定的打撃を与えようとした。有馬晴信は、島津義久の援助を得て、四月二十四日、島原町の近くで決戦が行われ、龍造寺隆信は敗れて死んだ。だが晴信は、この勝利にもかかわらず、単に領主を変えたに過ぎなかった。島津義久は事実上の領主であった。島津の家臣はあちこちで十字架を破壊し、教会を冒とくした。ことに占領された地域では、キリシタン宗門の発展は望めなかった。有馬同様、大村も島津の臣下になった。

第三節　管区長コエリョの秀吉訪問

島津義久は、薩摩、大隅、日向、肥後、肥前、筑後を領し、その同盟軍並びに半同盟の秋月が、大友家から筑前と豊前の一部を奪い取った。彼が全九州の覇者となるためには、残るは豊後国だけになった。豊後の武士の幹部たちは、無能な息子に代わって老宗麟が、再び国務を司ってほしい、そして島津に対抗するための援助を、秀吉に願って欲しい、と言った。これと時を同じくして、管区長コエリョは、有馬をその新しい圧迫者から解放するため、秀吉に援軍を願おうと考えた。島津義久は、コエリョのこの旅行は、秀吉に援軍を願う以外の何物でもない、と見破ったので、これを妨げようとした。そしてパアデレに、一年間旅行を延期するように、との指示を与えた。だが管区長は、日本歴の新年まで待ったのち、この旅行を実行した。彼は、一五八六年（天正十四年）三月六日長崎を出発し、四月末に堺に到着、数日過ごした後大坂へ行き、五月四日秀吉に謁見した。ほとんど同じころ、大友宗麟も堺に上陸した。

数か月以前から、秀吉は密使を九州に送っていたので、その辺りの事情には通じていた。一方、前に僧侶であった光佐顕如は、後に秀吉に軍隊の案内役をするため、大坂から薩摩へ間諜として送られた。彼は、名目上、前一向宗門跡として薩摩に入り、何の、疑念も起させることなく、義久から丁重に応対された。前々から九州に意図するところがあった秀吉は、キリシタン宗門やパアデレへの寵愛も、その打算ゆえの物であったと推察される。いかなる代償を払っても、大友並びにキリシタン諸侯の信用は、秀吉が獲得したいものであった。その点、コエリヨの訪問は絶好の機会であった。

公の謁見は、儀式ばった、形式的なものであった。だがその後、秀吉はパアデレたちを呼び止めさせ、高山右近以外の諸侯をすべて退出させ、コエリヨのごく近くに座って、なれなれしく雑談を始めた。彼はフロイスやイルマン・ロレンソと近づきだったので、その思い出を語り、福音の宣教におけるパアデレたちの熱意とその活動を誉め、九州の戦いとその領地の分配、中国との戦いなどについて話した。その戦いに勝ったならば、中国のいたるところに教会を建て、日本に帰った時には、少なくとも日本の半ばをキリシタンにさせるつもりだ、などと語った。それから秀吉は、一同を天守閣に案内し、自分の寝室や、衣裳部屋を見せ、普段は開けることの無い特別な門から、パアデレたちを見送った。

翌日秀吉は、その妻とキリシタン宗門やパアデレについて、長い時間語り合った。コエリョは、秀吉がパアデレを手厚くもてなしたことに、その妻が礼を言ったと、彼女のキリシタン侍女から聞いた。そこでコエリョは、以前足利義輝、足利義昭、織田信長が与えたような免許状を、秀吉の妻を通じて願った。秀吉は、以前の物よりも、なお好意的な免許状をコエリョに与えた。コエリョが感謝を述べるために秀吉を訪れると、先回よりももっと好意的に、迎えられた。

この謁見について、コエリョのために通訳をしたフロイスは、秀吉の好意的な態度を褒めちぎっている。彼は秀吉の態度と言葉に、何の疑惑も感じていないのである。その点、オルガンチーノはより冷静である。翌日、キリシタン宗門やパアデレの敵である、秀吉の侍医施薬院が訪れ、謁見の成果について祝辞を述べ、お世辞を述べたときも、フロイスは何の懸念も起さなかったのに対し、オルガンチーノはこのお世辞を、侮蔑《ぶべつ》している。

オルガンチーノは、謁見の際同席していた。彼はコエリョが秀吉を九州に招こうとしているのを聞いた。オルガンチーノは、キリシタン諸侯に、秀吉は宣教師が戦の問題に口をはさむことを、最も嫌っている、と聞いていたので、話題がこのことに移るのを防ごうとして、通訳することを願い出たが、残念ながら聞き入れられなかった。パアデレ・フロイスは、それまでの秀吉の好意に感謝した後、話題を九州のことに転じ、彼を招きたいと述べた。そしてこれが実現したときには、管区長コエリョは、九州の全キリシタン大名を、秀吉の側に立つように尽力する、と言った。話が進み、秀吉が中国へも出兵する予定であることを暗示したので、コエリョは、ポルトガル人から二隻の大船を融通してもらうように、努力しようと提言した。フロイスは、このことを、あたかも秀吉が依頼したように記している。話題を他の方向に転じようという、オルガンチーノの試みは無駄に終わり、高山右近も同様な試みをしたのだが、あくまでその話題に固執したフロイスの頑固さの前には、なすすべもなかった。謁見後、秀吉の秘書である安威シモンは、

「パアデレ・フロイス殿の語られましたことは、少々行き過ぎと心得ます。行き先が憂慮せられてなりませぬ」

と。眉を曇らせた。ヴァリニャーノが強調しているように、秀吉も心中では同様に考えていたにちがいない。だが経験に富んだ外交家の彼は、なおもコエリョの助けが必要だったから、内心は見せず、コエリョの信用を損ねないように、一層の好意を示したのである。皮肉なことにコエリョは、彼が九州での戦いに秀吉に尽力できることを示せば示すほど、秀吉の方でも教会のために援助してくれる、と信じていたのであった。彼が戦争に干渉することが、秀吉の邪推を起させるであろうことには、まったく気付かなかった。

約三十年間、パアデレたちは、古くからの山口の教会へ戻ろうと、努力を重ねたが無駄であった。だが、管区長コエリョが大坂を訪問していた間に、この希望を実現する好機が訪れた。黒田孝高は当時、秀吉と毛利家との和平の実現に大変

貢献したので、毛利輝元並びに叔父であり後見人である小早川隆景《たかかげ》の信用を得ていた。そこで秀吉は、さらなる毛利家との用務の解決に、彼を差し向けることにした。一方、黒田孝高はたびたびコエリョを訪ね、教会のために役立ちたい、と申し出ていた。コエリョは、孝高が秀吉の使者として輝元のもとへ出向くとき、パアデレが山口へ帰れるように、輝元に許可を願って欲しい、と頼んだ。

管区長が大坂を離れる前に、頼みを果たすことができた、という黒田孝高の書状が届いた。

その書状の中で孝高は、

〈帰途、その領国伊予に小早川隆景殿を訪ねられ、近づきになられますよう、お願申します〉

と言った。孝高の言葉に従い、コエリョは隆景を訪ね、親しくもてなされ、山口と伊予に住院を設ける同意を得た。だがこれはあまり順調にはいかなかったので、孝高は再び努力し、山口、下関、伊予に住院を設ける許可を得た。

第四節　九州での戦い

大友宗麟が秀吉に援軍を頼んだ後、秀吉は島津義久に、

「自分も九州を新しく分割しようと考えているから、豊後との戦は止めるように」

と言い送った。だが島津義久は秀吉の言葉に従わなかったので、秀吉は援軍を送って義久の軍を滅ぼそうと決心した。義久は秀吉の軍が来る前に、急いで豊後をやっつけてしまおうと考えた。一五八六年（天正十四年）までに島津軍は有馬、大村、長崎を勢力下に治め、豊後に向きを転じようとしていた。宗麟は秀吉にすぐにでも援軍を送って欲しいと願ったが、秀吉はそのとき全軍を九州に向かわせることはできなかった。そこで彼は、四国から千石秀久の軍を豊後に送り、黒田孝高は毛利家の軍勢と共に筑前、豊前をすでに大部分その勢力下に収めていた秋月種実《たねさね》に向かわせた。一五八六年十二月、敵は豊後に侵入し、臼杵を征服した。宗麟は漸《ようや》くのことで逃れることが出来た。

黒田孝高のとりなしで、パアデレとイルマンを毛利の領国山口へ行かせることができるようになったので、臼杵《うすき》（大分）の修練院と、府内（大分）の神学校は再開されたが大友義統《よしむね》の無思慮、千石秀久《せんごくひでひさ》の軽率、無能のゆえに間もなく府内の主都は失われ、義統は軍勢の残りと共に、筑前に逃れなければならなかった。その間筑前では、黒田孝高が、国の大部分を奪い返していた。

孝高は教会のため教えを広めようと考え、勢力のある自分の地位を利用した。彼は配下の武士たちに、キリシタン宗門が優れていることを語り、筑前にいる間たびたびイルマンに来てもらって、多くの人に説教を聴きに来させた。その結果多くの武士が洗礼を受けた。高山右近の霊的息子としての、面目躍如たるものがある。洗礼をうけた武将たちの中に、毛利家の人々がいた。小早川の弟で毛利輝元の叔父にあたる、シモンの霊名を受けた毛利秀包《ひでかね》もその一人であった。さらに小早川の、第一級の武士たちや秘書がいた。黒田孝高の二人の兄弟、一人息子で相続人である黒田長政《ながまさ》もキリシタンになった。長政は秀吉から喜ばしい知らせを携えて、父のもとに送られたのである。孝高はこの機会に、息子が自由意思でキリシタン宗門を受け入れてくれることを望み、そう告げた。長政は説教を聴きに行き、まもなく洗礼を受けた。

黒田孝高の勢力はますます強力になった。まず宇喜多秀家《うきたひでいえ》が来、次いで秀吉の弟秀長が、この地方の総指揮官としてやってきた。秀長は黒田孝高に、豊後に向かって出発し、敵を追い払えと命令した。それを聞いて義統は非常に喜んだ。孝高は、義統がキリシタンとして豊後へ帰るべきだと主張した。そして、パアデレ・ペトロ・ゴメス[※2]（一五三三〜一六〇〇）とイルマン・ジョアン・デ・トルレスを来させた。義統は信仰についての教えを受け、一五八七年（天正十五年）四月二十七日に受洗した。彼は豊後へ帰って後、妻と三人の子供にも同様に洗礼を受けさせた。

黒田孝高は強力な軍勢を率いて豊後へ入った。その知らせに接して、一時は謀反して島津軍の側に立った豪族たちは、ふたたび自己意識を取り戻して島津軍に立ち向かっていったので、島津軍は孝高の軍勢と戦闘を交える前に、豊後から立ち去らざるを得なかった。義統はこれらの謀反人たちを許すことが出来ず、ある者は殺し、ある者は追放し、またある者からはその領地を取り上げた。終始彼に忠実だった豪族たちは、ほとんどすべてが洗礼を受けた。その中には、それまで明らかにキリシタンの敵だったものもいた。そして間もなく全領国の改宗が行われるかと思えた。老宗麟にとって、長男であり後継者でもある義統の改宗は何よりの喜びであった。

その間秀吉は、一五八七年（天正十五年）四月八日、軍勢の主力を率いて大坂を出発した。プレネスチーノは、目撃者としての記録を残している。

〈ここ大坂で、私は関白の出陣に接した。未信者の中隊の中に、極めて美しい秩序を保って行進したキリシタンを見て、私はおおいに喜ばしく感じ、また慰められた。彼らのある者は紋章や兜に、ある者は旗や武装の上に、十字架をつけていた〉

プレネスチーノは、秘跡を受けることによって出陣の準備をした彼らキリシタン武士を、称賛している。高山右近は、これらの軍の前衛を指揮した。折から明石にいたプレネスチーノは、右近の出陣の様子をパアデレ・フロイスに宛てた書簡の中で、つぎのように述べている。

〈私は右近殿が、家臣と共に出陣するに先立って示した光景を見て、いかに慰めを感じたかを、尊師にお話せずにはいられません。彼らは全員が赦しの秘跡を受け、霊魂の浄めとしてご聖体を拝領しました。右近殿とその家臣の準備と規律を見たことは、私たちの大きな喜びでありました。彼らは旗印全てに十字架の印をつけ、ある者どもは着物にも同じく十字架、あるいは日本のキリシタンが尊敬し、大切に思う苦難の印をつけました。いざ出陣のときが来ると、右近殿はパアデレに、家臣たちのために祝福を願いました。私が特に嬉しく思ったのは、宗教的なさまざまな印に加えて、大きく美しいロザリオを、鎧の上から首にかけた数人の武将がいたことでした。戦場は遠く、戦いは長続きしそうでしたので、右近殿が今回引き連れた者はごくわずかにすぎず、騎馬の者およそ百人、徒士約六百人に、それに多数の下男下女でありました。後から聞いたところによれば、優れて勇ましい名声のため、南西九州の国々から右近殿の軍に加わった者は多数ありました。関白殿は、右近殿を前衛の総司令官とし、彼の旗の下に働くべき優れた武将たちを彼に与えました。このようにして、誉れ高いキリストの騎士は、出陣したのであります。

途中、山口から三レグア離れたところに来たとき、パアデレやイルマンたちが不穏な豊後を逃れて、山口に亡命中であると聞いた右近殿は、多くの従者を従えて、わざわざパアデレたちを訪ねました。パアデレとイルマンたちは心から喜んで右近殿を迎えました。右近殿も、これほど多くのパアデレやイルマンたちが一緒にいるのを見て、大変喜んだ様子です。右近殿は、三時間パアデレたちのもとに留まり、それから進軍しました〉

秀吉の主力は、一五八七年（天正一五年）五月五日小倉に到着し、筑後に向かって行動を起こした。下関で、彼らは幾度もパアデレ・コエリョの動静を尋ねた。コエリョはこのことを何人かのキリシタン武将から聞いたので、秀吉の後を追い、肥後八代城で彼に謁見した。

秀長と黒田孝高が日向国を勢力下に収めている間、秀吉の軍は筑後に留まっていた。秀吉は外交的手腕を発揮して、秋月と島津を不和にさせ、秋月種実《たねさね》を自分の味方に引き入れ、その援助によって、肥前、肥後の豪族たちを島津義久に謀反させるように仕向けた。すべては、秀吉の思惑通りに進んだ。このようにして秀吉は、大した武力行動に訴えることもなく、肥後を征服し、島津義久をその本国に退却させた。一方小西行長は水軍を率いて肥前に向かい、この国の小領主特に有馬、大村を誘って、秀吉側に入らせた。有馬晴信はその圧迫者である島津義久から解放され、島原を奪還した。

パアデレ・コエリョは、八代《やつしろ》で秀吉の前に現れた。街の住民や守備兵たちは秀吉の復讐を恐れ、コエリョが秀吉に影響力を持っていると聞いたので、パアデレにとりなしをしてくれるように懇願した。秀吉は管区長の頼みであることをわざわざ強調して、彼らに生命と自由を与えた。別れに際し、秀吉は後刻博多で訪ねてくるように、とコエリョに言った。

本国薩摩での島津勢との戦いも、秀吉側には大した人的損害もなく終わった。秀吉の間諜たちはよく訓練されていたので、たいして武力に頼ることもなく、主都鹿児島の城壁まで行きつき、その後秀吉は外交的手腕によって、島津義久を服従させることが出来た。義久は退位し、人質として秀吉に従わなければならなかったが、島津家は穏便に和平を結び、薩摩、大隅両国を治めることになった。争いの日々はこのようにして終りを告げ、秀吉は九州の新分割を行った。大友家は父祖伝来の豊後に限られたが、九州の大部分はキリシタン諸侯が領した。有馬晴信は島津義久から差し押さえられていた、島原と三会城を、旧領土と共に維持した。大村もその小諸国の領有を保証された。黒田孝高は、豊前国の大部分を領し、毛利秀包《ひでかね》は久留米を主都として筑後を、キリシタン武将伊東は、飫肥と共に日向の一部を領し、小西行長は九州南西部の沿岸地の頭となった。この九州諸国の分割から、キリスト教布教の大飛躍が期待されたのも当然であった。

七月十六日、秀吉は博多に入った。博多の町は近年の戦乱の嵐のため荒れ果てていた。秀吉はこれを立て直そうと思ったのである。コエリョはご機嫌伺いのために再び秀吉を訪ね、いつものように非常に歓待された。コエリョが、かつてパアデレたちが博多に地所と教会をもっていたことを話し、以前のようにしたいと願うと、秀吉は快くその頼みを聞き届けた。

今回コエリョは、小型ではあるがよく武装された彼のフスタ船でやってきた。人々はみなその船を見て驚き、秀吉もコエリョの船を見にやってきた。秀吉はすべてを説明させ、細かく観察し、特にその武装力をおおいに称賛した。その後、コエリョはポルトガルのぶどう酒と食料品で秀吉をもてなし、更に両方を秀吉の宿舎に届けた。高山右近と小西行長はこの話を聞き、秀吉がフスタ船に行ったことが原因となって、パアデレたちやキリシタン信徒に大きな不幸が訪れるのではないかと、非常に憂慮した。そして、それを防ぐため、秀吉にこの船を贈るようにと、切にパアデレに忠告した。秀吉のあらゆる疑惑を除くためには、〈この船は、関白殿下のためにわざわざ作らせたものです〉と強調すべきだ、と二人は言った。しかしコエリョは自分のやり方に何ら落ち度を認めず、二人の忠告に従おうとはしなかった。

フロイスは秀吉がフスタ船を訪問したことは記しているが、船が武装していたとはただの一言も述べていない。また、右近と行長がその船を秀吉に贈るように、コエリョに心から忠告したことにも触れていない。コエリョは、豊後、豊前、日向、筑後をキリシタン諸侯が領するようになったので、キリスト教の輝かしい将来を思っていた。一方右近はそれに反し、間もなく大きな反動が起こり得るのを恐れていた。

コエリョが、なぜそんなに恐れるのか、と尋ねたとき、右近は、

「悪魔は眠る時がありませぬ。このように人々がキリスト教に改宗するのを、快くは思っていないに相違ありませぬ。必ずや改宗を妨げる何かを工夫して、仕事を始めるでありましょう」

と答えた。

そのころポルトガルの巨船が、平戸に入港した。秀吉はコエリョに、「その船をじっくり見たいものじゃ。博多に入港させるように、パアデレから船長に頼んでくれぬか」

と言った。コエリョは、船の吃水は、博多港の浅い海に入港するには、不適当でありましょう、と答えたが、秀吉はどうしても船長に書状を書くように、と言い張って譲らなかった。コエリョは秀吉の言葉に従ったが、その際、これが教会の将来にとって不幸な結果になることを恐れ、関白の希望を聞き届けるようにと、船長に忠告した。船長はその忠告を聞き入れ、高価な贈り物を用意し、管区長コエリョと共に秀吉を訪ね、博多に来られない理由を説明した。秀吉はその説明を聞いて納得した。

船長の訪問は、七月二十四日のことであった。そしてその夜、関白秀吉は、キリシタン迫害者に変わったのである。

第五節　高山右近の追放

高山右近と小西行長が、局面の重大さを認め、憂慮していたのは当たっていた。コエリョが大坂を訪問した際すでに、オルガンチーノは右近や他のキリシタン諸侯と共に、秀吉が最も嫌う戦のことにコエリョが干渉するのを戒めてきた。だがコエリョは、その盲目的な熱心さで、自分の意図が正当であることをあくまで貫徹しようとして、すべての忠告を無視した。彼にあるのは、自分がそれまできた道を前進することだけであった。コエリョがそのフスタ船で大坂に行かなかったことは幸いであったが、それはその少し前に、深堀の領主が、その船を没収してしまったからであった。だが、なぜコエリョがこの船を管理していたか、ましてなぜその船を武装していたのだろうか？　ヴァリニャーノは、外交的な旅行の目的を容易に果たすために、船を造らせたのだ、と記している。いずれにせよコエリョが海賊船の襲撃に備えて、船を武装させたということは理解しうる。同時にコエリョは、教会の代表者として、華やかな外見がふさわしい、と判断したばかりでなく、大坂訪問のとき、コエリョは三〇人の従者を従えていた。パアデレ・パシオ（?〜一六一二）は、このことについて、また日本では未曾有の贈り物をしたコエリョの思慮のなさに、苦情を述べている。また大坂訪問以後も、管区長コエリョは、九州の戦いに干渉することを止めなかったのだが、秀吉のキリシタン秘書シモンは、この点を特に憂慮していた。

すでにこれまでに何回か述べてきたが、秀吉の侍医であり、元は仏僧であった施薬院全宗は、大のキリシタン嫌いであった。特に高山右近とその布教活動を、嫉妬と嫌悪の思いで見ていた。右近に対する彼の憎悪は、明石の僧侶の件以来、一層高まったに違いない。一六一五年のイエズス会年報には、それ以来全宗は右近に対して復讐を企てた、とはっきり述べている。次いで、これに関連して全宗は、有馬で婦女子の問題で失敗した、と記している。後者はフロイスによれば、秀吉の態度が変わった直接の原因となったものである。

日本の最初の殉教者となった二十六人に関する有名な書簡の中で、フロイスは施薬院の扇動と、キリシタン宗門に対して、秀吉が突然態度を変えた次第を、次のように述べている。

〈元仏僧の施薬院全宗は、パアデレたちが五畿内で上級の武将たちを改宗に導くさまを、猜疑心を持って眺めていた。そして我々のキリシタン宗門の普及は、単なる口実で仮面にすぎず、真実は、我々は日本を獲得するために我らの国王から使わされたのだ、という確信を抱いた。高山右近が有力な人々を多数改宗に導いたその熱心さと効果は、彼の邪推を高めていった。秀吉は、最初はその非難に耳を貸さなかった。だが九州に行って、いかに多くの諸侯がキリシタンであるか、更に黒田孝高の布教により、ますます多くの人々が改宗に導かれているかを見、キリスト教徒たちがいかにパアデレに愛と尊敬を持って従っているかを認めたとき、彼は常日頃施薬院が言っていたことを思い起こした。ましてポルトガル人は戦闘能力にもすぐれた、才能ある国民であることを、秀吉は知っていたのである。そして彼も、我々はキリシタン宗門の布教をして、自分の統治を脅かし得るものである、と確信したのであった〉

この秀吉の態度の急変を、フロイスは事件後十年たって、やっと執筆している。始めには彼の考えは違っていたのであり、まだ明らかな説明をするには至っていなかったのだ、ということは考えられるが、ともかく一五八八年二月二十日の書簡で述べていることと異なっていることは、見過ごすわけにはいかない。だが、先の書簡の中で、秀吉の心境の変化の近因を挙げたものとみるならば、十分に辻褄《つじつま》が合うのである。

イスパニア人、またはポルトガル人が、キリシタン宣教師の援助のもとに、日本を征服するかもしれないという恐怖は、当時異教徒の諸侯たちの間に、広く行き渡っていた。パアデレたちは、こうした非難を最初から忍ばなければならなかったのであり、それを仏僧たちは、異国の宣教師への対抗手段として、絶えず利用した。確かに秀吉は信長と違って、早くからそのような考えを口にしていた。だが、高山右近、小西行長、黒田孝高、そして他の多くのキリシタン諸侯たちが彼に示した信義は、秀吉の疑いを幾分和らげたので、いくら施薬院がうるさく言っても、しばらくは何の効果もなかったのである。だがコエリョが九州の戦について干渉し、大坂での派手なふるまい、誇大癖、殊に彼の武装したフスタ船を見て、秀吉の疑いの心は再び呼び起された。そしてこれを極端な激怒に結び付けるには、ある巧妙な援助と、しかるべき誘因が必要なだけであった。

ポルトガル人船長が、船を博多に入港できない理由を説明したとき、秀吉は、表面上はそれを認めた。だが、明瞭に述べた自分の希望が受け入れられなかったこと、殊にコエリョがその書簡を記す前にためらったことは、少なからず秀吉を不快にさせたに違いない。

とにかくその夜、パアデレとキリシタンに対する秀吉の怒りが燃え上がったことは、事実である。

その夜、彼の侍医であった施薬院全宗は秀吉を訪ねた。全宗はこれに先立ち、秀吉のために美しい婦人を求めて有馬へ行ったのであるが、失敗した。キリスト教徒の娘たちは思うようにならず、隠れてしまったのである。全宗はむなしく帰らなければならなかった。そこで全宗は、その不成功の罪をパアデレとキリシタン宗門に負わせ、パアデレを一人残らず日本から追放しよう、と誓った。秀吉は施薬院とその従者を、コエリョから貰い受けたぶどう酒と食料品でもてなした。秀吉は酒で体が熱くなったころ、秀吉はパアデレのことを、話題に上らせた。施薬院はこの好機を見逃さなかった。不成功に終わった婦女子の件の憤りを晴らそうと、パアデレたちと右近に対して、恐ろしい復讐を企てたのである。

「よい機会でございますから、関白殿下に申しあげます。パアデレたちは寺院を破壊し、仏僧たちを迫害し、日本人にキリシタンになるように強要いたしておりまする。殊に高山右近は、高槻ですべての寺社を壊し、すべての家臣にキリシタンになるよう強制し、今や明石でも、同じ方法を取っておりまする。有馬でも大村でも、同様なことが行われておりまする。パアデレたちは、このようにして一大勢力を広げ、やがては国家の治安を脅かすやもしれませぬ」

施薬院の友人や従者もその言葉を裏付けたので、秀吉は激高した。そしてその夜のうちに高山右近に使者を送り、信仰を否定するか、またはその領地を捨てるか、いずれかの選択を迫った。

次いで生じた劇的な事態の成り行きについては、一五八八年二月二十日付けのパアデレ・フロイスの書簡に次のように記されている。同書簡は多くの細部について、未刊のプレネスチーノの二書簡によって、より完全にされるものである。プレネスチーノの書簡は高山右近を取り扱っている唯一のものであるし、具体的、簡潔に記された最初のものであるから、ここでは彼の言葉を引用するのが当然であろう。

〈関白は、パアデレ並びにキリシタンと絶交しようと決意した後、右近殿に通告を送った。その要旨は、日本国内の有力な諸将のあいだにひろまったキリシタン宗門は、悪魔の法である。その理由の一つは、右近がこのような人々に及ぼした影響であることを、予は知っている。これはおおいに好ましくないことである。キリシタンの間には、兄弟の間にも及ばないほどの、不思議な親密な結びつきがあるから、予は、やがて彼らが天下を煩わすであろう、と恐れている。

また右近は、先に高槻の住民をキリシタンにし、今また明石の住民をキリシタンにしようとしていること、寺社を破壊し、神仏の像を焼いたことも、予は知っている。これらはすべて理に逆らうことであり、許し難い。ゆえに、もし右近が今後も予に仕えたいと望むなら、キリシタン宗門を捨てなければならない、というものであった〉

高山右近のように武士的であり、またキリシタン宗門の真理に深く通じている者にとって、その返答がどのようなものであったか、疑う余地はなかった。

〈右近殿はイエス・キリストの勇敢な騎士であり、デウスへの愛と尊敬の念に徹した人であったから、動ずる気配はいささかもなかった。彼は、『予はいかなる方法によっても関白殿下に無礼なふるまいをしたことはない。高槻、明石の住民をキリシタンにしたのは、予の手柄である。予は全世界に替えても、キリシタン宗門と、己が霊魂の救いを捨てる意思はない。ゆえに予は、領地並びに明石の所領六万石を、殿下に返上いたす』と使者に答えた。それは、何物をも恐れず、自らの確信に基づき、すべてを犠牲にする覚悟でいた騎士にふさわしい、誇らしげな勇気ある返答であった。たまたま同席していた右近殿の友人たちが、秀吉を満足させるため、また領有を救うために、二義あるはっきりしない返事をするようにと右近殿に忠告した。右近殿は、毅然として『デウスのことにおいては、いささかなりとも真実に違反することがあってはならぬ』と言った。さすがに天晴れな振る舞いであった。こう言い終わって後、右近殿は関白殿の使者に向かい、『予が先に与えた以外の返答を、関白殿下にもたらしてはならぬ』と厳しくいさめて帰らせた〉

右近の返答は秀吉にも感銘を与えたようであった。幾度もの戦に、自分のために戦い、自分のために血を流し、他の誰よりも自分の立身に協力してくれた人物を、秀吉が追放し、滅亡させるとすれば、それはただ単に右近がキリシタンであり、キリシタンに留まることを望んだからに、他ならないであろう。プレネスチ

ーノはさらに、

〈関白は右近殿の明確な返答を聞いたが、事態を窮地に押し詰めることを望まず、右近殿がどうしても意思を翻さないかどうかを知るため、ふたたび使者を送った。関白は、右近殿が譲歩して、前言を取り消すことを望んでいるかのように見受けられた。右近殿がキリシタン宗門を捨てぬことを望み、この意思を曲げないならば、関白は俸禄、所領を没収するが、佐々陸奥守成政《なりまさ》に仕えることは許すであろう。もし右近殿がこの提案を受け入れないならば、パアデレたちと共に中国へ行かねばならぬ、と使者は関白の言葉を述べた〉

と記している。

右近の返答は、前回のとき同様確固たるものであった。秀吉は、もはや彼に信仰を否定させることはできない、と悟った。だがその大きな功績を思い、逆境に陥らせることを望まぬばかりか、領主の地位から単なる侍の地位に転落させるだけに留めようとした。だが右近は、こうした妥協策を断り、キリシタン宗門を捨てることはできない。また、肥後国領主佐々陸奥守に仕えたいとも思わない。自らの救霊のためならば、パアデレたちと共に中国に追放され、貧しく、悲惨な暮らしをすることも意に介さない、と答えた。それまで独立していた領主であった右近が、下級の武士として誰かに仕えることを、秀吉からの恩恵として受け止めることはできない、という自尊心によるものか、または異教徒である大名に仕えて、永久の破滅へと強要されることを憂慮したものか、またはもっともこれが事実と近いと思えるのだが、信仰のためにすべてを耐え忍ぼう、と考えたのか分からない。が、ともかく高山右近は、当時の日本人にとっては死よりも辛く思われた異国追放を、自ら進んで選んだのである。ここに至って秀吉はおおいに怒り、右近の領地を他の者に与えた。

キリストのためにはすべてを犠牲にしなくてはならない、という意識のもとに、高山右近は覚悟を決めた。それは、彼の信仰の熱意を示すものとしては、大いに名誉あることであった。だが、それは同時に秀吉の怒りを、更に大きくするものであった。

〈右近殿は関白の使いを返したのち、心の中に不思議な力と、非常に大きな霊的慰めとを得た。イエス・キリストへの愛のため、殉教者として果てるべき希望に燃えて、右近殿は大小両刀を捨て、自ら関白のまえに出、かねてからこのようなときのために備えていた、我らの聖い教えについての所信を述べようと準備していた。だが右近の家臣や、その場に居合わせた友人たちは、そんなことをすれば秀吉を極度に怒らせ、右近の命さえ危なくなるかもしれない、と言って彼を引きとめた。

そして、それは右近殿自身にとっては得るところがあるかもしれないが、他のキリシタンたちすべてを、ますます残酷に苦しめる口実を、暴君秀吉に与えることになる、と切に訴えた。この言葉によって、右近殿は思いとどまったのである。関白が右近殿の追放の理由を枚挙した書は、ことごとく不実であって、何の証拠もないものであった〉

と、プレネスチーノは記している。

右近に最初の使者を送った後、秀吉はコエリョに次のような質問を届けさせた。

一、なぜパアデレたちは、あれほどの熱心さで、キリシタン宗門のために努め、強力な布教を行うのか?

二、なぜ彼らは寺社を破壊するのか?

三、なぜ彼らは仏僧たちを迫害し、彼らと平和にすごせないのか?

四、なぜ彼らは、馬や牛のように有用な動物の肉を食べるのか？

五、なぜポルトガル人は、日本人を外国で奴隷として売買するために買うのか？

これらの質問は、返答を求めたものではなかったが、あまりに不当なものだったので、コエリョは事情の許す限り速やかに、これに答えた。

〈パアデレたちは、住民に神の言葉を広めるため、そして天国に導くため、ただそれだけの目的で日本に来たものである。彼等は、何人にもキリスト教を受け入れるように強制したことはない。彼らは国民に対して、何の権力も持っていなかった。それでもなお人々がキリシタン宗門を受け入れたのは、キリシタン宗門が真理であるからだ〉

管区長コエリョは、全日本で妨げられることなく布教することを許した秀吉の布告をパアデレたちに示すことが出来た。更にコエリョは続けて、〈パアデレたちは、いかなる寺社をも破壊しなかった。破壊したのは新しいキリシタン自身で、彼らは神仏からは何ら救いを望むことはできない、と認めたからである〉

とのべた。秀吉の第三の質問に対する返答は、パアデレ・フロイスの書簡には欠けているが、敵意はより多く仏僧の側から起こされたものであり、彼らは当初から、パアデレたちへの、極めて愚劣な中傷を言い触らした、ということを証明するのは、コエリョにとっては容易いことであったであろう。事実秀吉も信長も、いくつもの寺社を焼き払い、仏僧を殺しただけでなく、日本人諸侯の面前で、パアデレの純潔を認め、坊主たちは偽善者で悪漢である、と公言したのだった。第四の非難に対しコエリョは、自分たちもポルトガル人も馬肉は食べなかった、と主張し、もし牛肉を食べることが良い習慣でないと言われるなら、パアデレたちがそれを止めるのは容易《たやす》いことである、と答えた。

日本人の売買のことについては、コエリョは、否定はしなかったが、日本人の諸侯自身その住民を奴隷としてポルトガル人に売るのであり、この恥ずべき取引は、パアデレたちが嫌悪するものであり、但しそれは関白殿下の禁止だけが、その悪癖を決定的になくすものである、と述べた。秀吉の使者がコエリョの返答を持って出発するかしないかに、第二の使者が来て、高山右近の追放の公文書を手渡した。

翌朝秀吉は、多数の諸侯のいるところで、パアデレたちの名誉を傷つける悪口を並べた文書をしたためた。

〈彼らは、救霊者という外衣の下に、日本の統治権を横領しようという偽善者である。彼らは洗練された言葉で、多数の武将たちを籠絡《ろうらく》し、深い企みを持ってキリシタンに改宗させた。彼らは信仰熱の外観のもとに戦争に導き、強力な領主に成り上がり、信長を長年悩ませた僧侶同様である。実に、パアデレたちは僧侶よりなお危険である。なぜならば彼らは平民でなく、従者の中には彼らに心から帰依している、多くの武士たちがいるからである。彼らはその力を借りて、容易に日本の統治上に勢力を伸ばすことが出来るであろう〉

それを聞いたものは秀吉に賛意を表したので、秀吉はさらに二人の使者をコエリョに送った。それによれば、コエリョはすべての仲間とともに、二十日以内に日本を去らなければならなかった。

追放令の文面はつぎのようである。

〈第一、日本は神々の国である。したがってキリシタンの国からパアデレたちが、悪魔の教えを説くために来たことは、はなはだよろしからぬことである。

第二、彼らは日本の諸国に来て、諸人にその宗門を広め、神と仏の寺院を破壊した。このようなことは、今だかつて人の見たことも聞いたこともないことである。天下の君が国、村、町、および収入を人々に与えるのは、ただその統治のためであって、彼らは天下の掟や決定に、絶対的に服従すべきである。右のことに関し、人々の心を攪乱するのは罰すべきことである。

第三、もし天下の君がキリシタンの意向に従って、パアデレたちがその宗門について前に述べたとおりに行うことを、善いとするならば、それは日本の法律を破るものである。これは、はなはだ悪いことであるから、パアデレたちは、日本の地に留まってはならぬ、と定める。それゆえ、今日から二十日以内に物事を処理し、自国に帰るべきである。もしこの期間中に彼らに害を加えるものがあれば、罰せられるであろう。

第四、帆船は商売のために来るのであるから、まったく違ったもので、その業を行うことを許される。

第五、今後当地に来るものは、商人のみならず、インドから来るいかなる者も、神と仏の教えに妨害を加えなければ、自由に日本へ来ることを許す。

右告知す。天正十五年六月十九日〉
本文書の日付は、グレゴリオ暦では七月二十四日に当たり、二十五日の朝になってコエリョに交付された。したがって秀吉は、すでに二十四日の夕刻には追放令を発布したのであり、彼が激した感情のまま、軽率に動いたということを示している。
秀吉はこの追放令の中で、キリシタン宗門の政治的な危険ということについては、何も述べていないが、この危険が高山右近やパアデレたちの処置に至らしめた、真実究極の理由であったことは、疑う余地がない。この話は、朝方集まった諸侯の前での、また夕刻施薬院とその仲間の前で取り上げられた、秀吉の話の主題となったものであった。秀吉は、公文書の中で、少数の外国人宣教師を恐れているような印象を与えたくなかった。だから彼らの処置の理由を挙げるときも、その〈危険性〉について触れなかったのは、秀吉の自尊心からであろう。が、秀吉が、それを本当に危険であると信じていたかどうかは分からない。もし本当に危険だと思っていたのなら、小西行長や黒田孝高のような熱心なキリシタンを、身近に留め置きはしなかったであろう。だが秀吉は、外国人宣教師をさらに強力にしようとはせず、彼らの最も熱心で忠実な従者である、高山右近の力を奪おうとしたのである。

高山右近は朝まで待ったうえで、その身にふりかかったことを家臣にしらせたものと思われる。

〈翌朝右近殿は、彼に仕えているすべての武士たちを呼び、前夜起こったことを説明した。右近殿は、『予の一身に関しては、少しも遺憾に思うことはない。ただそちたちへの愛ゆえに、予は心痛を覚えるのじゃ。そちたちは、キリシタンであり、予の真の友であるばかりでなく、それぞれ勇猛果敢な武士である。戦の中で、そちたちが幾度となく予のために命を賭してきたことを、予は忘れはせぬ。そちたちの労に報いることが出来たら、と心から望んでおるが、今の状況では、そちたちは予の手から現世の報いを得ることはできぬ。予は、限りなく慈悲深いデウスのみ手が、その栄光のみ国において、永遠で完全な報いをそちたちに与え給うことを信じている。そちたちは今予を助けることは叶わぬから、妻子のために配慮し、即刻糊口《ここう》の道を求めることを望む』と話された。それから右近殿は、信仰において確固不変であるように、またよいキリシタンとして生活するようにと、心を込めて教え諭した。

右近殿は、喜びあふれる晴れやかな面持ちで語ったので、家臣たちは大いなる脅威と感嘆に打たれた。真心から右近殿を敬愛していた家臣たちは、右近殿の周りに集まり、声をあげて泣き、嘆き、右近殿と離れることを望まず、死に至るまで共にこの不運に赴こう、と誓った。そしてその忠実さと悲痛の印に、日本においてその最期に当たり、また追放のときに行う慣わし通りに、一同髪を切り、ともに追放の憂き目を分かち合おうと誓った。右近殿は彼らの強い愛と、自分のもとにあって辛酸の運命に耐えようとする熱意には、心から感謝したが、様々な理由からすべてを受け入れることはできず、ただ三、四人のものだけを連れて行く、と言った。そして、幼少のころから彼を愛してくれた家臣たちに別れを告げた。

右近殿の悲境は、秀吉配下の諸将、諸侯の間に評判となり、普通では見られないほどの大きな同情の的となった。右近殿をことのほか愛していた大多数の人々は、その運命に深く同情を示した。そして、これに勝る解決策が見出されるまで、右近殿の配下の武士たちの大部分を、扶養することを申し出た。最も身分の高い者多数は、追放中の助けにと、その夜のうちに金銀を右近殿に送った。数時間のうちに二千デュカット以上が集まったが、これは日本としては、はなはだ多額であった。しかし右近殿は、人々のこのような深い愛に感謝したが、そのうちの僅かを受け取っただけであった〉

プレネスチーノは、そのときの様子をこう記している。

さらに異教徒の友人たちは、秀吉の要求に対して右近が従順になるように、彼の心を動かそうと、好意ある説得を続けた。

〈多数の異教徒の友人たちが、右近殿を訪ねてきた。右近殿が信仰を捨てるより、自分の領地を失うことを望んだということが、彼らにはどうしても理解できなかった。『心の中ではキリシタンでいても、関白殿下のお怒りを招かないように、表向きはキリシタンではないように言えばよい。そうすれば、不幸を未然に防ぐことが出来るではないか』と彼らはいった。だが、主なるデウスが御手を下して、破りがたい不動さと勇敢さを持って強め給うた右近殿は、『かたがたの示された、限りなき優しさに、右近衷心から感謝し申す。されど、このことについては、この上語らぬよう、切にお願い申す』と思慮深く、しかも朗らかな面持ちで答えた。しかし友人たちは、なおもこうした勧告を続けたので、右近殿はある夜隠密のうちに船に乗り、みすぼらしい漁師の家が二、三あるだけの、博多の近くの島に渡った。そして後に、淡路島に行ったがそれに先立って親族に飛脚を送り、速やかに逃避するように勧告した〉

右近が孤島に逃れたのとほぼ同じころ、秀吉は右近のことを訪ね、彼は姿を消し、どこにいるか分からない、という答えに接した。その答えから秀吉は、右近はすでに国外にいるものと思った。そして

「追放者としてであっても、右近は日本で生活してよかったのだ」

と言った。それは右近の追放令を大幅に緩和したことを示している。本来なら右近は、パアデレたちとともに、中国に行かなければならなかったにもかかわらず、今は国外に行く必要がなくなったのであったから。秀吉の間諜は、多くの武将たちが右近を訪ね、彼に援助を提供したことを、主君秀吉に知らせた。

〈秀吉はその本性悪人だったから、これを聞いて喜ばなかった〉

プレネスチーノは、右近の使者が明石に到着したとき、彼の親族がいかにキリシタン的英雄心を持って、この悲報を受け止めたかを詳しく記している。

〈ある夜、右近殿の忠実な部下の一人であったキリシタンが明石に来て、関白が右近の領地と俸禄をことごとく奪った次第を告げた。そして、ジュストの父ダリオがジュストの妻子の安全を守れるように、急いで報告に駆けつけた、と言った。彼は続いてやってくるであろう大きな危険についても、心の準備をしていなくてはならない、と言った。ダリオ夫妻、右近殿の妻ジュスタ、他のキリシタンの夫人たち、それから出陣中のキリシタン兵士の妻たちにもこの知らせを伝え、家に持っている最も良い物の安全をはかるように忠告して、急いで立ち去った。暴君が勢いをふるう地方や領地においては、ひとたび領主が暴君の寵を失えば、その家臣、兵卒ことごとくが、所有地も家もまた安全な場所に隠さなかったものすべてを即刻失うのであった。今暴君秀吉の時代にあって、昔の災いがすべてまたその絶頂に達したかのような感があった〉

ダリオと彼の次男太郎右衛門は、右近の父と弟にふさわしい、英雄的精神と勇気を持って、その悲報を受け取った。それはパアデレたちでさえ驚異の感に打たれるほどであった。太郎衛門はパアデレに向かい、

「師よ、お喜びくだされ。もし兄ジュストが卑怯なふるまいをしたり、何か主君

に悪を働いたために領国を失ったのなら、我らも共に名誉を失い、悲しんだことでございましょう。しかしこの度のことは、ジュストがキリシタンの信仰を捨てなかったために起こったことにございます。おおいに喜ぶべき、名誉なことにござりまする」

と言った。彼は、我々が驚くほどの喜色と明朗さを浮かべて言った。そのすぐ後でダリオも来たが、彼も息子右近の態度に満足の意を示した〉

それまで何の心配もなく過ごしていた明石のキリシタン武士の妻子が突然極貧となり、自分たちとわずかな持ち物を運ぶための馬車、手押し車、あるいは小舟を探そうとして、真夜中に明石の街を行き来するさまを、二人のパアデレは断腸の思いで見守っていた。このように多くの逃亡者にとって、乗り物の数は限られていたから、朝方になってもまだ乗り物を見つけられない者は多数いた。

ダリオと彼の親族は、同夜明石を立ち去らなければならなかった。彼はまずパアデレに挨拶するために教会へ行き、それから小舟にのって対岸の淡路島に逃れた。そこには間もなく息子右近も来ることになっていた。

註1　P320　織田家の信者について、織田信雄の外、信長の義兄弟もキリシタンであった。尚織田有楽斉がキリシタンであるかは異論がある。文献：ラウレス「高山右近の生涯、第十一章第一節」

註2　P334　ペドロ・ゴメス（一五三二～一六〇〇）スペイン人イエズス会司祭。一五八三年来日、コレジオ院長、日本准管区長などの要職を歴任、コレジオ生のための神学テキスト「神学要綱」の著者。文献：尾原悟、「神学要綱1、Ⅱ」上智大学

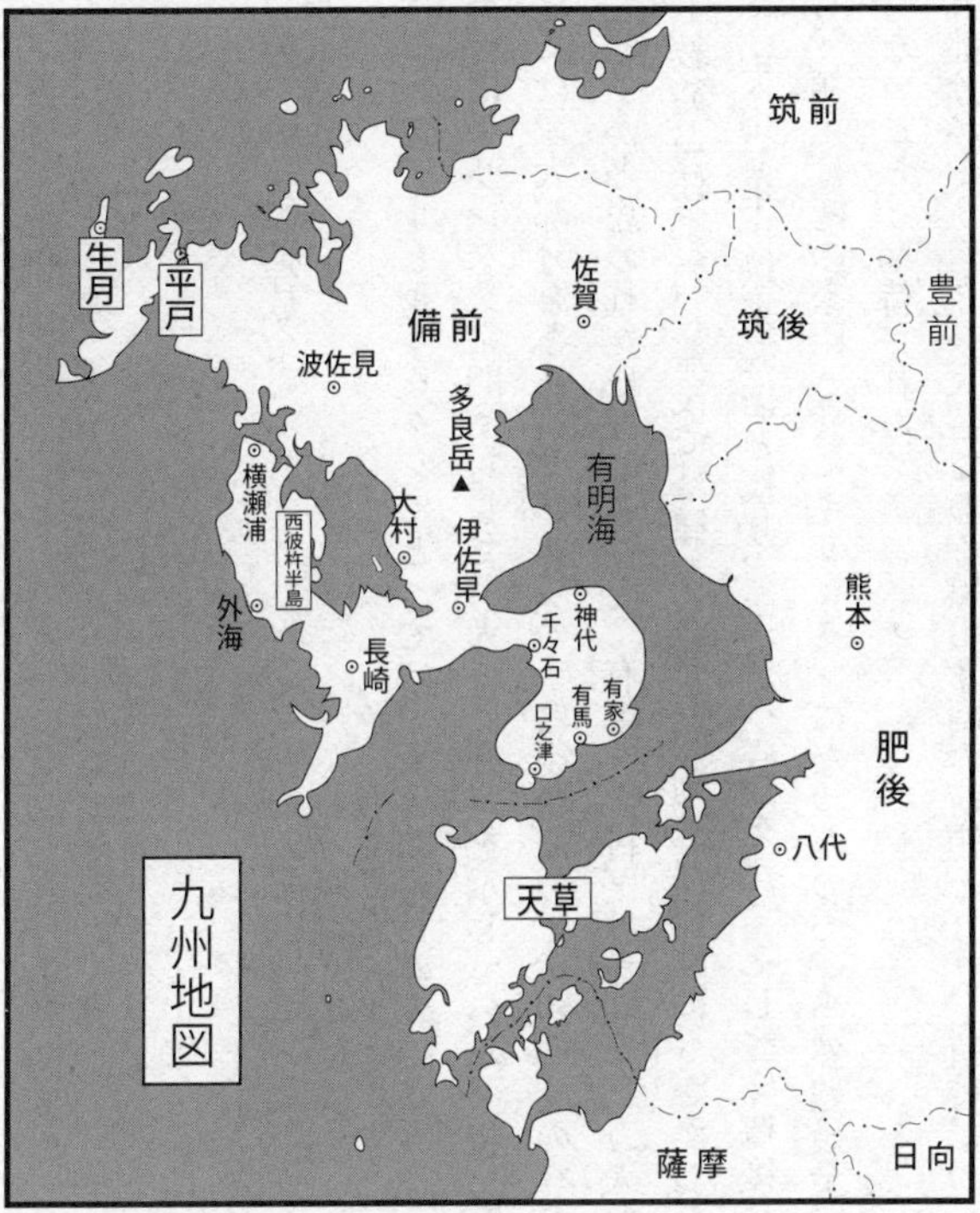
九州地図
筑前
生月
平戸
佐賀
備前
筑後
豊前
波佐見
多良岳
横瀬浦
有明海
西彼杵半島
大村
伊佐早
熊本
外海
神代
千々石
長崎
有家
有馬
口之津
肥後
八代
天草
薩摩
日向

第十二章　追放中の右近

第一節　秀吉の追放令

追放令は、パアデレとキリシタンにとっては、まさに青天の霹靂であった。その日まで秀吉はキリシタン宗門に対して、大いに好意を示していた。特に九州の分割のときには、大部分をキリシタン諸侯の手に委ねたので、短期間のうちに全九州が改宗するかと思われたほどであった。有馬と大村だけでも十二万人を超えるキリスト教徒が住まい、豊後では様々な政治的動乱や戦乱にもかかわらず、一五七九年（天正七年）以来五倍となり、三万人を数えた。そして今豊後では治安が回復し、領主はその家臣と共にキリシタンになったので、当然豊後全国の改宗も、間もないことと期待された。

豊前は大部分がキリシタン大名である黒田孝高の所領となり、筑後においては大友宗麟《そうりん》の娘で、熱心なキリシタンであるマセンシャの夫でやはりキリシタンの毛利秀包《ひでかね》が高禄を得ており、日向ではキリシタンになった伊東祐岳《すけたけ》が、その旧領を治めていた。天草では、一五七九年（天正七年）以来キリシタン住民は一万から二万人に増え、この全群島の改宗が期待された。キリシタン水軍総督小西行長は、九州沿岸地方の取り締まりに当たり、秀吉の信望を得ていた。

五畿内においては、キリシタン領である高槻は事実上秀吉の所領となったが、住民たちは彼らの教会と牧者を有していた。明石の住民は、キリシタンになる好ましい行程にあった。蒲生氏郷《がもううじさと》はその十万の家臣を信仰に導くため、パアデレたちを待つばかりであった。諸侯の中でも勢力のある徳川家康、その他の中日本諸侯も、宣教師を彼らの国内に招きたいと望んでいた。全日本の布教は、一五八七年（天正十五年）には、二十万人[※1]のキリスト教徒を数えるまでになっていた。前途有望なその見通しは、秀吉の豹変[※2]によって、陰鬱なものに変わった。秀吉はあくまでパアデレたちの追放にこだわっていたので、教会はその存続すら脅かされるようになった。

秀吉は個人的に、指導的な立場にあったキリシタン諸侯の一人に、信仰を否定するように言い、また他のものにも同様な意向を示した。追放令において秀吉は、いかなるパアデレも日本国内に滞在することを許さぬ旨を明らかにしたのだったが、今度は日本人のイルマンも国外に追放する、と布告した。さらにすべての船や宿舎から、十字架の旗を取り去らせ、ロザリオや遺物の所持を禁じ、博多の教会のための地所を贈る、という約束を撤回し、京都、大坂、堺の住院と教会を撤収させた。

秀吉は九州有馬と大村に大部分のキリシタンが住んでいることを知っていたので、この地方へは特に厳しい指令を出した。ここでは、全教会は破壊され、全十字架は取り壊さるべし、とされた。秀吉は大村純忠《すみただ》や有馬晴信がパアデレたちに贈った、長崎、茂木、浦上を奪い返し、その上長崎には七千デュカットの強制的租税を課した。そして全キリシタンに棄教するように命じ、もしこの命に背くなら、パアデレたちと共に追放する、と威嚇した。彼らがもし日本に留まるなら、死が彼らを待ち受けていた。この命令と威嚇が厳重に実施されていたら、日本の教会は喪失してしまっていたであろう。

秀吉が博多を去るに先立って、堺、京都、大坂の教会の破壊は、苛酷に行われていた。九州大村においては、教会と城の取り壊しが、容赦なく行われた。そして厳しい税の取り立ては、パアデレたちがその大部分を負担したとはいえ、長崎の多数のキリスト教徒は、極貧の生活を味わわなければならなかった。だが最も不幸なことは、秀吉が指導的な立場のキリシタン諸侯を威嚇して、棄教を迫ったことであった。その中の数人はその威嚇に耐えかね、少なくとも巧みに二枚舌を使って答え、表面上は秀吉の命に従った。心中でキリシタンに留まり、それについて後になって公に告白を行った人の中には、有馬や大村もいた。

追放令が出される前に、九州の教会の二本の柱ともいうべき大村純忠と大友宗麟が死去したことは、九州のキリシタン宗門にとっては不幸なことであった。だが秀吉の使者を買収することによって、大村では教会の破壊は妨げられ、有馬においては避けられた。秀吉の使者が、教会の閉鎖だけで満足するように仕向けたのである。また同様の手段によって、長崎港は近くの茂木、浦上の地と共に、没収されないことになった。

大友宗麟の息子大友義統《よしむね》は当てにならない性格で、軽率な人物であったが、少し前に黒田孝高の熱心な勧めによって改宗したもので、信仰はまだ弱かった。また彼の領地内で同じく洗礼を受けた豪族たちも、まだしっかりした信仰を持っているわけではなかった。義統と武士たちの大部分は秀吉の言うことに従い、キリシタン宗門を、豊後から取り除こうと考えた。義統の叔父でキリシタンを憎んでいた田原親堅《ちかかた》の迫害は厳しく、キリスト教徒の鮮血を流すことさえした。だが義統自身はまだ信仰を否定することなく、パアデレたちと関係を持ち続け、数名のパアデレを、彼の意志に沿うものではなかったが、ともかく国内にかくまっていた。

第二節　希望の光

秀吉は博多滞在中、教会をすべて取り壊すことを目論んでいるように見せかけ、少なくとも人々がそれを悟るようにと望んでいたのではあったが、当時ですら有馬と大村においては彼の意図は、成功しなかった。そして秀吉が立ち去るとすぐに、両国のキリシタンたちは、まったく煩わされることなく以前の生活に戻ったのである。

五畿内においては、三聖堂を取り壊した後、秀吉は教会に対して敵意のある行為は、何もしなかったので、人々はパアデレたちの追放令は、彼にとってあまり重要ではないのではないか、という印象を持った。コエリョは、追放令が布告されるとすぐに、マカオ船は六か月後に漸く出帆するので、パアデレたちが二十日以内に日本を出るのは不可能である、と秀吉に伝えた。そこで秀吉は、パアデレたちを全員平戸に集め、同地で出帆を待つように指示した。コエリョはその命令をただちに全パアデレたちに伝え、彼と共に平戸へ行くように、と言った。だがコエリョは、もしできることならば、一人か数人のパアデレが、五畿内と豊後に潜伏して残る許可を与えた。十月初め、またはそれに少し先だって、パアデレたちは平戸に集められた。中日本ではイルマン・コスメ高井とパアデレ・オルガンチーノ、豊後にパアデレとイルマンが一人ずつ潜伏した。

秀吉の布告は、特に厳しい迫害が予想された中日本では、その地のキリシタンたちに様々な動きをもたらした。多くの者はパアデレたちと一緒に追放されることを望み、その準備をした。パアデレたちは彼らを思いとどまらせるために、大いに骨を折った。信徒たちは、パアデレの出発前に聖なる秘跡を受け、殉教の準備をしようと、群れをなして教会に押し掛けた。その人の波は、降誕祭また復活祭のときのようであった。別離は悲痛で感動的であり、パアデレたちも信徒たちも、涙を流した。

至る所で、異教徒の諸侯や、秀吉の甥で後継者になるはずの秀次も、関白夫人さえも、パアデレたちに深い同情を示した。迫害の勃発後、コエリョはすぐに大勢の友人たちに、関白にとりなしてほしいと頼んだ。だが秀吉は常に敵意ある言葉を並べ、キリシタンへの憎悪を頑なに示したので、あえて彼らのためにとりなそうとする者はいなかった。ただ管区長コエリョが、同様に依頼した関白夫人だけは、とりなすことを約束した。大坂でも彼女はパアデレたちに同情を示し、自分を訪問させることとすらした。

秀吉はある祝日に、キリシタンの女性に向かって、半ば冗談半分に、

「この日にパアデレがいなくて寂しかろう。おそらく祭りも少しも楽しくないであろう。予はパアデレたちに対し、早計に振舞いすぎたかもしれぬ」

と言った。関白夫人はその機を捉えて、パアデレたちのためにとりなそうとした

が、効果はなかった。

秀吉は博多で、すべてのキリシタンに棄教するように命じ、もしこの命に従わないならば、パアデレたちと共に国外に追放する、と布告した。だが実際には、彼はただ二、三人のキリシタン諸侯に棄教を勧告したにすぎなかった。一方五畿内では[※3]シンサ・ガヨという武士の職を取り上げ、略奪を行った他はキリシタンを悩ますようなことはしなかった。秀吉は、大友義統のようにもともと信仰の弱かった者に、棄教するように脅しただけで、小西行長や黒田孝高のような人物には、決して教えを捨てるように言ったことはなかった。秀吉はかつて九州で領地を分配したとき、黒田孝高に、

「予はそちの傑出した働きぶりを見て、この領地を与える。だがもしそちがキリシタンでなかったら、この地は受け得なかったであろうな」

とさえ言ったのである。そして、彼が九州の分割に際して得た豊後領を、そのままにしておいた。おそらく秀吉は、この言葉によって、黒田孝高に棄教するようにほのめかしたのであろうが、孝高の信仰は固く、彼は殉教の覚悟さえしていた。

直接の迫害は何もないように思われたので、平戸に集合したパアデレたちは、秀吉の追放令にも拘らず、日本に残留すべきか否かを相談していた。そして、追放令に従わぬばかりか、日本のキリスト教徒と異教徒たちに、キリシタン宗門の真理と力の表徴を、必要ならば血を流してでも示そうと、意見が一致した。もちろん彼らは、キリシタン領主たちが、自分たちをその領国内にかくまおう、という意思を示さなかったら、このような決心はしなかったであろう。有馬晴信は、すべてのパアデレとイルマンに、その領内に避難所を提供しよう。そしてもし秀吉が彼を罰することがあっても、最後まで彼らを保護する覚悟である、と申し出た。さらに小西行長は、すでに一五八七年（天正十五年）八月か九月に、九州のキリシタン領主たちに、できるだけ多くのパアデレとイルマンを、領地内にかくまう勇気を持つように、と励ました。

キリシタン諸侯がことさら秀吉の怒りにさらされないように、パアデレたちは変装し、教会の正面入り口は閉鎖したままにした。そうすることによって領主たちは、パアデレの黒衣も見ないし、教会の戸は閉じられている、と秀吉に弁解できるからだった。

今度は、自分の布告が、少なくとも形式上は守られているということを、秀吉に知らせる方法を考えなくてはならなかった。そこで三名の若い神学生を、中国で品級の秘跡（叙階）を受けさせるために、マカオ行きの船に乗せた。船長ドミンゴス・モンテイロは、出帆に先立って一人のポルトガル人に沢山の贈り物を持たせて、秀吉のもとへ送った。そして博多でのもてなしへの感謝と、船はすでに満載であるから、パアデレ全員を乗せるのは不可能であること、もし秀吉がそうすることをなおも望むのなら、翌年同伴するであろう、と報告させた。だが、使者が返答を持ち帰るのを待たず、船はもう出帆してしまった。秀吉はおおいに怒り、

「パアデレはすべて立ち去るべし。さもなければ、殺してしまうであろう」

と言った。そして、自分が本気であるのを見せるために、京都、大坂、堺の教会をただちに破壊した。秀吉はそれまでこれらの教会を破壊させることはなかったので、信徒たちは追放令の撤回を望むことが出来る、と信じてさえいたのである。だが、それは水泡に帰したのであった。

有馬晴信は、すべての[※4]イエズス会士百十五人をかくまうことを申し出たが、他

のキリシタン領主をも、満足させねばならなかった。パアデレやイルマンたちも同様のことを希望したが、結局彼は半ば以上の七十名を収容した。その他修練院、学院および両神学校と七十三人の神学生は、共に有馬領に避難所を見出した。したがって有馬領には、すべての重要な施設が集まった。下《しも》の布教長の住いは有馬に、管区長の住居は加津佐《かづさ》に、学院は千々早《ちぢわ》、修練院は有家《ありえ》、神学校は八良尾《はちらお》にあった。だがまもなく修練院は、天草の河内浦に移された。パアデレとイルマンの残りの者は天草、大村、筑後、平戸、五島、豊後に分散した。パアデレたちが何時これらの隠れ場所に着いたかは、資料には残されていない。だがおそらく多数の者は、船が出帆するずっと以前に平戸を去っていたと推察される。なぜなら有馬においては、一五八七年（天正十五年）七月末から一五八八年（天正十六年）二月二十日までに、島原、三会《みえ》、神代《こおじろ》地方で二千人を超える人が洗礼を受けているし、天草の四人の異教徒の領主の一人はこの時代にキリシタンとなった。秀吉の布教発令後の最初の七か月間に、受洗者の総数は五千以上に達しているのである。これは、パアデレたちが、少なくとも一部は平戸以外で活躍していたことを示している。

かくて豊後のことはさておき、九州では教会にとっては、事態は好ましい方向に動いていた。回復した有馬領は、短期間のうちに多くの収穫を約束された。諫早と天草群島の全領主は、その住民と共に改宗することが期待された。それまで活動力が乏しかったために、負担が大きく、行うことが出来なかったことも、挽回することが可能になった。パアデレたちは日本語を学び、日本人のイルマンは、信徒たちをよりよく、より徹底的に教育するため、より多くの時間を得た。それは宣教が健全な発展を遂げるためには、欠くべからざるものだった。だが秀吉の迫害がなかったとしたら、これほど速やかに行なわれることはなかったであろう。一五八七年（天正一五年）から翌年にかけて、九州地方のキリシタン領主の勢力は、ひと方ならず向上した。諫早の前領主は、秀吉に職を免ぜられ、その領地は龍造寺《りゅうぞうじ》隆信《たかのぶ》の一子に与えられたが、彼は領地を奪い返すため、密かに有馬に援助を送り、同時にキリシタンとなり、その全領国をキリシタンにすると約束した。有馬晴信が最高領主であることを認め、彼が秀吉の命令で龍造寺に譲渡しなければならなかった、神代《こおじろ》の城を、晴信に返すことを約束した。

小西行長の助けを得て、秀吉は何の造作もなく龍造寺を追い払うことが出来たが、後に有馬晴信は神代《こおじろ》を龍造寺に返さざるを得ず、諫早の領主はその統治を再び龍造寺に譲渡しなくてはならなかった。それに反して小西行長は、一五八八年（天正十六年）夏には、肥後国の南の部分を、三十二万石の年収をもって獲得した。そこで彼は高山右近の家臣や、他の領地を失ったキリシタンの武士たちを領内に保護することができた。もちろん彼も黒田孝高も、領地内にパアデレをかくまうことも、住民を新たにキリスト教徒にすることもできなかった。だが両人とも、秀吉のもとでのその信望と勢力によって、教会のために大いに役立ったのである。

中日本の教会にとっては、事態は好都合ではなかった。ここでは小西行長以外には、あえてパアデレたちをかくまおうとするキリシタン領主はいなかったのである。だがオルガンチーノはその避難場所から、見捨てられた信徒たちを慰め、彼らの信仰を強めるために全力を尽くした。そして彼は遠隔の地である尾張、美濃の信徒たちについてすら、その信仰に忠実であるという、慰めに満ちた報告を九州へ送ることが出来た。だがやがて小西行長は小豆島を失い、したがってオルガンチーノもその隠れ場所を失い、中日本の教会事情はより難しくなった。

だが大坂では、迫害が始まるのとちょうど同じころに、極めて重要なある改宗があった。それは、細川忠興《ただおき》の妻、すなわち信長を暗殺した明智光秀の娘の洗礼であった。細川忠興は高山右近の親友であり、キリシタンの教えのことも、右近からいろいろと聞いていた。そして彼はそれらの話を、妻に聞かせていた。彼女の心の中には、キリシタンの教えについてもっと知りたい、教会に行って説教を聴きたいという望みが沸き起こったが、忠興は彼女を厳しく邸内に閉じ込めていた。だが、ついに彼女は、夫が九州へ戦いに出ていたとき、監視人を欺き、教会で説教を聴くことに成功した。だがその同じ策略を二度使うことは

越中井 ガラシア夫人顕彰碑

できなかったので、彼女は侍女たちを教会に送り、その聴いてきたことを話させた。その結果、彼女の十七人の侍女ちは、すべて洗礼を受けた。彼女自身も洗礼を受けることを切に望んでいたが、なかなかその熱望をかなえる機会がなかったのである。秀吉の追放令を聞いたとき、彼女は行李の中に隠れて教会に行き、パアデレたちの出発前に洗礼を受けようとした。だがパアデレたちは、彼女にこの冒険的な企てを思い止まらせ、彼女の親戚のマリアによる洗礼を許した。彼女はガラシャという霊名を授けられ、日本歴史の中ではその名で知られている。

高山右近は、この洗礼を大変喜んだ。普通の状況の下では、おそらく夫の忠興も改宗したであろうが、秀吉の威嚇のために彼は夫人と侍女たちをきわめて過酷に扱った。ガラシャの悲劇的な死の後になって、ようやく彼はパアデレたちの最大の保護者の一人になったのである。

第三節　右近小豆島に隠遁《いんとん》

高山右近とその親族が、一時淡路島に隠れ家を見出していたころ、パアデレとイルマンは秀吉の命令に従い、五畿内から平戸へ移った。信徒たちには洗礼の形式が書き残され、彼らの中で熱意ある者には、この秘跡を授ける許しが与えられた。さらに信徒たちは、完全な改悛の心によって、死の迫った際に、赦しの秘跡を受けることなしに、罪を許されるということも学んだ。それから彼らが信仰について尋ねられた時に備えて、パアデレたちは信徒たちを教え訓し、迫害の間、起こりうるべきことについても話した。

オルガンチーノは、高槻の信徒た

小豆島の十字架（セスペデス神父の布教記念）

ちに別れを告げるため、同地を訪れた。信徒たちは彼らの長年の牧者にもう一度会いたいと、各地から押し寄せた。パアデレ・アントニオ・プレネスチーノは神学生の安全をはかろうと、自宅に帰るか、パアデレと共に九州に行くか、彼らの自由にさせた。だが無理に帰宅させた数名のごく若い新しい生徒を除いて、約二十五名全員が、パアデレと共に九州に行くことを望んだ。高山右近の友人であり、有名なキリシタンである伊地知文太夫《いじちぶんだゆう》※5パウロは、二人の息子を神学校に入学させていたが、彼らがもしパアデレたちのもとに留まらなければ、自ら手を下して彼らを殺す、とまで言った。だがその必要は全くなく、二人とも初めから九州に行く覚悟だった。

パアデレやイルマンたちは、室《むろ》（兵庫県たつの市御津町室津）に集められた。同地は播磨国にあり、小西行長が治めていた。オルガンチーノは、この地に容易く隠れ場所を見いだせるであろうと思っていたが、実際はそうではなかった。〈我らの友人と言っていた何人かは、彼らのもとに宿泊しないようにと、手で合図してきた。他の者は、我々が速やかに立ち去ってしまわぬので、立腹した。また他の数人はすぐに家に走り、我々を泊まらせてはいけないと家族に命じた。アゴスチーノ小西行長の兄弟は、彼の使者としてやってきたが、我々の名誉を回復することはほとんど望めないから、すぐにも立ち去るべきだと述べた〉と、オルガンチーノは記している。

間もなくパアデレとイルマンは、二艘の船で九州に向かうことになった。船が出帆する前に、高山ダリオと太郎右衛門は、パアデレたちに別れを告げ、秘跡に与るために淡路島からやってきた。ダリオは、

「関白殿下が、右近を再び元の地位に戻し、統治を任じたいお考えだという噂がございます。もし右近がそのような形で名誉を回復できたとしても、パアデレ方が追放されねばならぬとするならば、右近にとりましては、大きな悲しみと心得ます。パアデレ方が中国へ追放の身になられても、ふたたび日本にお帰りになられる日があることを、切に望んでおりまする。そのときが来ましたら、私がお迎えに参りましょうぞ」

と言った。右近の弟は、

「パアデレ殿にお伺い申します。迫害のとき、一地方から他の地方に逃れることは、許されましょうや？　また、もし未信者のもとで生活せねばならぬなら、ロ

ザリオ及び聖なる遺物を隠し持つことは許されましょうや？」と尋ねた。彼はキリシタンにふさわしくない何らかのことをするくらいなら、むしろ喜んで死ぬ用意があるのだった。

二艘の船はやがて室《むろ》を船出し、しばらくして、ちょうど九州から帰ってくる、秀吉の船と出会った。パアデレたちは侮辱されることも、嫌がらせを受けることもなく、逆に好意を持って迎えられた。そして、心からの同情を受けた。パアデレたちがそばを通過することを聞いた多くのキリシタン武士は、別れを告げるためにその船に来た。そしてその際何人もが、信仰に不誠実になるまいと誓った。

オルガンチーノは、古くからの友人たちがとった不誠実な態度をものともせず、二人の日本人と共に室に残留していた。小西行長の言葉から察するに、彼にとっても本当に恐ろしいことだったので、行長はパアデレたちのために、あえてなにも行なわなかった。多分秀吉は、行長にも棄教を勧め、迫ったものであろう。フロイスはある個所で、

〈オルガンチーノに改心させられるまでは、アゴスチーノ行長殿は、パアデレたちに幾分冷淡であった〉

と述べている。オルガンチーノは、堺にいた小西行長を室《むろ》に招くため、忠実な援護者である日比屋了珪ヴィセンテに一通の書簡を持たせて、小西行長のもとへ派遣した。だが行長は、何に関することか予知したので、書簡を受取ろうとはしなかった。了珪ヴィセンテは、空しく室に帰ったが、オルガンチーノは容易に落胆せず、ふたたびヴィセンテを堺に行かせ、今度は口頭で、もし行長が室に来ないならば、オルガンチーノ自身が堺に行き、彼または父隆佐の家に泊まり、行長が赦しの秘跡を受けるまでは断じて立ち去らぬ、と伝えさせた。行長は、パアデレが堺に姿を見せれば、明らかに直接の危険な状態になるので、自分が室に出かけたほうが、災いが少なくて済む、と考えた。

だが、室《むろ》に到着してからも、行長は絶えず秀吉を恐れている様子であった。パアデレをかくまうことなど、考えてもいない様子であった。そこでオルガンチーノは、自分が九州に行かない理由を述べた。自分たちが悪魔と交えねばならない最初の戦いに、平戸のように遠い地にいたのでは、誰も助けることはできない、だから残ったのだ、とパアデレ・オルガンチーノは言った。パアデレの決意にあふれたこの言葉を聞いて、行長は嗚咽し始め、一言も言わずに立ち去った。

氷は解けた。オルガンチーノは小西行長の改心を勝ち取ったのである。行長は三時間余り、老キリシタン結城弥平次ジョルジと一室にこもり、教会のために彼が何をできるか、を熟考した。そしてどこにオルガンチーノのための隠れ家を提供したらよいかを決めた。行長はオルガンチーノに赦しの秘跡を願い、いざというときには信仰のために死ぬことも、固く約束した。同時に行長は、五十人の極めて貧しいキリシタンを保護するため、また多数のキリシタンが隠れ場所を見出し、生活に必要なものをすべて得ることが出来るように、小豆島をその年収と共に、教会のために役立てることを決心した。また弥平次に、室の近くに千二百石の年収のある土地を与え、オルガンチーノが極度に困窮した際の、最後の避難地にすることも決めた。行長はパアデレに向かい、

「自ら九州へ行くことは叶いませぬが、代わりに良いキリシタンである了珪ヴィセンテを遣わし、九州のキリシタン諸侯に、各々の領地にできる限り多くのパアデレをかくまうようにさせましょう」

と言った。

幸いにもこの時高山右近は、小豆島の代官三箇《さんが》頼連《よりつら》マンショと共に来合わせ

た。同時に都からは、キリシタンの代表者たちが、オルガンチーノを用意した隠れ家に案内しようと、馬と駕籠を持って現れた。居合わせた一同は赦しの秘跡を受け、聖体を拝領し、互いに信仰のために命をかけよう、と励ましあった。

オルガンチーノは、行長及びその父に災いを及ぼさぬように、都からのキリシタンと共に、すでに用意されている隠れ場所に行くほうがよい、と考えた。しかし行長は、パアデレを自分のもとに留まらせたい、と言い張った。そこでオルガンチーノは留まらざるを得なかったのである。小西行長は、高山父子にも、領内に隠れ場所を用意した。右近は、「日本で行われた戦の際には、十万人が悪魔への愛から、そして僅かの現世的な利益のために、死んだのじゃ。その者たちは自分たちが死んだのみならず、彼らの家族をも破滅させた。それは彼らの敵には、笑い種となっているではないか。それに反して、今我らが行っている戦いは、悪魔に対する戦であるばかりでなく、たとえこの戦の中で命を落としても、キリストとともに勝利を告げ、その力のもとに、家族である日本教会を保護するものとなるのじゃ。世界中の教会は、幾千人もの殉教者の死によって、光栄に飾られているのと同様じゃ。この勝利の力のもとに、パアデレたちはこの世界で、最も遠隔の地まで来られたのじゃ。今やこのような死と、キリシタン宗門の教えの勝利、栄光、繁栄が結ばれたのであるから、デウスがこの恩寵を与え給う者は、生きながらえるよりも死を望むのじゃ。我らは、一度は死ななくてはならぬのであり、天主はその死が幸か不幸か知り給うからじゃ」（※6）
「まったく左様。右近殿が申される通りそのとおりじゃ」
と、一同は答えた。彼らはこのような話をして、聖なる喜びの中に日曜と月曜の一部を過ごし、その後別れた。
ダリオはその妻と共に、小西行長が彼に俸禄を与えた他国（多分備前）に向かって出発した。行長は堺に帰り、オルガンチー

右近潜伏の地

ノに隠れ家を提供しようと申し出たキリシタンたちを、都へ帰した。右近とオルガンチーノは、行長が用意した小豆島の隠れ場所に向かった。オルガンチーノは、外部からは誰もやってこない、島の山中にある一村から、射程距離ほど離れたところに住んだ。三名の熱心な信徒だけが、それを知っていた。そして、生活に必要なものを彼に届けた。キリシタンである島の代官は、怪しいものがその隠れ家に近づかぬように、注意深く監視した。秀吉の密使が、パアデレの居場所を発見した場合に備えて、更に他の隠れ場所が用意されていた。そして最悪の場合には、弥平次のもとに逃げるように、手筈が整っていた。

オルガンチーノは日本人と同じ服装をし、その二人の伴侶、イルマン・コスメ高井と同宿レオと共に、中日本の信徒たちを訪ね、慰め、秘跡を与え、彼らと絶えず文通を続けた。（※7）

コエリョは、一五八八年の年報の中で、オルガンチーノが誰にも気づかれず、常に閉じられた駕籠の中で旅行したこと。通常昼間は信徒たちのためにミサを捧げ、赦しの秘跡を授け、夜分には信徒を集めて説教をしたが、宿の主人に害を及ぼさぬように朝まで留まることはなかった、と記している。

右近の隠れ家は、オルガンチーノの住まいから約二レグア離れたところにあり、時折彼はまったく一人で、オルガンチーノを二、三日訪問した。二人は互いに慰めあい、見捨てられた状態にある五畿内の信徒たちを、どのように助けられるかなどを話し合った。小西行長が物惜しみしない性格だったので、右近もオルガンチーノも、身分相応な生活ができるように、生活に必要な物資一切を、十分に与えられた。

秀吉はたびたび右近がどこにいるかを尋ね、右近を再び召し抱えたいような素振りを見せた。彼は右近の隠れ場所を知らなかったようである。ダリオは、秀吉が右近を再び元の地位につけたいと望んでいることを、聞いたようであるから、秀吉は右近のことを尋ねたものと推察される。

フロイスは、秀吉の豹変に関しての長い書簡の中で、オルガンチーノの書簡を引用しているが、その中で彼は右近の聖者のような勇気を讃え、

〈右近殿の勇気あり意思堅固なことは、驚嘆に値する。わたしにとり、彼と数時間雑談することが出来るのは、大いなる慰めであり、真の休息である。そんな機会に、我々は悪魔に対し、どのようにして戦い、勝利を収め得るかを、絶えず熱

心に語り合っている〉

フロイスは続けて、

〈この忠実なデウスの使徒の、あらゆる英雄的な行為を一つ一つ数え上げようとするならば、それについて改めて一文を書かねばならないほどである〉

と言っている。

第四節　九州および金沢における右近

そのころ肥後では、秀吉から領主に任じられた佐々成政《さっさなりまさ》と、ある武将との間にいさかいが起こったため、関白秀吉は同領地内を平和に保つため、浅野長政《ながまさ》を派遣せざるを得なかった。成政は切腹を申し付けられ、肥後国は加藤清正と小西行長に分配された。行長は

主都宇土《うと》と共に南の部分、および天草諸島海域の、最高主権を得た。そして経済的には、彼の三十二万石の収入で、貧しい信徒たちを援助できる権能も与えられた。特に管区長コエリョには、彼が南肥後の領主である限りは、年俸千ないしは千二百石を約束した。だが、彼は小豆島を秀吉に譲り渡さなければならず、したがって右近とオルガンチーノは、隠れ家を失うこととなった。右近は弥平次ジョルジ、了珪ヴィセンテおよび他のキリシタン武士たちと共に小西行長に従い、オルガンチーノは管区長から九州へ呼び返された。

この機会に、右近もパアデレ・コエリョを訪問した。それは、彼が追放の身になってから、初めてのことであった。右近は、パアデレたち、有馬晴信と有馬の信徒たちから、畏敬と宗教的感動を持って迎えられた。彼の訪問に先立ち、小西行長と黒田孝高が同様にコエリョのもとを訪れたのであるが、コエリョは一五八八年（天正十六年）の年報に、右近の来訪を詳しく記している。そこには、かつて大いに力があり、豊かであった英雄が、キリストのために貧しくなり、辱しめられるさまを見て、いかに深い感銘を与えられたかが、詳しく記されている。〈勇敢なキリストの騎士、ジュスト右近殿は管区長とすべてのパアデレたちを訪ねた。もちろん今度は、彼は以前とは全く違った身なりであった。諸侯は、数多くの従者を連れ、金のかかった身なりをしていた。だが、ジュストは、六名の召使いだけを伴って、密かにやってきた。大領地を失ったみじめさにもかかわらず、以前よりも満足した様子で、嬉々としており、非常な感激と尊敬をもって迎えられた。パアデレたちは、彼の快活さに接して、心からの満足を覚えた。有馬殿は他のキリシタン武士たちと共に、大いなる尊敬を示し、有馬の信徒たちは、通過する右近を見ようと家々から街頭に走り出た。右近が罪を犯さず、主から離れぬために、全権力を犠牲にし、生命の危険を賭しても信仰を守った、その心の確固たるを一同褒め称えた。確かにジュスト右近殿の善さはたとえようがなく、彼にとっては、そのキリシタンの信仰のために統治を失うことは、重要なことではなかった。だがより大いなる驚嘆に値することは、彼が苦難と貧困の追放に耐えた、その忍耐と快活さである。彼は、その生命まで我らの主、イエス・キリストに委ねて、確固たる希望の中に生活しているのである〉

右近は、数日パアデレたちのもとに滞在した。そして、日本のキリシタン宗門の重大な問題について語り合った。特に彼はパアデレたちに、人目を引かず、また問題を起さないように服装を変え、熱心さを幾分控えるようにと忠告した。それから彼は霊操[※8]を行い、総告白をし、またその身に降りかかろうとするあらゆることの準備をするために、有馬の修練院に行った。ここでも、パアデレやイルマンたちは、右近の快活さ熱心さに、深く心をうたれた。

このころ秀吉の間諜は、右近が滞在している場所、少なくとも九州にいたことを知ったようで、秀吉にそれを知らせた。秀吉は高山右近のことを再び語り、右近が色々な方面から受けとった書状には、最近の秀吉は右近が都へ来るべきだと言っているから、すぐに

有家セミナリヨ跡

でも秀吉のもとへ行ったほうがよい、と書いてあった。秀吉は実際に、以前のように右近を召し抱えようと、思っていたのだろうか？　それとも、単に彼を罠にかけるつもりだったのであろうか？

秀吉は以前にも、同じように右近の安否を問い、右近の友人たちや父ダリオでさえ、秀吉は追放令を撤回しようとしているのではないか、と思ったほどであった。今、関白がその追放者を近く接見したいとの希望さえ述べたので、右近の友人たちが、追放は終局に達したと信じたのは、当然であった。だが、秀吉が追放令を解消することを本気で考えていたならば、そのことを公文書で右近に知らせるのは容易であったろう。わざわざ回りくどく、あとで証拠が残らないように右近に知らせたということは、秀吉のような老獪《ろうかい》な人物にとっては、丸め込もうという狡い手を使ったものと憶測されても、仕方がないのではなかろうか。したがって、大坂へ行く仕度をしている右近を見て、もう少し待って秀吉の本心を見極めてはどうか、と忠告する者もいた。管区長コエリョは、彼に九州で身分相応な生活ができるだけの物を与えよう、と申し出た。他の誰よりも秀吉の性格を熟知している小西行長は、友人右近に肥後で二万五千石給与しようと約束し、彼を引きとめようとした。だが右近は、旅に出ることを決心していた。右近は秀吉の奸計を、長年にわたり傍で見てきたのであるから、彼がその言葉を信じたとはほとんど考えられない。それでも彼がその気になったのには、おそらく行長に禍いが降りかかるのを恐れたためであったろう。自分が秀吉の言葉に背いたなら、関白が激昂するであろうことを、右近は知っていた。同時に自らの信仰のために苦しみ、殉教者として死にたいという希望も、右近の決断を助けたのであろう。

残念ながら右近の友人たちに憂慮は、あたっていた。右近が秀吉の前に出たとき、秀吉は、

「そちへの追放令は撤回しよう。ただちに加賀へ赴くことを命ずる。そちが以前得ていたのと同額の俸禄を与えるゆえ、妻子を伴うことを許す」

と言った。この知らせは九州に届き、パアデレや信徒たちは、大きな喜びに包まれた。しかし程なく、その知らせは事実に基づいていないことが分かった。秀吉は右近から自由を奪い、加賀へ追放しようとして、自分のもとへおびき寄せたに過ぎなかったのである。

実際のところ、加賀領主前田利家は右近の友人であったので、右近は好意ある

待遇を期待していたのであったが、利家は彼が期待していたような、友情と親切を示さなかった。それは右近をひどく失望させた。約束された年俸も与えられなかった。右近は加賀では囚人同様に扱われ、それらはすべて秀吉の命によるものであることが分かった。コエリョは、

〈遺憾ながら、右近殿は加賀で非常な貧しさに耐えている。自由は奪われ、より一層追放人となっている。だが少なからず勇気があり、すべてを忍耐しようと決意している。我々は、関白殿が同地で彼を殺さぬかと、憂慮している。ジュスト、その父、親族、召使たちが耐え忍ばなくてはならない多くのことについては記さない。なぜなら彼らはデウスへの愛によって、追放されて、貧しく暮らしているのであり、一同信仰においては相変わらず堅固であるからだ〉

と記している。

右近が九州から五畿内に出発した際、コエリョは彼にまとまった金子を与えようと申し出たのであるが、受け取らせることはできなかった。右近は、

「それがしが困窮した際、イエズス会が見捨てることはないであろうと、承知しておりますゆえに」

と言った。だが、加賀で極度の困窮をしのんでいた際も、右近は一度もパアデレにそれを訴えなかったのであるから、それは単にやわらかな断りの言葉であったに違いない。

右近が加賀へ行かされた日ははっきりとしていないが、おそらく一五八八年(天正十六年)晩夏のことであろう。小西行長は、南肥後をこの年七月九日に受領した。そしてほぼ同じころ、右近は行長に従っていったと思われる。有馬のパアデレのもとに短期間滞在した後、右近は、秀吉の命によって、加賀国金沢に追放されるために、大坂へ行った。

コエリョの書簡は、一五八九年(天正十七年)二月二十四日付けになっている。したがってこの時右近は、なおひどい困窮を耐え忍ばなければならなかった。

註1　P367　信者の数について。有馬、大村十二万、天草二万、平戸三千、豊後三万、高槻三万、明石二千、その他山口、京都、堺、大坂、越前、尾張、美濃に数千いた。

註2　P367　秀吉の態度が急変したというより、九州に来て事情を見るにつれ、以前からあ

ったキリスト教への想いを形にしたと見た方がよい。

註3　P373　がよ・しんさ（Xinsa）濃尾のキリシタン。北の政所に仕えていたマグダレナの夫。一五八二年頃受洗、大坂城中にあって当時の教会のために尽力した。

註4　P375　一五八九年イエズス会名簿では、百二十四名を数えている。百十五名がどこを根拠にされたものかは不明。

註5　P382　伊地知文太夫パウロ。高山右近の妻の姉妹を娶っていることから、右近の義兄弟と呼ばれる。息子を新設の安土セミナリオに送った。小西行長に後には仕え、肥後の戦いで戦死。

註6　P388　右近の戦争についての姿勢を考えるうえで材料となる。文献：古巣馨『ユスト高山右近』ドン・ボスコ社（二〇一四）

註7　P389　文献：オルガンティーノ『一五八八年十一月二五日書簡（日本年報）』雄松堂（昭五四）

註8　P394　イエズス会の基本は、イグナチオの『霊操』に基づいている。キリシタン時代、この『霊操』の影響は大きく、当時の信者の信仰生活を大いに高めていた。

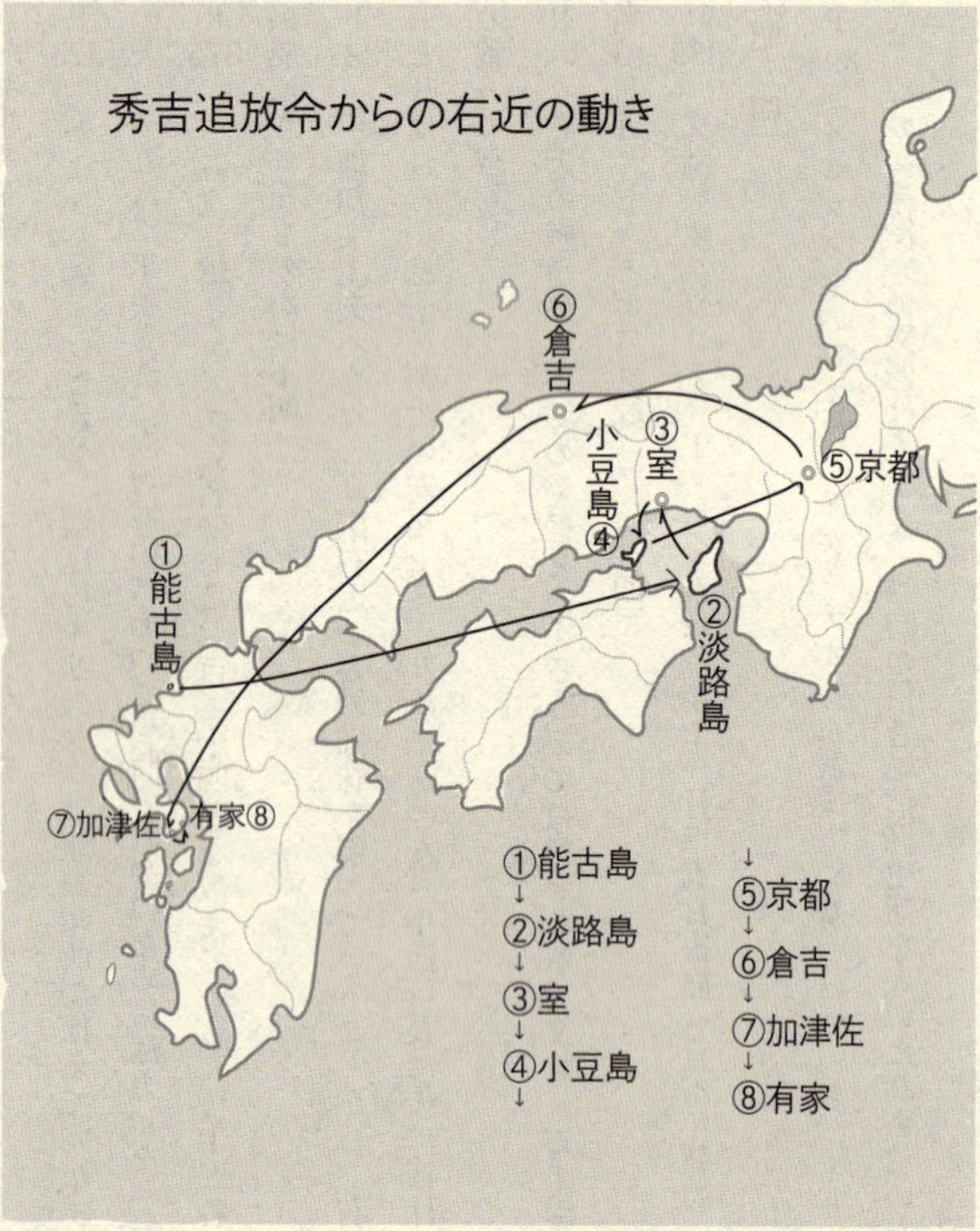
秀吉追放令からの右近の動き
⑥倉吉
③室
小豆島④
⑤京都
①能古島
②淡路島
⑦加津佐
有家⑧
①能古島
↓
②淡路島
↓
③室
↓
④小豆島
↓
⑤京都
↓
⑥倉吉
↓
⑦加津佐
↓
⑧有家

第十三章　良好な時代

第一節　ヴァリニャーノ使節の帰朝

ヴァリニャーノに伴われ一五八二年（天正十年）ヨーロッパに旅立った、九州三侯の少年使節は、一五八七年（天正十五年）ゴアに帰還した。少年たちと一緒にヨーロッパには行かなかったヴァリニャーノは、彼らを本国に帰国させ、日本布教の巡察を行おうと、ゴアで一行を待ち受けていた。ヴァリニャーノは、日本で迫害が起こったことについて、何の知らせも受けていなかった。だがすでにそれより先に、日本管区長ガスパル・コエリョは、秀吉がパアデレたちに示した好意に感謝の意を表するために、インド総督に使節の派遣を依頼していた。ヴァリニャーノは、秀吉のために、ヨーロッパからの土産物の一部を提供したので、副王ドルアテ・メネセスは、ヴァリニャーノ自身をその使節として、秀吉のもとへ派遣することにした。一五八八年（天正十六年）四月十三日（洋四月二十二日）、ヴァリニャーノは四名の少年使節と共にゴアを出て、七月二十八日（洋八月十一日）にマカオに到着した。

巡察師ヴァリニャーノと同じころにゴアを出発したある船が、先だってマカオに着いた。そして、まさに日本へ向かって出発しようとしていた、ヘロニモ・ペレイラを通じて、ヴァリニャーノと使節について日本に知らせた。ヴァリニャーノはマカオで初めて、秀吉のキリシタンに対する態度が、豹変したことを知った。だが、もしかしたら奇跡が起こり、追放令の撤回が望めるかもしれないと思い、インド副王の使節、という肩書で秀吉に会いに行こうと考えた。一五八八年（天正十六年）には、マカオから日本へ向かう船は一艘もなかったので、巡察師の一行は、漳州《しょうしゅう》から日本へ向かう中国の船に乗ることにした。ヴァリニャーノはパアデレたちに書状を送り、秀吉が使節をどう思うかを、尋ねようとした。同じ頃日本では、パアデレたちはすでに手続きを始め、浅野長政の世話で、秀吉から使節の裁可を得ていた。それで、パアデレ・ゴメスは、一五八八年（天正十六年）十一月二十二日、パアデレ・ヴァリニャーノに、良い返事を送ることが出来た。だが、一五八九年（天正十七年）には、マカオから日本に向かう船はなかったので、一五九〇年（天正十八年）七月二十一日になって、ようやくヴァリニャーノは、長崎に上陸することが出来た。

　ヴァリニャーノが日本に着いたとき、秀吉は、ちょうど関東での戦いに出ていた。秀吉は使節が到着したという知らせを受けて、軍中にいた浅野長政に、

「一行を京都に来させるよう、手配いたせ」

と命じた。長政はある武士にこの使命を委託し、一方でヴァリニャーノには、十二月半ばに秀吉に謁見することになるだろうから、十一月末には京都への旅行を準備するように、と知らせた。だが、浅野長政が関東から戻る前に、秀吉は京都についてしまった。その結果、長政に使命を委託された武士は、巡察師を迎えに行くことが出来なかった。それに加えて、常日頃パアデレを嫌っていた者たちは、使節はこうした手段で関白の好意を再び得ようとしている、パアデレたちの虚構である、との噂を広めた。これは、秀吉の耳にも届いた。そのため、秀吉も疑いを抱き、折に触れ、使節には興味がない、とほのめかすようになった。

　黒田孝高と小西行長は、京都からヴァリニャーノに、一行の中にはできるだけ

パアデレの数を減らし、ポルトガル人を多く伴うこと、多数の随員を従えてくるように、と知らせた。さもなければ秀吉は、使節を軽蔑し、邪推を強めるだろうからだった。キリシタン大名の有馬や大村も、同様の考えであった。三百人以上の随員を従えて最近来朝した朝鮮の使節に比べて、ヴァリニャーノの一行は全く比べ物にならないだろう、という心配から出た忠告であった。パアデレたちは礼装し、使節団の一員となる準備をした。それでもヨーロッパから帰った四人の少年使節を含め、二十六人の使節団であった。

ちょうどこのころ、有馬、大村の両侯も、秀吉のもとへ行くための旅を準備中であった。小西行長は、ヴァリニャーノにその他さまざまな注意や忠告をしていたが、不幸にも病気のため一行に加わることはできなかった。浅野長政はその折も関東に留められていたので、代りに長崎の奉行毛利勝信《かつのぶ》と鍋島《なべしま》加賀守尚重《なおしげ》が骨を折り、秀吉に謁見できることになった。十月末、ヴァリニャーノは京都への旅に出発した。彼らは下関まで陸を進み、そこから播磨国の室《むろ》の港まで舟を使った。この地でヴァリニャーノは、毛利勝信と鍋島尚重が、なにも指示を残さずに、京都を去ってしまったことを聞き、浅野長政が関東から戻るのを待つより他ないことを知った。だが二ケ月経つ間に、長政はまだ北方を離れられないだろう、と聞き、他の方法を試そうと京都へ行かなければならなかった。

その間オルガンチーノは、秀吉はヴァリニャーノに対して悪意を抱いているので、使節団に会う気がない、という好ましくない知らせを京都から受けた。黒田孝高がいろいろと骨を折った結果、終に秀吉は、

「インド副王の名において予を訪問する、というのなら、会ってもよい。ただし、追放令の撤回の話をすることは許さぬ」

と言った。

ヴァリニャーノは、室から大坂に進み、淀川を主都に上るための、船が準備されるのを同地で待った。その間に、特に秘跡に与ろうとするキリシタンたちが、パアデレを訪ねてきた。訪問者の中には、高山右近の姿も見られた。彼はヴァリニャーノが中日本に到着したという知らせを受けたので、すぐに金沢から京都に急いだのである。そして、オルガンチーノは、使節が直面している難題を彼の援助を受けて解決しようと、右近をしばらく京都に引き留めておいた。フロイスは、〈彼が示した霊的喜悦は、信じられないほどのものであった。彼は、迫害に会

い、追放されたことによってデウスを深く認識し、欺瞞と危険に満ちた関白の政治の場から逃れたことは、最も大きな慰めである、とみなしている。彼は今、完全な平安と霊的自由の中で、デウスに奉仕することが出来る、と述べた〉と記している。

当時右近は本心から俗世を捨て布教に専念するため、パアデレたちも来ることが出来ないような土地に、住もうと志していた。だがヴァリニャーノはその決心を押しとどめ、彼の妻やまだ幼い子供たち、他の親族や友人たちの世話をしなければならないことを思い起こさせた。そして秀吉の死後には、彼は再び名誉を回復し、名望ある地位につくことが出来るであろうから、そのときこそ祖国の改宗のために活躍すべきだと言った。右近もこれを納得し、自分の勇み足の行為を断念した。だがヴァリニャーノが五畿内に、滞在している間中、右近がその傍を離れることはなかった。

船が準備された後、使節は川を巡って鳥羽まで進み、そこから駕籠や馬を使って主都に入った。秀吉は、信長の時代に彼が建てた邸宅に使節たちを泊め、彼らをできるだけ賑やかに迎えるように指示を出した。

謁見は一五九一年（天正十九年）三月三日、四旬節の第一日曜に行われ、例によって盛大で形式ばった儀式で進められた。贈り物の中でも、数人のインド人が彼ら独特の服装で手綱をとったアラビア馬が、人目を引いた。その後高価な羊皮紙に書かれ、華麗な箱に入れられた副王の書簡が、公に読み上げられた。それは、まだ秀吉がパアデレたちを大いなる好意を持って扱っていることを、前提として書かれたものであって、ヴァリニャーノは間接的にではあったが、その最大の関心事である、追放令の廃止を申し出ることが出来た。秀吉は使者に酒肴を出し、日本の

聚楽第の石積（少年使節が秀吉に謁見した）

習慣に従って武士の一人を通じて、その訪問に感謝の念を示し、使節団の全員に贈り物を与え、その後席を立った。それから、日本風な祝宴が行われた。

食後秀吉は平素の装いで現れ、ヴァリニャーノ、ポルトガル人、ヨーロッパから帰った少年使節たちと打ち解けて雑談を交わした。

少年たちは、持ち帰った楽器を関白の前で演奏するようにと命じられた。秀吉は、彼らの演奏に、たいそう満足した風であった。

夕刻関白は、ヴァリニャーノの通訳で若い修道士[※1]ジョアン・ロドリゲス（一五六一〜一六三三）を召し、真夜中ごろまで雑談した。ロドリゲスはごく若いころから日本に来ていたので、日本語をとても巧みに、優美に話した。そしておそらくこの理由から、秀吉は彼を愛した。この若い修道士は、後に日本の教会にきわめて価値のある功績をあげることになった。彼は関白の信用を勝ち得、何時でも秀吉のもとへ立ち入ることを許されていたからである。

翌日、秀吉は使節たちが贈り物として持ってきた、ヨーロッパ時計を調節するようにと、伊東マンショを呼び寄せた。そしてその際、謁見の日に言ったように、マンショと他の三名の少年使節を、手元に置きたいと言った。だが四人とも、すでにずっと以前からイエズス会に入会する決意を固めていたので、マンショは秀吉の機嫌を損ねないように上手に断った。

その後まもなく、秀吉は尾張国へ行った。

別れる際に秀吉はヴァリニャーノに
「副王への返書が用意できるまでの間、パアデレ殿は、大坂に留まられても、長崎へ帰られても、自由にされるがよい」

と言い残した。あらゆる困難があったとはいえ、使節の謁見は成功したかに思われた。キリシタンたちはヴァリニャーノが公に謁見を許されたので、追放令は撤回されたものと信じた。

秀吉の出立後、ヴァリニャーノは日本の諸侯、特に秀吉の甥で跡継ぎに内定している秀次や、毛利輝元の訪問を受けた。彼ら高貴な武将たちの何人か、例えば前田利家の息子で後継者の利長のような人々は、密かに説教を聴いた。前田利長は、当時右近の父高山ダリオのいた越中の国を統治し、ダリオの尊敬すべき人柄と、その息子右近の非の打ちどころのない生活に接して、キリシタン宗門を尊敬していた。そして京都でヴァリニャーノを訪問し、説教を聴いて、洗礼を望むようになった。だが秀吉のもとにおける彼の地位を考慮して、パアデレたちはもう少し洗礼の時期を先に延ばした方がよいのではないか、と考えた。高山右近に勧められて説教を聴き、洗礼を希望した他の一領主も、同じ理由から洗礼の時期を延ばした。だが下級の武士の何人かは、洗礼を受けた。

訪問者の中には蒲生氏郷《がもううじさと》もおり、事情の許し次第、彼の領国会津に布教の道を開くことを約束した。また中日本のキリシタンは、巡察師に会い、秘跡を受けたいと大勢やってきた。彼らは長年そんな機会を持たなかったからである。ヴァリニャーノは二十二日間京都に滞在した後、秀吉の許可を得て八日間大坂へ行き、その後長崎に帰った。

一時的な困難はあったもののそれまでヴァリニャーノの使節団は、成功を収めていた。そこでキリシタン宗門に敵意を持つ者たちは、それまで成功してきたことを新たに蒸し返して、問題にしようとしたばかりでなく、パアデレたちが日本に滞在すること自体を不可能にする、と脅かしてきた。

ヴァリニャーノが京都に近づいてくる、という知らせに、鍋島と毛利の二人の奉行は、自分たちが巻き添えを食うのを恐れて、密かに京都を立ち去った。だが、使節団が秀吉に歓待されたことを聞いて、非常に不愉快に思い、自分たちが使節を関白のもとへ連れて行かなかったことを後悔した。だが彼らはそれを自分たちが臆病だったせいにはせず、パアデレたちの恩知らずのせいにした。オルガンチーノは、彼らが主都から逃げ出したことは彼らに責任があるのだと言ったが、二人はパアデレたちが秀吉の追放令を気に留めず、日本を去ろうとしない、と秀吉に告げる、と言って脅した。二人はさらに、異教徒の領主たちの間で、〈使節は、再び秀吉の好意を取り戻そうと企むパアデレたちの虚構に決まっている〉という噂を広めた。この敵意のある噂は秀吉の耳にも届き、彼はこれを信じ、使節を詐欺の手段と考えるようになった。

然るべき手を打たなければならないと決心した秀吉の命を受ける前に、二人の奉行は長崎のキリシタンに対する敵意のある処置に、着手していた。秀吉は長崎の教会を破壊させ、有馬と大村はパアデレを宿泊させたためにその領地を奪わせた。毛利と鍋島は、彼らを処刑させるために京都から派遣された、という噂もたった。幸いこれは行きすぎた危惧であった。だが、パアデレたちが中傷を受け、両奉行が秀吉の命を受けて長崎へ行ったことは、事実に基づいていた。事態は非常に緊迫していた。有馬と大村の両キリシタン領主は、その領国だけでなく生命をも失う危険にさらされていた。

パアデレたちは、この上彼らに災いが及ばないように、領国から立ち去る、と申し出た。だが両領主は驚くほどの勇気を示して、その申し出を断った。その代り大村の修練院と加津佐の学院、神学校を有馬領の僻地へ移すことと、街の大きい教会がほかの建物と見分けがつかないように、模様替えしてもらいたいと言った。パアデレたちはこれを受け入れ、大きい住院は遠い天草に移した方が、より好ましいとさえ言った。有馬が、せめて神学校だけは領地内に残してほしいと主張したので、修練院と学院が天草に新設されることになった。その間四人の少年使節たちは、回勅の荘厳な贈呈式を終え、彼らの外交的任務を果したので、長年の念願であるイエズス会への入会を、一日も早く実現したい、と望んでいた。

入会式は一五九一年（天正十九年）七月二十五日、天草の修練院において、パアデレ・ヴァリニャーノの司式で行なわれた。その一カ月後、マカオの船が入港したとき、長崎の両奉行は、秀吉の命によるものなのかは分からないが、船の金を差し押さえようとした。船長はこれを不服として関白に訴えた。秀吉は船長に好意を示し、奉行二人は関白の機嫌を損ねた。そして長崎の管理は、市民団体（乙名）のものになった。

このことに先立ち、秀吉がインド副王に思い上がった、非友好的な書簡を書き、すでにそれが封印されてしまった、という知らせが、長崎に届いた。ヴァリニャーノはオルガンチーノの尽力によって、その書簡の写しを手に入れることが出来た。彼はその内容を確認し、あらゆる手段を使って関白の非礼を改めさせるようにと、オルガンチーノに頼んだ。通常イエズス会士からジェニホーイン（Genifoin）と呼ばれている、都奉行前田尚向《むねひさ》※3（称号玄以法印《げんいほういん》）が、パアデレのために尽力することになった。

それから間もなく、秀吉が、彼に

「予はヴァリニャーノの使節は、大いなる詐欺行為であると信じているのじゃ」

と言ったとき、前田尚向は、

「そのことにつきましては、関白殿下ご自身が、ロドリゲスおよび都に残っている二人のポルトガル人に、真実をお確かめになるのがよろしいかと存じまする」

と言った。秀吉は、これを聞き入れた。

ロドリゲスは、使節の謁見は公に行われたものであるから、副王に知られずにはすまされない。もしすべてが偽りであるとしたなら、パアデレたちは、副王の前でどんなにかうろたえることになるであろう、と言った。また使節として日本に来ることが決まったとき、ヴァリニャーノはまだ秀吉の心変わりを知らなかった、それは副王の書簡からも明らかである、と述べた。聡明なロドリゲスはさらに、

「インド副王が、関白殿下からの贈り物を確かに受け取ったという知らせが届くまで、パアデレ・ヴァリニャーノの同伴者を幾人か、人質として留めて置かれたらよろしいかと存じます」

と言ったとき、秀吉は喜んでその提言を受け入れた。前田尚向はよい機会とばかりに、秀吉の副王宛ての手紙を書きなおすように敢えて勧め、秀吉はこれにさえも同意した。同時に彼は、十名か二十名のパアデレを、人質としてとどまらせるべきだ、と提言し、それにも同意を得たのである。

その後数日たって、秀吉はロドリゲスに新しい書簡を手渡し、そのさい長時間

にわたって、様々な問題について話した。秀吉の書簡と同じときに、前田尚向はヴァリニャーノに宛てて一通の書状を送り、秀吉の命令で、十名のパアデレを、インド副王から返事が来るまで、人質として長崎に留めるように伝えた。彼は使節の成果については祝辞を述べたが、パアデレの改宗熱については、今は賢明ではない、と戒めた。

こうしてもはやヴァリニャーノの出発を妨げるものは何もないと思われたが、日本教会の状況は、彼には明らかに不安定なものに思えたので、巡察師として滞在を希望した彼は、なお満一年日本に留まった。

秀吉が九州名護屋に本営を設け、そこから朝鮮との戦いの作戦を実施しようとしたとき、ヴァリニャーノの危惧はさらに強まった。秀吉が近くにいるということは、九州のパアデレたちにとってはとても危険なことであった。だがヴァリニャノは、インド副王の使節として、長崎で自由に動くことが出来たので、彼の周囲のパアデレたちも、ヴァリニャーノの随員として同様に行動できた。

指導的地位にあった小西行長の勝利によって、秀吉を大喜びさせた朝鮮との戦いは、パアデレや信徒たちを憂慮させた。九州のキリシタン諸侯がすべて出陣しなければならなかったことは脇に置くとしても、秀吉は小西行長と大村、有馬のキリシタン領主を朝鮮に移し、彼らの領国を異教徒の領主に与えることを、すでに決心していたのである。事態がこのまま進めば、九州の信徒たちは、保護者を失うことになったであろう。だが、それから間もなく朝鮮における戦いは、あまり好ましくなく終りを告げたので、秀吉は三年間移動を行わないことを約束した。

この危険は避けられたが、パアデレと信徒たちは、新たな危険に直面した。このころ秀吉は、長崎の管理を乙名から剥奪し、二名の異教徒の奉行を任命した。その一人は寺澤廣高《ひろたか》で、キリシタンを憎悪していた。秀吉のもとでの彼の誹謗のため、長崎の教会は破壊され、建築用材は名護屋へ運搬されることになったのである。

これらすべての災厄にもかかわらず、こうした多難な日々の中にも慰めはあった。名護屋で、秀吉は五年ぶりに高山右近を迎え、彼の追放を取り消した。

その後、秀吉は母親の病気の知らせに京都に帰った。秀吉の留守を幸い、パアデレを訪問しようと、長崎へ多数の諸侯が旅行した。その中に、高山右近と蒲生氏郷がいた。長崎の教会が破壊されたのとちょうど同じころに、伊賀国上野領主筒井定次《さだつぐ》は、敵意のある秀吉の処置にはびくともせず、洗礼を受ける決心をした。当時の布教は、秀吉の側からのあらゆる妨害にも拘らず非常に進展し、これにはキリシタンも異教徒も驚いていた。そのことに慰められて、漸くヴァリニャーノはインドへ帰る決心をした。彼が日本を発ったのは、一五九二年（文禄元年）十月九日のことであった。[※4] 使節の主目的は果たされなかったとはいえ、その成果には素晴らしいものがあった。

まず第一に、四年間の中断の後に、再度パアデレが秀吉に謁見でき、歓待されたことは、日本教会にとって非常に意義のあることであった。また秀吉は、パアデレたちが一人残らず日本に留まっていたことを知っていたのに、使節の知らせがあり、ヴァリニャーノが日本に姿を見せるまで、教会とパアデレに対して、敵意あることは何も行わなかった。パアデレも信徒たちも、秀吉は使節のことを慮って、わざと目をつぶっているのだろうと、信じたほどであった。

中日本の信徒たちは、またパアデレと接し、秘跡に与ることが出来た。パアデレたちは、使節の随員として、妨げられずに自由に行動することができた。ヴァリニャーノがいたことは、九州のパアデレたちに、活動の大きな自由を与えたのである。また、十人のパアデレが人質として長崎に残ることになったというのも、大成功だった。彼らは、なんの妨げも受けることなく、信徒の世話をすることが出来た。また他のパアデレたちも、彼らが居合わせることによって、幾分安全にされた。ことに秀吉はインドからの返事を待っていたので、その到着までは敵意のある行いは何もしないだろうと、高山右近や他の諸侯は考えた。

秀吉はロドリゲス修道士に対して、異常なほどの寵愛ぶりを示し、彼には何時でも自由に出入りを許し、更に彼は絶対に日本に留まるべきだ、と定めた。これはとても意義のあることであった。秀吉が最初に書いた非礼な書簡を書きなおすことに同意したのも、十名のパアデレが日本に残ることになったのも、この若い修道士の才知によるところが大きかった。それはおそらく使節団の、最も重要な成果であった。前田尚向の友情も、軽視できない成果と言えよう。その背景のもとにヴァリニャーノは高山右近と相談し、パアデレ・オルガンチーノをパアデレ・[※5]フランシスコ・ペレス（?～一六〇二）と三人の日本人イルマンと共に、京都に住まわせ、中日本の信徒が見捨てられないようにした。ヴァリニャーノは帰還後間もなくマカオから書き送ったように、その使節の成果に満足していた。

第二節　右近追放の終末

その苦しいことの多かった使節行のなかで、ヴァリニャーノが日本で味わった最大の喜びは、おそらく高山右近が秀吉に親しく迎えられ、尊敬されたことであったろう。コエリョの、一五八九年（天正十七年）二月二十日付けの書簡によれば、右近は金沢で囚人同様の扱いを受け、ひどい貧しさの中にいたと記している。だが、同じコエリョは同年の十月七日付で、右近は秀吉から二万石、父は六千石の俸禄を得ていた、と記しているので、貧しさはたいして長くは続かなかったようである。多分前田利家は、右近が金沢に到着して間もなく、高山父子に二万六千石を与えるように、という秀吉の命を受けたのであろう。

フロイスは、秀吉の弟秀長が右近のためにとりなし、五畿内に住むことと、軍務につくことは許されないが、日本のどこに滞在してもよいという許しを得た、と記している。であるから前田利家は、自領内に右近を住まわせ、二万六千石を与えていたのだ、と述べている。おそらく右近は、しばらくは囚人のように貧困のうちに金沢で暮らし、それから間もなく、秀長の世話で自由と身分相応な収入を得たのであろう。

関東における戦いでは、右近は前田利家の配下として戦い、その勇敢さで頭角を現した。このことは秀吉の耳にまで届き、彼は右近への賛辞を認めざるを得なかった。だが秀吉は、右近に領地を返そうとも、会おうともしなかった。だが、フロイスが一五九〇年十月十二日付で記しているように、このころ前田利家に、右近の知行を四万石に増やせ、と命じたようである。フロイスが、〈右近殿は以前のどのときよりも富んでいる〉と述べたのは誤りで、右近は明石では六万石をとっていたし、高槻のときでさえ実際において四万石以上だったのである。また、パアデレ・ヒル・デ・マタが、右近が秀吉から全知行を返された、と主張しているのも、誤りである。右近は主人から追放された武士であったので、その行動の自由も制限されていた。右近はヴァリニャーノの滞在中五畿内に来て、巡察師の傍を離れなかったのであるが、当時彼は五畿内に立ち入ることを禁じられていたのであるから、右近は自らを大きな危険にさらしていたのである。

だが秀吉にとっては、忠実に仕え、自分のために非常に勇敢に戦い、自分のために類いまれなほど尽くしてくれた人物を、単にキリシタンである、というだけの理由で、このように不都合に取り扱うことは、時おり良心の呵責となったようである。したがって、思いもよらず右近の名が取りざたされるようになったとき、秀吉は再び召し抱えるために、右近を呼び寄せた。

右近は京都へ行ったが、その時秀吉は、右近を名護屋に行かせるようにという、指示を残して、すでに名護屋へ出発していた。こうして右近は名護屋で秀吉に会ったが、実際には表面上だけ親しい、数語をかけられたに過ぎなかった。それから二日して、右近は茶の湯にまねかれたが、それはごくわずかの人が味わえる名誉であった。これは一般には、和解の行事とされ、彼の追放は終わったものと人々は思った。

フロイスは喜びにあふれ、一五九〇年十月一日付で、

〈そこで関白は、右近にいかなる領地を持たせ、いかなる官職に任ずるかは、何も決めていなかったとはいえ、すでにこの和解だけで右近はどこに行ってもよく、また関白殿と親しくすることが出来るようになり、一同は大いに喜んだ。それにもかかわらず、右近はその喜びの中にあっても、たいそう信心深く、デウス

を畏敬していた。彼はパアデレ巡察師に書簡を送り、政治の世界に入るよりは、世人から離れて、静かに隠遁生活を送りたい。できることならば、政治の重荷を再び背負いたくはない、と述べた。彼が妻子、他の親族のことを考え、この希望は果たせなかったとはいえ、右近にとって、デウスの恩寵により、あらゆる危険、あらゆる苦悩から解放されたことは、大きな慰めとなった〉

秀吉の名護屋滞在中、彼は右近をたびたび親しく迎え、なにかと相談したりした。右近は再び召し抱えられるだろうと、人々は言い交した。だが賢明な右近は、すべてにおいて秀吉に同意するとすれば、自らの救霊を賭けることになり、一方全てにおいて関白の意に反すれば、またしても怒りを買い、生命を危うくすることになるので、そうした話にはあまり耳を貸さなかった。

事実秀吉はどんな機会にも右近に領地を返したり、彼の才能を利用して重要な職務につけようとは考えなかった。右近がその後もまた、前田利家の配下に留まっていたことは、事実である。そして彼が利家の信用を得ていたとはいえ、そして利家の家臣のなかでは高い地位を得ていたとはいえ、その域を出るものではなかった。また彼は決して自分の領地を得ることなく、四万石の知行を得ただけだった。

秀吉が名護屋に留まっていた間、右近はあえて長崎にパアデレたちを訪ねることはせず、もっぱら書状で話をした。しかし暴君秀吉が、母親の病気の知らせを受けて京都へ行くと、右近は長崎を訪ね、同地でポルトガル人船長や船員から、贅をつくして歓待された。

名護屋に戻った右近は京都に行き、パアデレ・ペレスと共に、前田利家の領地金沢へ帰った。この地方の信徒のもとへパアデレを伴うため、そして病床にある父を見舞うためだった。

第三節　高山ダリオの死

右近が通常金沢にいて、能登国に小国を持っていたころ、父ダリオは越中国で、利家の息子利長のもとで生活していた。右近父子はこの地方で活躍し、言葉や特にその模範で、多くの人を信仰に導いた。老ダリオは利長に深い感銘を与え、利長はキリスト教徒になることを真剣に考えた。そして、洗礼を受けたいからパアデレをここに来させてもらえないか、と右近に言った。しかしそのことは秀吉に隠すことはできないだろうし、そうすれば秀吉の怒りをもっとあおりたてるだろうから、ヴァリニャーノの到着前には、そのことは考えられなかった。後日、利長は京都にヴァリニャーノを訪ね、密かに説教を聴いた。彼はキリシタンになりたいという望みを表明したが、秀吉を刺激せぬように、当分洗礼は受けないほうがよいといわれた。

ヴァリニャーノの出発後、パアデレ・オルガンチーノは、三人のイルマンと共に、京都に定住し、河内、摂津、尾張、美濃国などの見捨てられた信徒のことを、考えずにはいられなかった。このころダリオは発病し、秘跡を授かりたいと切に望んでいた。それゆえパアデレ・ペレスは利家の領国へ行き、ダリオを訪れることにしたのである。ちょうど名護屋から戻った右近と共に、彼は越中に旅し、ダリオに秘跡を授けた。それから右近と共に能登および金沢に行き、信徒たちの世話をし、異教徒には説教した。そして二百人を下らない人々が、洗礼を受けた。

ダリオの病気は非常に重く、高齢であり、遠い寒冷地の越中にいたのでは、快癒の見込みがなかった。そこでダリオはパアデレと共に、京都に旅する決心をした。京都には良い医師もいたし、病気が悪化した場合には、パアデレたちの援助で、よい死の準備をすることもできたからであった。

京都では始めのうちは幾分快方に向かい、死が彼をその苦痛から解放するまで、満二年間あった。だが、病気が死に至るものだと分かると、病人は忍耐強く、苦痛、長患いの重荷に耐え、静かに良い死の準備をした。

死の数日前、パアデレ・オルガンチーノは、病者の塗油の秘跡を授けた。ダリオは常にイルマンを傍らに置き、イルマンは彼に主の苦難を語り、勇気と信頼の念を起させた。ダリオはたびたびイエスのみ名を唱え、最後に十字架の印をして後、イルマン、妻、息子右近と他の親族にみとられて帰天した。

パアデレ・ルイス・メシアは、一五九六年十一月十五日付の未刊の書簡で、この秀でた人物の追悼の辞をのべている。

彼はダリオ以上に寛容で、貧者への愛が豊かで、慈善事業にこんなにも心を配った人物に会ったことがない、と記している。ある時、飢えと寒さのために死んだ、見捨てられた数名の死人があった。ダリオは自分自身の親族に対するように、彼らを自宅へ運んだ。ダリオの能力の大部分は、病人、流刑人、孤児、寡婦などの、貧しい人々に向けられた。ダリオは、自分の遺体を長崎に運び、同地のキリシタン墓地に葬るように、と言い残した。右近はその言葉通り、まず仮に埋葬し、後に長崎に運び、自身の住処に運ばせたのちに、長崎で最初の盛大な葬儀が営まれた。

第四節　新たな繁栄

ヴァリニャーノの使節団により、キリシタン宗門に好転するかと思われた状況は、さしあたっては何の変化も見られなかった。特に寺澤広高は、墓地の十字架やキリシタンの公の建物を僻地に移し、前田尚向のヴァリニアーノ宛ての書簡中にあった、〈十名のパアデレを残す〉というのを、パアデレではなく十名のポルトガル俗人を残す、という意味に解釈した。秀吉は一五九二年（文禄元年）名護屋に帰ったが、挑発するためにたびたび役人を、長崎、有馬、大村に送った。役人たちは、そこに何人ものパアデレやイルマンがいることに、気付かぬはずはなかった。さらに表向きには、キリシタンの謀反を恐れる、との理由で、この地方のあらゆる武器が押収された。

その間、船がマカオから来航する時期が近づいた。今回は遅れているように思えたので、彼らは長崎の教会の破壊に抗議しようと、来航を取りやめるのではないか、とさえ思われた。パアデレ・ゴメスが言うように、こうした不安は全く当を得たものではなかったにもかかわらず、寺澤広高《てらざわひろたか》だけでなく、秀吉自身も、パアデレを親しく扱うようになり、日本教会にとっては幸いな結果となった。

船は七月初旬に姿を見せた。パアデレ・パシオは船長と共に、名護屋に秀吉を訪ねた。彼らは歓待され、非常な名誉とされている茶の湯にさえ招かれた。さらに秀吉は長崎に、十名のパアデレが住めるような、新教会の新築を許した。だが、秀吉は、パアデレはポルトガル人の霊的世話だけに従事しなければならない、と念をおした。しかしこの制限は、ただ表をつくろうためになされたもので、少数のポルトガル人のために、こんなに多くのパアデレが必要でないことは、秀吉も知っていた。だが秀吉の追放令は、この時も撤回されなかった。寺澤広高は破壊された教会の地所を、新築のために与え、船の出帆前に新建築は着手された。

一五九三年（文禄二年）九月、秀吉は名護屋を立ち去って再び来なかったので、九州の教会にとっては、平安の日々が始まった。ことにキリシタンに敵意を持っていた寺澤広高は、キリシタンの友人と変わり、言葉と行動でパアデレたちを援助した。そのため彼らは、秀吉の気難しさを損ずることはなかった。二年とたたぬうちに、廣高は洗礼を受けて、キリシタンになる決心さえしたのである。

中日本の教会は、更に喜ぶべき発展をした。オルガンチーノは、ヴァリニャーノの出発後も引き続き京都に定住したので、黒田孝高は新関白秀次に、パアデレのことを知らせた。秀次は、パアデレを、好意を持って迎えることを約束した。あるとき秀次は、パアデレに米二百俵を贈り、パアデレたちの生計の世話を行うとさえ言った。だがオルガンチーノは、秀吉が秀次を恨むことになるといけないと思い、思慮深い態度でそれを断った。また前田尚向はさらにパアデレの友人であることを示し、オルガンチーノは〈年老いた病弱の人〉であるからと言って、秀吉から彼が京都に住み、自由に活動する許しを得た。

秀吉が名護屋滞在中に、ポルトガル人と交際したことは、日本にいた外国人やキリシタン宗門に対する、多くの偏見を取り去った。そして一般の人々のパアデレを見る目も、好意的になった。ヨーロッパ風に装い、十字架、遺物、ロザリオを身に着けることも、流行となり、秀吉自身でさえこのキリシタンの装飾品を身に着けた。

長崎でポルトガル人は秀吉をたびたび招待し、異国風のごちそうを振舞った。この異国情緒たっぷりの契機となった出会いは、ヴァリニャーノの盛大な使節団が与えたものであった。オルガンチーノは当時、秀吉がキリスト教徒になるのも近いかとさえ思った。そしてそうはならなかったとしても、秀吉はキリシタン宗門に対してなんら企てることもなく、九州や主都ですらパアデレたちが住み、活躍することに目を閉じていた。事実秀吉は、下層階級の幾人かがキリシタンとなるだけで、武士さえキリシタン宗門を受け入れなければ大したことではない、とさえ述べていたのである。

もとよりパアデレたちは、関白の性格を知っていたから、秀吉の激昂しやすい感情を注意して取り扱い、挑発的にならないように、小心翼翼として生活していた。イエズス会士は、京都で四軒の住院を持っていたが、パアデレたちは最も目立たない住院だけに隠れるように住み、あとの三軒は迫害の際の避難所として用意した。聖祭は、なるべく目立たないように、信者の家などでひっそりと行った。迫害が勃発して以来、信徒たちは都地方で、ささやかな組を組織した。それは信頼のおける仲間の信徒によって指導され、祈ったり霊的読書のために、日曜、または祭日に信者の家に集まるものだった。オルガンチーノが去って後も、主都ではこの組織が維持されていた。ただ一人のイルマンが説教し、毎月一度パアデレが聖祭を行っただけだったが、このような方法で信徒は密かに集まり、少なくとも月に一度は聖祭に与ることが出来た。集会の場所は常に変えられたので、疑惑を生じさせることはほとんどなかったし、中日本の僻地の信徒たち、殊に右近の旧領地である高槻山中の信徒たちは、京都から訪問を受け、信仰を保つことが出来た。

オルガンチーノは一五九四年（文禄三年）に、

〈援助者と共に布教に従事する者が三十人に達し、五カ月後には三十六人になった〉

と記している。彼によれば、秀吉の追放令の布告から一五九五年（文禄四年）二月十四日までに、全日本教会で総数四万人の信者が増えた。一五九四年（文禄三年）には、彼自らが京都とその近郊で、五百名に洗礼を授け、その多くは武士で、中には国の最高級の者も数人いた。オルガンチーノは、〈高い地位にいた武士たちは、多くキリシタンに傾いたので、機会が与えられるならば、全員が説教を聴いたであろう〉と述べており、事実福音が述べられ、多くの者がキリスト教徒になったようである。その年の受洗者名簿には、高級の武士に属する実に多くの名前が挙げられているのであり、当時キリシタンであると示すことは、非常に勇気のいることだったのだから、とりわけ注目に値する。洗礼の時期を先に延ばした者も少なからずいたのだから、完全な良心の自由が認められていたならば、この武士の改宗者の数は、もっと増していたに違いない。

オルガンチーノは、まず一番に前田尚向の次男利尚《としなお》と、彼の従兄弟を挙げている。さらに利尚の兄と従兄弟がもう一人、キリシタンになった。後に尚向の甥二人がキリシタンになった。一五九五年（文禄四年）のもっとも重要な改宗は、信長の長男信忠の長子三法師（秀信）のそれであった。彼は祖父の大きな富の中で、わずかに美濃国を残されただけであった。すでに一五九五年（文禄四年）二月十四日付で、オルガンチーノは、秀信が洗礼を願ったが、秀吉の怒りを恐れて当分延期したこと、彼を二人の熱心な信徒の保護に委ねたことを、記している。秀信の弟秀則も、キリシタンになることを希望した。だが彼も、兄と同じ理由で、当分洗礼が延期された。が、秀信は、パアデレ・フロイスの同日付書簡からも明らかになるように、一五九五年（文禄四年）十月二十日に洗礼を受けた。一五九六年（文禄五年）イエズス会年報では、両兄弟ともキリシタンになったと述べている。

また備前、備中、美作三国を統治していた、強力な宇喜多家の一人も、一五九四年（文禄三年）に改宗した。宇喜多秀家の従兄弟宇喜多信澄《のぶすみ》である。二年後には、秀家の義理の兄弟の明石掃部《あかしかもん》※6も洗礼を受けた。一五九五年（文禄四年）には、細川忠興の弟興元《おきもと》も教会に入った。それは義姉妹細川ガラシャの、非常に大きな喜びだった。後に興元はガラシャの次男を養子にした。

一五九六年（慶長元年）は、イエズス会年報が強調するように、都地方では素晴らしい年だった。都では新受洗者の数も、改宗した武士の数も、日本布教始まって以来の多数に上った。年報は高い身分の武士たちの改宗について詳しく述べているが、そのうちの何名かは、明らかに一五九四年（文禄三年）ないしは一五九五年（文禄四年）に行われたものである。ここでは最も重要なことについてのみ、簡単に述べることにする。

大友義統《よしむね》の免職後、豊後国の一部を治めるようになっていた毛利高政《たかまさ》は、志賀パウロの熱心な勧めとその模範とによって信仰を得、大坂で洗礼を受けた。信長の時代には、安土で京極高吉《きょうごくたかよし》と彼の妻が洗礼を受けたが、高吉はその後まもなく亡くなった。長男の高次《たかつぐ》は当時キリスト教徒になることを決心できなかった。だが、母マリアの熱心な勧めで、信濃国で二十四万石の知行を得ていた次男高知《たかとも》は、一五九六年（慶長元年）に洗礼を受け、彼の勧めにより、同じく多額の知行を受けていた一大名も改宗した。他の重要な改宗は、阿波国徳島の蜂須賀家政《いえまさ》のそれであった。本州最北端の津軽領主津軽為信《ためのぶ》は、京都で洗礼を受けることを望んだが、早く帰国しなければならなかったので、出発前に次男に洗礼を受けさせ、五畿内に残っていた長男に学ばせた。彼は説教師としてどのイルマンも自領に迎えることができなかったので、一人の盲人のキリシタンを伴って郷里に戻った。

一五九〇年度のイエズス会士の書簡は、高山右近が、幸せだった日々と同様、当時も日本にデウスの国を復興させようとしていた様子を記している。一五九一、二年の年報は、右近が加賀国であらゆる危険をものともせず、物質的な犠牲を払ってでも、精神的な富を求めたさまが記されている。

右近は、あらゆる機会をとらえて、身分の高い武士たちを教会に導くように努め、その努力はしばしば実を結んだ。一五九二年（文禄元年）筒井定次《さだつぐ》は、パアデレたちから、秀吉の怒りを買うことになるかもしれないから、と切に忠告されたにも関わらず、洗礼を受けたい、といった。高山右近は大いに喜び、その後は彼と親密な友情を結んだ。

オルガンチーノは、細川興元《おきもと》は右近の熱心な勧めで改宗したと記し、ゴメスは右近がキリシタン宗門へ導きたいと思っていた、前田利家の有力なある家臣を、名護屋でジョアン・ロドリゲスのもとへ連れて行った次第を述べている。ロドリゲスはその機会を利用して、天主の存在や霊魂の不滅について話をした。その若い修道士の話は、件の武士に、深い感銘をあたえた。右近は彼が間もなくキリシタンになるだろうと期待し喜んだ。バルトリ[※7]は、〈右近は秀吉と和解した後、何ら恐れることなく、高貴な人々の間で再び活動を始めた〉と記している。

同年の布教報告は、右近が信仰に導いた諸侯の名を、比較的少数しか挙げていない。これは右近自身がパアデレにあまり語らなかったものか、パアデレたちが、右近が秀吉の不興にさらされることがないように、成果を故意に語らなかったものと考えられる。また洗礼を希望した者の中には、秀吉の怒りを恐れて受洗までいかなかった者もいただろうし、パアデレたちがより良い機会まで、洗礼を延期したとも考えられる。もっともイエズス会士の書簡では、右近は諸侯を改宗させることができれば、民衆は自から従うだろうから、まず諸侯を改宗させようとした、と述べている。一五九六年（慶長元年）の未完の一書簡[※8]は、〈一同の中でジュスト右近殿は傑出していた。彼はすべての他の者よりも活躍した。彼の生活の純潔と正義、それからその言葉の堅固さによって、彼は多くの人々を感動させ、上に立つ者が改宗すれば、家臣も改宗することを知っていた故に、高貴な諸侯の獲得に努めた。こうして右近殿は、より好都合な時期に洗礼を受けさせ、また公にキリシタンであることを示させるようにした〉と記している。

右近によって信仰に導かれた蒲生氏郷は、秀吉の迫害によってパアデレたちとの間を裂かれ、友人右近は金沢へ追放されたので、信仰に冷淡にすらなった。だが右近は旧友を忘れることなく、氏郷を最初のころの熱心さに、戻すために、あらゆる努力を払った。右近が名護屋で秀吉の謁見を受けてのち、蒲生氏郷は右近と再び親しく交際するようになった。ちょうどそのころ行われた、長崎の教会の破壊は、氏郷に用心するように、という警告であったにもかかわらず、氏郷はパアデレたちを長崎に訪ね、自分の家臣たちに向かって、公にキリシタンであることを明らかにした。これらすべてのことは、おそらく右近の仕業によるものであったであろう。これと同じころに、右近はパアデレたちに、〈氏郷は深く感動して長崎を去り、ほどなく、パアデレたちのために、秀吉にとりなすでありましょう〉と書いていることから、右近が彼を、キリシタン信仰への新しい感激で満たしたことは、明らかである。おそらく右近は、三年後彼が再びそうしたように、その勢力を利用して、パアデレたちのために秀吉にとりなすように願ったものと思われる。

氏郷が長崎で信仰を明らかにしたことは、勇気ある態度であったが、宗教的熱意の炎は、間もなく再び消えてしまったようである。その後三年というもの、彼の名はイエズス会の年報には一度も出てこないし、彼がパアデレたちのために秀吉にとりなした、という記録もない。だが右近は、この旧友から目を離さず、彼の救霊について励ます好機を待っていた。

それまで幸福に慣れていた氏郷であったが、一五九四年（文禄三年）から翌年にかけて、床に就くようになった。おそらくは彼の敵に盛られた、効き目の遅い毒薬のため、と思われる。右近は友人が病床にある、という知らせを聞くと、すぐに彼の元へ駆け付け、何か月もたって氏郷が亡くなるまで、そこに留まった。こうして氏郷は、洗礼の時に示したと同様の信仰心を取り戻し、治ってのちは、パアデレやイルマンを彼の領地に住まわせ、領民を全員キリシタンにするつもりだ、と言った。そして、秀吉の性格のことを考え、差し当たって布教はあまり大規模にはすべきではない、と言い聞かせざるを得ないほど、氏郷は希望に満ちていた。さらに氏郷は、自身の勢力を利用して、パアデレたちのために秀吉に取り成すことを約し、追放令を撤回させるといった。

右近は、正しく赦しの秘跡を受けることによって、心を純潔に保つように反省させた。氏郷は、心を込めて準備し、ひそかにパアデレに来てもらい、罪の赦しを得たいと願ったが、彼がとつぜん亡くなったため、それはかなわなかった。右近は、最後の瞬間に彼を助け、良い死を迎えさせた。右近は〈聖母マリア〉のご絵を持っていたので、これを危篤の病人の前に置き、罪を後悔して赦しを請い、信頼をもってデウスのお慈悲に寄りすがるようにと、と促した。病人はもはや話すことはできなかったが、デウスによりよく使えなかったことの赦しをまなざしで願い、目をご絵に向けながら、デウスのもとへ帰った。

註1　P408　ジョアン・ロドリゲス・ツヅ（一五六一頃～一六三三）ポルトガル人イエズス会司祭。通常通辞ロドリゲスと呼ばれる。一五七七年頃来日、日本において若くしてイエズス会入会。秀吉、家康に通辞として仕え、日本語と豊富な日本文化の知識に勝れ、教会と日本政府との仲介者となった。『日本大文典』、『日本教会史』など重要な作品がある。一六一三年政治的理由で日本を追放され、一六三三年マカオで死亡。文献：マイケル・クーパー『通辞ロドリゲス』原書房（一九九一）

註2　P413　前田玄以法印　日本二十六聖人殉教時の京都奉行。長男秀則、次男茂則は夫々パウロ、コンスタンティノの霊名で受洗。秀則は丹波亀山城主、後に蜂須賀家正を頼って徳島に住む。茂則は一時教会を離れたが、晩年教会に戻った。

註3　P417　四人の少年使節は秀吉謁見後、イエズス会入会。中浦ジュリアンは一八八日本殉教者の一員である。伊藤マンショは徳川による海外追放寸前に死亡。原マルティノは一六一四年マカオに追放されて、そこで要職を背負い、一六二四年死亡。ミゲル千々石は退会してその後は不明。

註4　P418　フランシスコ・ペレス（〜一六〇二）　イタリア人イエズス会司祭。一五八六年来日、京阪地区で宣教、秀吉の追放令の折、高槻に残った。一六〇二年九州に降る途中死亡。

註5　P432　明石掃門（〜一六一五）　宇喜多秀家の家臣。黒田如水の従兄弟、一五八五年頃大坂で受洗、霊名はシメオン。関ヶ原戦後九州に渡り、隠退。一六一四年大坂城に組し、翌年戦死。宇喜多信純パウロ、宇喜多秀家の従兄弟。

註6　P435　ダニエロ・バルトリ　イタリア人イエズス会司祭。イエズス会本部史料館館長を勤め、その間宣教師からの報告書をまとめ、それらを基にして『イエズス会史』を編纂、一六五五年には『日本編』がまとめられている。

註7　P435　フロイスの一五八五年十月二十日付け書簡

第十四章　血なまぐさい迫害

第一節　日本におけるフランシスコ会士

一五九〇年度中期に、教会は驚異的に躍進したが、突然血なまぐさい迫害に急転した。一五九七年（慶長二年）二月、長崎の聖山において、マニラから来朝した六名のフランシスコ会士と、三名のイエズス会士と十二名の日本人が、十字架上に殉教を遂げた。この予期しなかった急変を明らかにするため、フランシスコ会士の日本布教への進出について、一言述べておこう。

一五四九年（天文十八年）にフランシスコ・ザビエルによって伝えられたキリスト教は、その後四十年間は、もっぱらイエズス会のパアデレおよびイルマンによって、導かれた。

例年の年報では、しばしば活動力の不足について述べられ、もし十分な活動力があったならば、幾多の成果、特に中日本のキリシタン領主の国々において、さらなる大成果が期待されたことは明らかだった。したがってヴァリニャーノの一回目の巡察の時に、すでにこの人手不足の問題が議論され、それを補うために他の修道会士を招くかどうかということが、まじめに考えられていた。他の修道会士たちは、美しい日本布教区を、憧れの目で見守っていた。しかしヴァリニャーノ自身を含む多数のパアデレたちは、宣教師間の協力や調和ということに関して、他修道会を日本に招かないこと、そしてローマにこの意味の禁令回勅を乞い続けることのほうがよい、という見解であった。ローマではこの意見に基づき、一五八五年一月二十八日の小勅書「司牧的任務」[※1]（Expastorali officio）により、イエズス会士以外いかなる聖職者も、日本で布教を行うことを禁ずることに決定した。この禁令がもっと厳格に履行されていたならば、日本の布教はもっと発展していたであろう。教勅が公布されると、フィリピンではこれに対する大きな反対運動が起こり、司教ドミンゴ・デ・サラザールは、フェリペ国王と教皇から、教勅の撤回を得ようと、他修道会士たちと結んで、手段を講じた。

マニラの宣教師たちの熱意は、確かに賞賛すべきではあるが、教勅のゆえにイエズス会に対して恨みを持ったというのは、彼らがこの問題を、偏見をもって考え、ヴァリニャーノの立場を正統なものと見なし得なかったことを、示している。司教[※2]ルイス・デ・セルケイラは、

「マニラのイスパニア人は、日本及び支那との有益な貿易をすることによって、半世紀の間妨げ無く享受してきたポルトガル人たちから、この利益を割こうとして、宣教師たちの熱意を悪用した」

とまで言った。さらに彼は、

〈ポルトガル国王から寛大な保護を受けているイエズス会士にとっては、この王権のあらゆる侵害に対して力を尽くして反抗し、イスパニア人の日本布教区への侵入を阻止することは、我々の感謝と忠誠を示す義務に他ならない。ポルトガル国王から正当に得た権利を守るためには、パアデレと俗人を問わず、マニラのイスパニア人が日本と交際することを、すべて禁ずるよりほかに方法がなかった〉

と結論付けている。

日本に定住しようとするフランシスコ会士の努力は、[※3]小勅書の発布前に、すでに開始されていた。一五八二年（天正十年）イルマン・ファン・ポーブレ（ディア

ス・パルド　一五一四〜一六一六）は、一人の仲間とともに平戸を訪れ、一五八四年（天正十二年）再来した。マカオ貿易が新興の長崎に移ったことで、イエズス会士を恨んでいた平戸の狡猾な領主は、マニラからイスパニア船とイスパニア人宣教師が平戸に到着したので、この好機をとらえようとした。イスパニア人とポルトガル人、イスパニア人宣教師とイエズス会士を、反目させようとしたのである。だが差し当たっては、何の効果もなかった。一五八五年（天正十三年）には教皇グレゴリオ十三世の前述の小勅書が公布された。

フィリピンでは、日本教会への活発な関心を寄せ、マニラに行った日本人のキリシタンに、日本のキリシタン宗門の状況について質問したりした。彼らは秀吉の一五八七年（天正十五年）の追放令以来の好ましくない状況を、誇張して話した。そして、イエズス会士がすべて国外に退去してしまえば、日本のキリシタンたちは、牧者を失って苦しむだろう、といった。それを聞き、後に日本で殉教することになるフランシスコ会士のパアデレ・ペトロ・バウチスタ[※4]（一五四四〜一五九七）は、フェリペ二世王宛てに、教皇に教勅の廃棄を請願されたい、という書状を送った。同時に彼は、マニラの司教はすでに公布された小教勅があったにもかかわらず、三、四名の修道会士を日本へ派遣しようとしたが、総督ゴメス・ペレス・ダスマリニヤスが反対したことも知らせている。

一五九一年(天正十九年)、日本人原田喜右衛門パウロはマニラに行き、いろいろと探り、帰国後友人である長谷川法眼《ほうげん》の助けを借り、秀吉に謁見し、「防御の態勢はまったくなっておらず、総督は武力で殿下に抵抗することは、不可能でございましょう。総督に服従を誓わせる、好機と思われます」と告げた。そこで秀吉はしかるべき書状をしたため、原田喜右衛門自身をフィリピンに派遣することにした。喜右衛門はヴァリニャーノに、マニラのイエズス会士への紹介状を願ったが、果たせなかった。そのため、彼は病気を口実に、甥の原田孫七郎《まごしちろう》ガスパルをマニラへ行かせ、自分は薩摩で孫七郎を待つことにした。だが孫七郎がマニラに到着する前に、ヴァリニャーノは密かにイエズス会院長パアデレ・アントニオ・セデーニョに宛てて、原田の陰謀を総督に知らせるように、書簡を送っていた。(パアデレ・オルガンチーノは原田喜右衛門が紹介状を願う以前に、すべてを京都から知らせていた。)ヴァリニャーノは、品位のある、同時に和解的な返事を、秀吉に送るよう、しかし決して使節を送らぬようにと忠告した。

マニラでは、秀吉の尊大な書状を見て激昂した。だが、植民地での防御は不十分だったため、総督ダスマリニヤスは同時に慌ててもいた。それゆえ総督は、甘い言葉で秀吉を釣っておき、マニラを固める時間を稼ごうとした。そして彼はヴァリニャーノの忠告にもかかわらず、秀吉のもとへ使節を派遣したのである。ことに元老院では、日本との貿易関係を結びたいと願い、イエズス会士は親ポルトガル的であると、嫌疑をかける意見が生じた。総督はその書簡中で、原田の使節には、若干の疑惑をもっており、この疑惑を解くために、パアデレ・ファン・コボとロペ・デ・リヤノスを派遣すると述べた。

原田喜右衛門は、薩摩で使節に合流した。長崎のポルトガル人を告訴したイスパニア人ファン・デ・ソリスは、彼らの援助を得て自分の主張を秀吉に訴えようとした。パアデレ・コボとその随員は、太閤秀吉の本営名護屋で、非常に歓待された。原田喜右衛門とその友人である長谷川法眼《ほうげん》は、陰謀を抱いていた。そして公文書と秀吉の返答を巧みに曲げて通訳したので、秀吉は彼らが態度を改めて服従することを示す使節だと思い、一方使節は秀吉が、フィリピンと友好関係を結ぼうとしているのだと思った。

原田喜右衛門は使節に同行してマニラに行く予定だったが、彼は暴風雨の季節が終わってから出発したいといったので、パアデレ・コボとその従者が先に出発した。だが彼らはおそらく台湾付近で遭難したらしく命を失い、その時秀吉の公文書も失われた。喜右衛門はマニラで、ただ和平と友情を述べた秀吉の書状と称するものを渡したが、それは中国人アントニオ・ロペスがパアデレ・コボから得たものだ、と主張し、フェリペ二世国王に服従を要求したものとは、全く違っていた。

総督は、原田喜右衛門の人物やその意図について、さまざまな情報を集めた。特に中国人アントニオ・ロペスは、喜右衛門はいつも和平と友好のことを言っているが、その実彼は陰謀家であり、フィリピンの征服を秀吉に委託されている、と証言した。総督は心の中では、喜右衛門の山師的な行動をもっと追求したいと思ったが、それを隠して慇懃《いんぎん》な態度さえ示した。だが原田喜右衛門は、自分が総督に信用されていないことを知っていたので、マニラで日本人の霊的世話をしていた、フランシスコ会士と仲良くなり、自分は数名のフランシスコ会士を日本に招くよう、秀吉に委託されていると言った。そして同行したい人物の名をあげた。

彼が真っ先にあげたのは、パアデレ・ペトロ・バウチスタの名であった。それを聞いてイエズス会院長アントニオ・セデーニョは、グレゴリオ十三世の回勅に基いて、書状をもって抗議した。その中で彼は、パアデレ・コボの使節の不幸な出来事や、長崎の教会が破壊されたことを語った。後者に対して総督は、原田喜右衛門とその兄弟、イタリア人マルコ・アントニオ、それにファン・デ・ソリスに訊問した。原田喜右衛門はいろいろ話した中で、秀吉は決してキリシタン宗門を憎んでいるのではない。彼が憎んでいるのは、イエズス会士で、もしフランシスコ会士が日本に行くならば歓迎するに違いない、と述べた。

回勅「司牧的任務」[※5]に基づくセデーニョの意見に反し、マニラ市の全修道会長と聖職者は、一五八八年（天正十六年）のシスト五世の教皇令は、フランシスコ会士が西インドと中国に住院と聖堂を設立することを許しており、彼らにとってはグレゴリオ十三世の回勅は、取り消されている、と主張した。さらに彼らは聖トマス・アクイナスの言葉を例に引き、その小勅書が日本の教会を滅亡に導くようであれば、小勅書を守ることには拘束されない。日本でイエズス会士は迫害を受けているが、フランシスコ会士は秀吉から招かれているのだ、と言った。それを聞いてダスマリニヤスは、パアデレ・ペトロ・バウチスタを、三名のフランシスコ会士、ポルトガル人ペトロ・ゴンザーレス・カルバハールと共に、使者として日本に派遣する決心をした。彼らは原田喜右衛門に伴われ、一五九三年（文禄二年）五月に出発した。そして同年八月に名護屋につき、秀吉に謁見した。

総督ダスマリニヤスは秀吉宛ての書簡の中で、パアデレ・コボは帰らず、原田喜右衛門は主君の公の書状も、信任状も持っていなかったから、原田孫七郎の使節に対しての疑惑は、まだ完全には解けていない。それ故、パアデレ・バウチスタに、この書簡と、喜右衛門が主君の名において申し出た、和平と友好の覚書を携えさせて派遣する、と述べている。

この謁見については、一五九四年（文禄三年）一月七日付の書簡の中で、パアデレ・バウチスタが次のように述べている。

〈原田喜右衛門は、以前のコボの使節の時と同様に、秀吉にマニラ征服のことを、故意に誤って伝えようとした。だが、日本語をよく解するフランシスコ会士、ゴンサロ・ガルシアが、それは征服のことではなく、平和と友好だけに関するものでなければならない、と発言した。さらに彼は、太閤の書簡はそれについて述べられているだけで、使者も同様のことを語った、と強調した。太閤は、それは確かに本当であるが、マニラの人々は約束を守らぬと聞いているので、従順であることを望む、と答えた。これに対しゴンサロは、『マニラの人々はキリシタンでございます故、約束をたがえるなどということはございませぬ。彼らは、天主と彼らの国王フェリペ陛下にのみ、従順に振る舞ったのでございます』と答えた。そして、その言葉を証明するために日本にとどまり、太閤殿下を父とみなしたい、と言った。太閤秀吉は誇大癖なため、この勇敢な言葉は、非常に彼を喜ばせた。そして、彼は喜んでその願いを聞き入れ、住宅と、生活に必要な経費を約束した〉

マニラではその間総督ダスマリニヤスが死に、息子ルイス・ペレスが当分政務を継ぐことになった。長いこと日本からは何の返答もなかったので、日本人が攻めてくることを覚悟せざるを得ず、築城工事は続けられた。

一五九四年（文禄三年）四月十五日、秀吉の返事がやっと届けられた。ペトロ・ゴンサレス・デ・カルバハールが持ってきたその書簡の最初の部分は、例によって大言壮語であり、全世界は彼に属すべきであり、そうしなければ武力によってこれを服従させるであろう、というものであった。最後に秀吉は、彼の側から、フィリピンと日本に、永久に友好と自由な交渉を約束する。そして国王の返答は高位の者が日本に届けるべきであるから、カルバハールをフェリペ国王のもとへ送ること、それにより両国の友情は、より親密で堅固なものになるであろう、と結んであった。秀吉の不遜な言葉にダスマリニヤスは激昂し、尊大な返答を送ろうとした。だが熟考した結果怒りを抑え、

〈マニラでは、原田喜右衛門の保証に反して、太閤秀吉殿は、フィリピンへ軍隊を派遣するのだ、と考えられていたが、カルバハールが携えた書簡から、友好条約に関することがわかって喜ばしい。国王陛下の権力は、太閤殿がどれほど強力だといっても、何人も比肩できない。自分はキリストと、イスパニア国王フェリペ陛下以外には、だれも主君とは認めない〉

ということを強調した。彼は最後に、秀吉の友好の申し出でを受け、国王に知らせ、その言葉に従う、と述べた。

秀吉は四人のフランシスコ会士を、船で中日本へ、さらに京都に来させ、長谷川法眼の屋敷に住まわせた。だが、間もなく、彼らはそうした制限から逃れ、独

自の住居を得たいと望むようになった。彼らの宿舎の主人は、彼らが秀吉に会う機会を作ろうとしなかったので、ある日パアデレ・バウチスタは秀吉の乗った駕籠を止め、地所を贈られるはずの約束を、思い出させた。そこで秀吉は前田尚向に、彼らのために建築用地を与えるよう、言いつけた。このようにしてマニラの修道会士は、公の教会を持つ正規の修道院をたて、聖祭の鐘を鳴らし、教会の祈り（聖務日課）を唱え、信徒に説教した。彼らは、イエズス会、町奉行、保護者と称する原田喜右衛門や長谷川などから忠告を受けたが、彼らは、秀吉は、イスパニアにおけるのとまったく同じように聖祭を行うのを許したのだから、イエズス会士のように、秘密裏に活動する必要はないのだ、と言った。

秀吉がフランシスコ会士に日本に住まい、修道院を持つことを許したことは、フランシスコ会の文献に残っており、特にパアデレ・バウチスタは書簡の中で何度も強調しているから、事実に基づいているのであろう。だがこの許可を根拠として、マニラの修道会士が堂々と聖祭を行い、民衆に布教することは、許されるべきことではなかった。パアデレ・バウチスタが証言するように秀吉は彼のキリシタン布教の一般的禁制から、フランシスコ会士を除外するという許可状を、与えはしなかったのである。奉行たちはフランシスコ会士の答えに同意せず、イエズス会士は、秀吉がそんな許可を与えたと信じることはできなかった。彼らも、秀吉の側の役人も、奸智《かんち》にたけた秀吉のやり方を、信じていなかったのである。まして秀吉は、文書を与えたのではなかったから、いつでも自分の言葉を翻《ひるがえ》すことができたのだった。そしてその後のことを見れば、彼らの判断が当たっていたことが、示されるのである。

熱心なマニラの修道士たちは、あらゆる警告に耳を貸さず、公然たる布教活動を止めなかったばかりか、長崎と大坂にさらに住院を建て、京都にはハンセン病患者のための病院を作った。彼らが病人の世話をしたその態度は、キリシタンだけでなく異教徒にも、感銘を与えずにはおかなかった。多数の貧者や、多数の改宗者は、彼らの利己心のない活動に感激し、褒め称えた。

彼らは、自分たちが日本に来たことは、教会の事情を改良し、イエズス会士たちをその隠れ場所から引き出し、秀吉の好意を再び得させることができる、とさえ信じていた。一五九十年度中期における布教の異常な成果は、フランシスコ会士の来日と、ほとんど時期を同じくして起こったことは明らかに認めるべきである。だが、フランシスコ会士さえ〈友人〉と呼んでいた管区長ペトロ・ゴメスは、秀吉の和解的態度は、長崎の教会の破壊のためにマカオから船が来ないのだ、という憂慮に基づくものである、と述べている。一方オルガンチーノや他の者は、二年間のポルトガル人との接触が、秀吉のポルトガル人とキリシタンに対する誤った考えを、かなり是正した、と考えた。さらに、フランシスコ会士の活動は、下層階級の世話に限られていた。イエズス会士は一五九四年から六年の間には、公の教会を持っていなかったにもかかわらず、都地方の上流階級の人々の間では、それまでのどの時期にもまして大成果を得た。

イエズス会士とフランシスコ会士の間の不幸な軋轢《あつれき》は、特に京都とその近郊において著しかった。イエズス会士は秀吉を刺激しないように、格別控えめに行動した。そしてフランシスコ会士の、公然たる布教活動が引き起こすであろう災いを、憂慮していた。

九州では、イエズス会士はより自由に活動できた。両修道会のさまざまな意見の相違と軋轢にも関わらず、表立った争いにはならなかった。それは穏やかな人柄である管区長ペトロ・ゴメス（同時にマカオで司牧していた司教ドン・ペトロ・マルチネスの代理人）が、フランシスコ会士の希望にあらゆる手段を講じて応じたからで、これはフランシスコ会士自身が認めている。彼は熱心なマニラの修道会士たちを、神のブドウ畑の歓迎すべき働き手として認め、彼らがグレゴリオ十三世の回勅に反してまで来日したのは、シスト五世の回勅と、彼らが日本に来ることを正当だと認める、マニラの修道院長やほかの聖職者たちの意見に従ったもので、個人的には正しい信念の中にあったのだと考えていた。

だが、一五九六年（慶長元年）八月十四日に、司教マルチネスが長崎に上陸すると、間もなく争いは、表立ったものとなった。マルチネスは、フランシスコ会士が自らを正当付けている根拠になっている権限を否認し、さらに修道会士が、マニラから日本に来ることを、大罪と位置付けて禁じた。信徒にはフランシスコ会士のもとで、聖祭や秘跡に与ることを禁じた。パアデレ・バウチスタは、パアデレ・ゴメスの穏健な慣例を引き合いに出したが無駄で、司教はその権利を執拗に言い張り、妥協しなかった。折から日本教会の将来にとっては、極めて険悪なことを暗示するような暗雲が天上に姿を現し、宣教師間の一致が、いつにもまして示されねばならないときであった。

第二節　サン・フェリペ号

一五九六年（慶長元年）十月始め、マニラからアカプルコへ航海中のイスパニア船が、四国土佐の港へ漂着した。船は、多量の荷を積んでいた。土佐の大名長曾我部元親《もとちか》は、遭難者に慰安の言葉を述べ、太閤秀吉に使節を送り、増田長盛《ましたながもり》のとりなしで、太閤に船の保証と修理許可、必要なら新しい船を建造する許可を願うように、と忠告した。だが元親は、最初から高価な積荷（百三十万ペソと伝えられている）を没収しようという心つもりであった。彼はイスパニア船の使節が出発する前に、友人増田長盛に使いを送り、積荷のことを秀吉に告げ、没収させるように、と言った。船長マチアス・デ・ランデチョは、自ら京都に行こうとしたが、長曾我部元親はこれを止めた。そこで、デ・ランデチョは、アントニオ・マラベール、クリストヴァル・デ・メルカード、バルトロメ・ロドリゲス・ランゲル、それに二人のフランシスコ会士フアン・ポーブレ・デ・ザモーラとフェリペ・デ・ラス・カサスに沢山の贈り物を持たせて行かせ、秀吉から全イスパニア船に対する通行許可証を得ていた、パアデレ・ペトロ・バウチスタの指示に従うように命じた。増田長盛は、その間に秀吉に働きかけ、積荷の没収の話を進めていた。

ランデチョの使節は、長曾我部元親の命により、伏見の本邸に住まうこととなり、そこでは大いに歓待された。増田長盛は、秀吉への贈り物を渡す好機を待ったほうがいいと口実を設けた。その間、パアデレ・バウチスタも無駄に時を過ごしておらず、ゴンサロ・ガルシア修道士を通じて、秀吉のところへ彼らを案内させた。だが翌日、増田長盛はパアデレ・バウチスタに、

「船長ランデチョが自ら太閤殿下のもとへまかり出なかったのは、よろしくない。よって太閤殿下は、差し当たってその贈り物は受けることはできぬ、と仰せじゃ」

と言った。そして同時に、増田長盛は秀吉から浦戸に派遣された。表向きは事情を調査する、ということであったが、事実は船の積荷を没収する目的であった。最悪の事態を憂慮したパアデレ・バウチスタは、切迫した災いをランデチョに知らせるため、ひそかにファン・ポーブレ修道士を浦戸へ行かせた。そして彼自

身は前田尚向のところへ行き、彼を通じて秀吉に全イスパニア船に対しての秀吉の通行許可証を提示し、サン・フェリペ号の積荷を救助しようとした。前田尚向は、フィリピン関係の用務は自分がその任にあるのに、今になって持ち掛けてきたのは侮辱されたようにも思ったが、ついには援助を約束した。彼は秀吉がイスパニア船のために交付した朱印状を示し、パアデレ・バウチスタはフィリピンと結んだ友好を思い起させる、彼の書簡を渡した。秀吉は何も言わなかったが、前田尚向は良い徴候だと思った。

増田長盛は、ファン・ポーブレに三日遅れ、十一月十一日に浦戸に着き、翌日イスパニア人を訪ねて全員の名簿を作成し、次の日に全員を逮捕した。十四日には船長に、これは秀吉の命によって行われたものであること、彼とその部下は海賊であり、日本征服をたくらんでいること、ノビスパニア（メキシコ）、ペルー、フィリピンで行われたように、この目的でまずフランシスコ会士が派遣されたのだ、と告げた。サン・フェリペ号はいくらかの大砲、爆薬、兵器などを載せていたし、乗客中にはマニラの修道会士が数名いたから、この悪意のある言いがかりも幾分真実とみなされる根拠があった。そして積荷を没収することを世間に認めさせるのに、好都合な口実を与えた。こうして増田長盛は積荷を没収し、長曾我部と共に十一月二十五日に浦戸を出発し、十二月一日に伏見に到着した。

前田尚向から朱印状を示された秀吉は、明らかに都合が悪いことだと思ったが、彼が朱印状中で与えた約束を守り続けるには、事態はあまりにも進んでいた。そこへもたらされたのは、フェリペ号は武器を積んでいる、との増田長盛の報告であった。これは、豊富な獲物の没収を根拠つけるためには、たとえ同時にキリシタン宣教師を犠牲にしなければならなかったとしても、望ましいものであった。ことに、キリシタンの宿敵である施薬院は、甘言をもって秀吉を焚きつけた。秀吉は自らの怒りを正当化するため、

「予は、常にキリシタンの掟を禁じてきた。それなのに彼らは正当な理由を立てて、長谷川法眼《ほうげん》の助けを借り、フィリピンから我が国に来たのじゃ。そして予の法令に反して、教会を建て、布教をした。さらに予はイエズス会士、ことに老オルガンチーノが、説教をしていることを聞いている。いずれ予は、彼らすべてを、長崎で磔にするつもりじゃ」

と叫んだ。父を弁護した長谷川法眼の息子右兵衛《うへえ》は京都で、フランシスコ会に属

している者の調査書を作成せよ、という命を受けた。

第三節　殉教への憧れ

秀吉がすべてのパアデレを処刑しようとしている、という知らせは、キリシタンの間に筆舌につくしがたいほどの、激しい動揺を巻き起こした。異教徒たちはパアデレと平信徒の正しい区別が分からなかったから、キリシタンはすべて死ななければならない、と理解した。この知らせは遠い地まで広がり、事実長谷川右兵衛は、京都の全キリシタン名簿を作成していたから、キリシタンたちは、いたるところで殉教の準備をはじめた。大坂では宇喜多信純《のぶすみ》とその従兄弟明石掃部《かもん》は、パアデレ・モレホン※6（一五六二～一六三九）、パアデレ・ペレスを、信純の屋敷に隠れるように言い、信仰のために死ぬ覚悟があることを、その際明らかにした。

前田尚向の二人の息子は、殉教することを切に望み、細川忠興《ただおき》のキリシタンの妻ガラシャは、侍女とともに磔のときのための着物を縫った。

パアデレ・オルガンチーノは管区長あての書簡の中で、パアデレとイルマンたちの歓喜を伝え、彼らが赦しの秘跡を受けて殉教の準備をしたこと、最後の道行きで着るための修道会服、祭服、長外套を取り出した様子を記している。同書簡中で彼は、一般的な信徒の気持ちとして、

〈これら善良なキリシタンを観察して我々が得た感動と喜びは、殉教への彼らの覚悟と希望を知って、ますます大きくなりました。私の心を特に感嘆で満たしたのは、妻子、親族、友人を失うことを恐れたり、悲嘆にくれたりするものが、一人もいなかった、ということでございます。彼らは命を失うことを、何とも思っていないように見受けられました。それどころか、彼らのうちのある者たちは、自分たちの犯した罪のために、待ち焦がれた殉教から除外されるのを案じた、という話も聞きました。これらの人々の中で、真のキリストの兵士である、ジュスト右近殿は、最も優れておりました〉

長谷川法眼の息子右兵衛は、その父を、フランシスコ会士の擁護者であるから、彼らと一緒に処刑する、と秀吉に脅されて、キリシタン名簿を作るべし、という秀吉の命を引き受けた。彼がその名簿に記入した多くの人名の中で、高山右近の名が真っ先に挙げられている。右兵衛がその名簿を石田三成に見せたとこ

ろ、三成は右近の名を見出し、不機嫌に次のように言ったという。

「なぜそちはこの名を載せたのだ？　右近は新参のキリシタンだとでもいうのか？　太閤殿下が、右近にキリシタン宗門を捨てよ、と博多で命じられたのは、すでに十年も以前のことではないか。右近はそれに従わなかったのだから、殺されても当然であった。だが、太閤殿下は右近の幾多の手柄を思い起こされ、命を助けられたのじゃ。太閤殿下は、その後何度も右近をお召しになり、ご好意を示された。だが右近の心は変わらず、殿下は右近のような大名にとっては、命を奪われるにも等しい領地の没収を行われた。左様ないきさつがあるというのに、今、事新しく右近をキリシタンとして告発することに、何の意義もあるまい。予はこのような名簿を、認めるわけにはいかぬ」

　右近も殉教にあこがれていた。その様を、フロイスは次のように記している。

〈パアデレたちが都で某家[※7]（小西行長の兄弟小西ジョアンの家）に隠れていた間に、パアデレ・オルガンチーノは、秀吉がパアデレたちを処刑する命令を出した、とジュスト右近殿に知らせるため、イルマン・ジョアン・ニコラオ[※8]（？〜一六二六）を送った。右近はこれを聞き、至福の運命を共にすることを許された、と大いに喜んだ。イルマンは、右近が小躍りして、『予は殉教者となり、パアデレ・オルガンチーノにしたがって死ぬことになったのじゃ。今こそ、デウスの御憐れみが予の上に示された』

と叫んだ様子を記している。右近は直ちに馬で、主君であり、生計に必要な俸禄を与えられていた、前田筑前守利家殿のもとへ走った。別れを告げるためであった。右近殿は、日本で極めて珍重され、四、五千デュカットの値打ちがあろうかと思える、二個の茶入れを持参した。彼は筑前殿と二人だけで話すために、その屋敷を訪れ、

『それがしは、師であるパアデレ・オルガンチーノとともに、死に従う決意をいたしましたゆえ、お別れのご挨拶に参上仕つりました』

と述べ、二つの壺を差し出し、

『わが亡き後、お好きなようにご処分下されますよう』

と言った。筑前殿は、

『そちの立派な覚悟と、その勇気ある意思の堅固なことには、感服いたす。大坂で太閤殿下がパアデレたちに鬱憤《うっぷん》を晴らされた場には、予も居合わせたのだが、

殿下のお怒りは、フィリピンから我が国に来た者どもに、向けられたものであった。そちがマニラの修道会士を特に保護した、というなら、救い出すことは、相当困難であろうが、そちがキリシタンであり、イエズス会士の弟子であるというだけならば、何も恐れることはなかろう』

『両修道会を区別しておられるのは、好ましく思われませぬ。それがしは何度か、マニラ修道会士の家にいったこともござりまする。彼らの教えが、それがしがそれまで教えられてきたことと、異なっているかどうかを知るためでございましたが、まったく同じでござりました。太閤殿下が申されたこと、につきましては、それがしが殿の家臣でありますゆえ、それがしを慰めるためのお言葉、といくらか疑っておりまする』

と、右近殿は答えた。それに対し筑前殿は、

『いや、そうではない。太閤殿下は、今イエズス会のパアデレたちに対して、これを行おうとしているのではない、とはっきり申された』

と言った。この返答の後、ジュストは満足して別れを告げた。筑前殿は彼を玄関の広間まで見送り、居合わせた多数の家臣の前でジュストをたたえ、次のように

言った。

『ここに、そちたちの前にいる高山右近は、勇敢で実に傑出した人物じゃ。教養もあり、賢明でもある。もし右近が太閤殿のご寵愛を受けるなら、日本一、二の大名になるであろう。だが、右近はそのキリシタン信仰を捨てぬために、現在の境遇にあるのじゃ。予は右近のために、太閤殿下にとりなそうと、決意いたしておる。そして右近は殿下の認可のもとでキリシタンであり、イエズス会のパアデレたちを、以前と同様に保護するのだと、告げなくてはならぬ』

それから右近殿は都に帰り、パアデレたちにすべてを報告した。筑前殿は、彼の言葉通り、後日右近のために太閤殿下にとりなした、ということである〉

右近を敵視している施薬院は、ふたたび秀吉に右近を中傷した。これが太閤秀吉の考え方に影響を与えたことは、秀吉がパアデレたちに激怒したとき、前田筑前守利家に発した、

「ジュストも説教するか?」

という言葉に示されている。利家は、

「いたしませぬ。右近に他の仕事を与えて、忙しくさせておりますゆえ」

と答えた。これは秀吉の心を鎮めた。右近が今回は施薬院の憎悪の犠牲とならずにすんだのは、主君前田利家のおかげであったといえよう。

第四節　二十六人の殉教

〈すべての宣教師を処刑する〉

という秀吉の命令は、十二月八日に発令された。翌日大坂では、イエズス会、フランシスコ会の住院、京都のフランシスコ会修院は、衛兵に取り囲まれた。同日、長谷川法眼の息子右兵衛は、石田三成が京都のイエズス会の住院を見張っていない、と非難したので、三成はそこにも衛兵を送った。

前田利家やほかの有力な諸侯の説得により、秀吉の怒りは幾分鎮まっていた。当時石田三成は、秀吉の怒りはフランシスコ会士だけに向けられたものだと信じていたので、前田利家も、右近にそう保証したのであった。それにもかかわらず秀吉は、十二月十一日、イエズス会士もフランシスコ会士も、全パアデレを処刑すべし、という新たな命令を出した。おそらくそれは、施薬院の差し金によるものであったろう。石田三成はその際、どんな抗弁をしても無駄である、思ったので、黙って命令を聞いた。だが翌日、彼はイエズス会士は太閤の禁令に従い、教会も持たずひっそりと隠遁生活を送っていることを指摘し、勇敢にも自分の考えから、イエズス会士を救おうと試みた。その結果、秀吉はフィリピンの修道会士とその信徒たちだけを処刑することにした。そしてイエズス会士を安心させるように、と三成に命じた。三成はイエズス会士の住院から衛兵を引き揚げさせ、フランシスコ会にかかわる信徒については、彼は百七十名の名簿を持っていたが、十二名にまで削除した。

石田三成やほかの有力な人々は、フランシスコ会士を死罪ではなく追放に変えようと、十二月十二日から三十日まで、あらゆる用務を休んで奔走した。もし施薬院が刑の執行をうるさく迫らなかったら、おそらく秀吉は心を動かしていたであろう。だがそうはならず、秀吉は三成に、囚人たちを大坂から京都に連れていき、そこで全員鼻と耳をそぎ落とし、京都、大坂、および堺の街を、引き回すように命じた。

〈これらの者は太閤殿下の禁令に背き、キリシタン宗門を弘めた咎で、長崎にお

いて処刑する〉

と書かれた木札が先に立った。

パアデレ・オルガンチーノは、太閤はイエズス会士を処刑しようとは考えていないのだから、住院の見張りを取り除いてほしい、と奉行に言ったが、これは聞き入れられなかった。奉行は秀吉のはっきりした命令なしには、大坂の住院から衛兵を引きあげなかったが、オルガンチーノが秀吉に請願書を出すことは許した。だが彼は、秀吉に対する恐れからか、または父を救うために、イエズス会士もフランシスコ会士の不幸へ引き入れようとした、長谷川右兵衛の忠告によるものか、これを思いとどまった。

聖職者である三木パウロは、※9 二人の同宿草庵・デ・ゴトー（五島出身のジョアン）およびディエゴ喜斎《きさい》、それにフランシスコ会士のパアデレ・マルチノ・デ・ラ・アセンシオン、三名の日本人と共に、京都に行かされた。オルガンチーノは、彼らを救おうと再度努力したが、石田三成に、イエズス会士が許可なく大坂に住院を持っていたことを秀吉が知ったなら、最悪の事態が案ぜられる。今ここで目立った動きをするのは良くないから、彼らを救うのは難しかろう、と諫められた。

キリシタンたちは、役人に賄賂を使って何名かでも救い出すことをオルガンチーノに提案し、そのための金子も用意したが、オルガンチーノは聞き入れなかった。高山右近と前田尚向の二人の息子は、四人を救おうと特に努力した。

修道士のパウロ三木は、このことを聞いたとき、長崎への受難の旅先から、これらの誠意ある友人たちに宛てた書状を送り、その熱心な愛に感謝し、同時に、〈もし私を本当に愛するなら、ともに喜び、デウスにこの大いなる恩寵に感謝しなければならない。私のためにさらに骨折ることの無いよう、決して殉教の栄誉を奪うことのないようお願い申す〉

と記した。

殉教者の体を切ることは、石田三成の責任においてかなり緩和され、彼らは左の耳たぶを切られただけであった。それから彼らは、荷車で京都中、馬上で大坂と堺を引き回された。それは、主としてキリシタンたちに、恐怖の念をおこさせるためであった。だが実際には、キリシタンたちの殉教への感激を、呼び起こしただけであった。四人たちは堺から、刑が執行される長崎へ連れていかれた。

一行は二十四人で、フランシスコ会士、パアデレ・ペドロ・バウチスタ、パアデレ・マルチン・デ・ラ・アセンシオン、パアデレ・フランシスコ・ブランコ、ゴンサロ・ガルシア、フランシスコ・デ・サン・ミゲル、フェリペ・デ・ヘスス、それに三木パウロとイエズス会の二人の同宿、十五名の日本人キリシタンであった。オルガンチーノは、長崎まで彼らと同道し、金銭上の世話をするために、京都から一人のキリシタンを行かせた。また、フランシスコ会士と別れることを望まなかった、一人の若いキリシタンもいて、二人は常に行列とともに歩いていた。それで役人は、

「その方どももキリシタンか？」

と尋ね、二人がうなずいたので捕縛され、二十四人に加えられた。殉教者の総数は、二十六人になった。

刑の執行は、当時朝鮮にいた奉行寺澤廣高の兄弟である、寺澤羽三郎（半三郎）によって行われた。廣高はキリシタンであり、羽三郎はキリシタンに好意を持っていたので、殉教の命令は、不必要な残虐さなしに行われた。特に羽三郎は三木パウロの友人だったので、処刑の前に赦しの秘跡と、聖体拝領を許そうとした。だが彼は身勝手に振舞うことを恐れたからか、囚人一同にこの機会を与える

ことは、あえてしなかった。だが、彼は囚人たちの世話をよくしたし、三木パウロとその従者たち二人は、赦しの秘跡を受けることができた。パアデレ・ジョアン・ロドリゲスと、パアデレ・フランシスコ・パシオは処刑に立ち会うことを許された。

処刑は公の刑場で執行された。そこには既に十字架のための穴が掘られていたが、長崎のポルトガル人が、二十六信徒は犯罪のために処刑されるのではなく、自らの信仰のために処刑されるのだ、と言ったので、羽三郎は、わざわざそこから少し離れた場所を、処刑の場所として選んだ。キリシタンたちが、後日記念教会を建てられるように、という配慮からだった。

パアデレ・ロドリゲスとパアデレ・パシオは、管区長・ペドロ・ゴメスの頼みと三木パウロ、パアデレ・バウチスタの願いにより、ミサの道具を持って、長崎から彼杵《そのぎ》に来た。羽三郎の家臣は、彼らがあまり長くいることを許さなかったとはいえ、パアデレたちは常に囚人たちと話すことができたし、とくにフランシスコ会士は、それをとても喜んだ。パアデレ・ロドリゲスは、パアデレ・バウチスタを抱きしめ、彼と他の囚人たちに、行列の前の板に書かれた判決文の内容を説明した。囚人たちは、信仰とその布教のために死ぬことになったことを自覚して、とても慰められた。またパアデレ・ロドリゲスは、羽三郎が約束したように、囚人たちが秘跡を受けられるよう、できる限りの努力をする、と言った。さらに彼は、司教ペトロ・マルチンス[※10]（?～一五九八）が、ポルトガル人への説教の中で、二十六名の受難は真の殉教であり、デウスの栄光のため、また日本教会のため、輝かしいものである、と話したことを伝えた。それを聞いて、マニラの修道会士たちは、心から喜んだ。それからパアデレ・バウチスタは、パアデレ・ロドリゲスから離れて言った。

「もうまさに処刑が行われようとしています。この機会に、管区長と他のパアデレたちにお願いしたい。私たちが引き起こしたすべての過ちと迷惑を、どうぞ許してください」

パアデレ・ロドリゲスは彼を抱きしめ、イエズス会の側からも同様なことを願った。このようにして今、イエズス会士とフランシスコ会士の不和はとけた。

司教マルチンスは処刑の場に立会い、囚人たちを励まし、祝福を与え、彼らの苦難に耐える勇気の前に心を打たれたことを伝えたいと切に願ったが、羽三郎はこれを許さなかった。そこで彼は使者を送って彼らに祝福を与えた。囚人たちはこれを非常に喜び、パアデレ・バウチスタは一同の名において司教に感謝し、これまでに司教の意志に逆らったことがあったとしたら、その許しを願った。

処刑は一五九七年二月五日（慶長元年十二月十九日）の朝執行された。信徒の手足は、十字架の両横梁に各々鉄の鎖で縛られ、首はさらに大きな鎖で縛られた。その他体は、腰および肘と肩の間で腕を綱で十字に結ばれ、十字架は穴に突っ込まれて、石と土で固められた。処刑の前もその間も、十字架上のキリストの戦士たちは、祈り、説教し、多数の群集はその忍耐と信仰に心を打たれた。磔にされて間もなく、肉体は両側から鋭い槍で刺され、ここに死の犠牲が成就した。

マルチンス司教[※11]は、遠くから処刑を見た。そして現世においてたびたび意見を異にしたフランシスコ会士の、栄光に満ちた殉教を賛美せずにはいられなかった。彼らの死後二、ないし三時間たって、司教は刑場に行き、殉教者たちに心からの尊敬をささげた。マニラ在住のフランシスコ会士の希望で、司教は公文書を送り、六名のフランシスコ会士と彼らに従う二十名の人々は、真の殉教者であることを証明した。彼らは、板に記されていたように、福音の布教のために処刑されたものであり、キリシタン的な忍耐と勇気をもって、残酷な死に臨んだからであった。

第五節　迫害の余韻と秀吉の死

秀吉が寺澤羽三郎に、二十四信徒処刑の判決を送ったとき、羽三郎は京都町奉行から、太閤は、イエズス会士は処置しようとは思っていない、という報告を受け取っていた。だが、イエズス会士は説教したり、京都へ旅行することは許されていなかったし、羽三郎は長崎で、日本人が教会へ行くことを、厳しく禁ずることに決めた。長崎のフランシスコ会士は、ポルトガル船で送られ、のちにマカオを経て、マニラに返された。また羽三郎は、有馬、大村の両キリシタン大名に、すべてのパアデレを長崎に送るように要求したが、彼らはパアデレを隠すだろうと答え、どのように隠すかは管区長に一任した。

一五九七年（慶長二年）三月、秀吉は間もなく朝鮮から帰ることになっていた寺澤廣高に、通訳ジョアン・ロドリゲスおよびほかの二、三のパアデレに至るまでイエズス会士は全員、次の便船でマカオに追放することを命じた。有馬、大村の大名は朝鮮に出向いていたので、パアデレたちは、二人の領地には、隠れ場をほとんど期待できなかった。管区長ゴメスは、秀吉と彼の役人に、命令が決められたように履行されていると思わせるため、九州にいるパアデレは、隠れて留まり得る数名の者を除き、長崎に集まるように定めた。マカオ船は、まさに出帆しようとしており、次の船はおそらく一年後になるであろうから、パアデレたちは当分日本にいることができた。

だが、司教マルチンスがマカオ船で出発することは、免れがたかった。都奉行の一人（おそらく前田尚向と思われる）は、司教が日本に滞在してもよい、と約束したにもかかわらず、迫害が始まると、その言葉を撤回したからである。またキリシタン大名やパアデレたちも、彼が日本に滞在することは、日本教会にとって不利益になるだろうと考えた。マルチンス司教は、一五九七年（慶長二年）二月日本を去ってマカオに向かった。そしてそこからインドへ向かおうとしたが、マラッカ到着の少しまえにこの世を去り、同地のイエズス会教会に埋葬された。

有家の神学校と天草の学院は、この状況の下では続けられず、一五九七年（慶長二年）秋に解散された。一五九八年（慶長三年）には、秀吉は一層強力な兵を朝鮮に送ろうと考え、再び九州に行くことになった。羽三郎は太閤の怒りを恐れ、有馬と大村の多数の教会と、パアデレたちの住院を破壊させた。ただ小西行長の領地、特に天草群島にだけは、聖堂が維持された。羽三郎はさらにパアデレの追放を促したので、一五九七年（慶長二年）十月に病気の三人のパアデレ、二、三の老イルマン、それに数名の若い聖職者は、小さい中国の船で長崎から、カンボジアに向かった。

秀吉と彼の役人たちが、次第に幾分冷静になってきたかと思われた時、一五九八年（慶長三年）六月、二名のフランシスコ会士が、マニラから上陸した。その中には、一年前に日本を追放されたパアデレ・ヘロニモ・デ・ヘスス[※12]（?～一六一〇）もいた。寺沢廣高は太閤に知らせる、と脅かしたが、後に心を動かされて、そうすることを思いとどまった。が、二人をとらえるように命じた。ヘロニモ・デ・ヘススは脱出して、奉行が死罪をもって禁じている京都へ逃れ、そこに留まった。

ロドリゲスと数名のイエズス会のパアデレは、全員最初の機会にマカオへ追放されなければならないという秀吉の命令は、依然変わってはいなかった。もし一五九八年（慶長三年）夏に秀吉が発病しなかったならば、命令の実行はおそらく免れなかったであろう。秀吉の状態は、間もなく絶望的にまで悪化したので、役人たちの態度は急に好転した。八月五日に、司教ルイス・デ・セルケイラ（一五五二〜一六一四）とアレッサンドロ・ヴァリニアーノが長崎に上陸したとき、彼らは好意を示されたばかりか、親しいもてなしさえ受けた。そして間もなく秀吉が没したので、パアデレの追放ということについては、もはやだれも問題にしなかった。

太閤の死後、徳川家康、前田利家、毛利輝元、宇喜多秀家、上杉景勝の五大老からなる摂政会は、軍勢を故国へ呼び返すため、浅野長政と石田三成を朝鮮へ派遣した。彼らが途中博多を通った時、ヴァリニアーノは、長崎から自分たちが来たことを、知らせた。すると、秀吉の指令については、今何もしないから安心して長崎に留まるよう、よい機会がありしだい取り成すから、という非常に好意的な返答を得た。

このようにして、宣教師とキリシタンはようやく一息つくことができた。十一年間教会を迫害した暴君はもうおらず、その息子が幼い間は摂政会が長らく一致を保ち、キリシタン宗門に対して、秀吉の掟が厳重に遂行されるとは思えなかった。特に、五人のうちの二人は、明らかにキリシタンの友であった。

註1　P443　宣教地に不利益な事態をさけるために、イエズス会以外の修道会が日本に近づくことを厳禁していた。

註2　P444　ルイス・デ・セルケイラ（一五五二〜一六一四）ポルトガル人イエズス会司教。一五九八年来日、江戸時代初期の困難な時代の司牧にあたった。一六一四年禁教令発布直後長崎で死亡。

註3　P444　ファン・ポーブレ・ザモラ（一五一四〜一六一六）スペイン人フランシスコ会司祭。一五九五年来日、しかし二十六聖人殉教前に捕えられて本国へ送還された。

註4　P445　ファン・バウチスタ（一五四〇〜一五九七）スペイン人フランシスコ会司祭。日本二十六聖人殉教者の代表的人物。　文献：トーマス・オイテンブルグ『一六世紀の日本におけるフランシスコ会士たち』中央出版社（昭五五）

註5　P449　回勅『司牧的任務』は一五八六年十一月十五日、シスト五世教書。この文書は、フランシスコ会フィリピン準管区が管区に昇格するにあたって出されたものであり、「異教徒の改宗のためには」、「インド諸国のどこにでも新しい住居と修道院を建てることが赦される」とあった。

註6　P461　ペデュロ・モレホン　スペイン人イエズス会司祭。長い旅を経て一五九〇年来日。地区長を含めて長く京阪地区で働いた。その間高山右近とも昵懇の仲であった。追放前に右近の「霊操」の同伴をし、マニラに着いてからも死の床にあっても、彼のそばに付き添った。日本殉教者の証言者であり、史料を収集した功労者である。文献：ペドロ・モレホン『日本殉教録上下』キリシタン文化研究会（昭四九）

註7　P463　「某家」とあるのは、小西如清ベントのことである。

註8　P463　ジョアン・ニコラオ（〜一六二六）　イタリア人イエズス会司祭。一五八三年来日、長崎画学校校長、画家として後輩を育てる。一六一四年追放されてマカオへ。同所で一六二六年死亡。

註9　P469　三木パウロ（一五六二～九六）キリシタン武将三木判太夫の息子。イエズス会修道士、安土セミナリオ一期生。喜斉ディエゴと五島ジョアンは殉教前にイエズス会入会を許された。

註10　P473　ペドロ・マルチンス（～一五九八）ポルトガル人イエズス会司教。インド管区長を経て、一五九二年司教叙階、九六年来日、間もなく二十六聖人殉教となり、離日。九八年マラッカ沖で死亡。日本に在住した最初の司教。

註11　P474　日本二十六聖人殉教についての文献。ルイス・フロイス『日本二十六聖人殉教記』純心女短大（一九九五）

註12　P477　ヘロニモ・デ・ヘスス（～一六〇一）ポルトガル人フランシスコ会司祭。長崎修道院を開設、二十六聖人殉教後一時離日、一五九八年再渡来、フランシスコ会日本宣教中興の祖となった。

第十五章　希望と不安の中に

第一節　家康の台頭とキリシタン

秀吉の死後、長い間見捨てられていた職域へ復帰する機会を待ちながら、石田三成と浅野長政の忠告に従い、パアデレたちは長崎に留まっていた。他のパアデレと共に京都から逃れなければならなかったパアデレ・オルガンチーノは、再び京都へ戻ってきた。寺澤廣高はキリシタン宗門にあまり好意的ではなかったので、一五九九年（慶長四年）三月には、十六名の若い修道士と、三十名の神学生は、天草で勉学を続けるために長崎を去った。司教セルケイラとヴァリニャーノも、日本語の勉強に数か月専心するために、彼らに加わった。

寺澤廣高は、オルガンチーノが自分に無断で京都へ戻ったことを怒り、オルガンチーノは京都で世論を味方に、自分から長崎の管理を奪おうとしているのでは

ないかと疑った。そこで彼はオルガンチーノに、

「即刻長崎に帰れ。さもなくば、日本人信徒が長崎の教会を訪れることを禁ずる、という命令を出す」

と言い送った。

予想された通り、摂政会の一致はしばらくしか続かなかった。すでに朝鮮では、石田三成と浅野長政の間に、最初の意見の相違が見られた。小西行長と共に寺澤廣高、島津義久、有馬晴信、大村善前《よしあき》、毛利秀包《ひでかね》は即時戦を中止することを望み、一方小西行長の競争者で、行長を憎悪していた加藤清正は、黒田長政、毛利勝信、鍋島尚重《むねしげ》と共に、有利な講和を結んだあとに朝鮮から撤収したほうが望ましい、という意見であった。石田三成は行長の意見を、浅野長政は清正の意見を取った。そしてついに摂政会は小西行長の意見に同意したとはいえ、仲たがいはそのまま残り、家康と摂政会の同僚との間に大きな溝が作られた。家康は非常に独断的にふるまったので、他の武将たち、とくに石田三成は、間もなく彼は独裁しようと目論んでいる、という疑いを持った。石田三成は家康の敵であることを公然と明らかにし、他の大老と組んで徳川家康の統治は越権であるとの覚書を

出した。家康は賢明にも穏便にこの告訴に応えたが、同時に三万人を自国から引きつれ、三成の多数の味方を自分の側に引き入れ、ついには三成が切腹して果てるように細工した。これに対し、三成のもっとも忠誠な友人であり同盟者である小西行長は、強く反対した。行長は、家康は三成を切腹させるだけでは満足せず、反対派をすべて滅ぼし、秀吉の遺言を破り捨てて、秀頼を追放するであろうと確信していた。だが家康は、大坂城と秀頼の身柄を差し押さえ、石田三成を強いて伏見へ逃れさせ、ここも自分の勢力下におさめようとした。三成は五奉行の席から退き、その居城近江の澤山に引き下がることになった。彼の友人である小西行長は、三成と共に追放されることを望んだが、三成はこれを許さなかった。小西行長はその時までキリシタン信徒、有馬晴信、大村喜前、毛利秀包と共に危険を冒してきたが、その後家康はその犠牲的な友愛のゆえに彼を称賛し、尊敬し、自分の味方に引き入れようと試みた。

この家康の考え方と、彼がその時代にパアデレたちに寵愛を示したことには、おそらくかかわりがあるであろう。ヴァリニャーノが、寺澤廣高の考えを変えさせるために五畿内に家康を訪ねるよう、パアデレ・ジョアン・ロドリゲスを派遣したとき、彼は大変親しいもてなしを受けた。ロドリゲスがパアデレたちの追放を撤回するように願ったとき、家康はその言葉を静かに聞き、

「今太閤殿の掟に背くことは、予が独断で政治を行う、とのそしりを免れまい。差し当たっては何もできぬ。だがいつか将来、パアデレたちの望みを成就されることができようと、望んでいる」

と言った。

家康はキリシタン宗門を誉め、良心のことには、各自自由でなければならぬ、とも言った。また、寺澤廣高には、長崎のキリシタン信徒たちを安心させるように指示を出す、と言った。パアデレたちは、秀吉の掟に鑑み、免許状を受けることは当分まだ不可能ではあったが、名誉を回復することはできた。ヴァリニャーノの自筆の書状と、長崎の信徒の中でも最も著名な代弁者を派遣された寺澤廣高は心を鎮め、もはやそれ以上パアデレや信徒たちを煩わせることはなかった。

このときまた、他の困難な問題が持ち上がった。一五九九年（慶長四年）四月三十日、松浦隆信が逝去した。息子重信はその子尚信《なおのぶ》に、キリスト教徒は全員父の仏教の葬儀に与《あずか》らせるように、と指示した。松浦尚信は特に大村純忠《すみただ》の娘であ

る妻メンシャと籠手田《こてだ》家の指導的なキリシタンに棄教するように、働きかけた。メンシャは様々な努力をしたがすべて無駄で、尚信は追い出す、と脅したので彼女は兄の大村喜前《よしあき》に、実家に帰るから迎えに来てほしいと頼んだ。籠手田家はヘロニモの息子トマスが戸主であったが、信仰を捨てるよりは、自ら進んで追放される道を選んだ。彼らはある夜ひそかに六百人の従者と共に平戸を去り、船で長崎にむかった。だが寺澤廣高は彼らが街に入ることを禁じたので、彼らは長崎近くの、大村喜前領に住まなければならなかった。パアデレたちはその勇敢な信徒たちを迎え入れ、彼らにトドス・オス・サントスの古い学院を用立て、生計の世話をした。また大村喜前も彼らの面倒を見たし、小西行長は肥後に帰った際、平戸で得ていたより以上の俸禄を与える、と約束した。

平戸では、キリシタンたちが大村領に移ったと聞いて、大いに慌てた。あらゆる警戒にもかかわらず、さらに二百人が平戸を去った。

そこで松浦重信は領地の人口を減らさないために、思い止まらなければならなくなった。信仰のためにさらに悩まされることがなければ、国に留まるようにと、パアデレたちが説得しなければ、信徒たちの国外への脱出は止まなかったであろう。

家康がキリシタン宗門に対し、好意があるようなことを述べたので、多くの信徒や宣教師たち、そして異教徒の領主たちも、日本布教の将来に、いまだかつて無かったほどの大きな希望を抱いた。豊後の成果は大きく、諫早地方では格別であった。日向、筑後、対島のキリシタン大名たちは、自国に強力な布教を願った。長いことキリシタン宗門の敵であった毛利輝元でさえ、広島、山口、下関に布教所を設けさせた。宇喜多家の三国（備前、備中、美作）では、領主宇喜多秀家の義兄弟で第一の家臣である明石掃部《かもん》が、第二の高山右近のように、信仰を弘めるために活躍した。

秀吉の生存中は、立場を考えて遠慮していた小西行長と黒田孝高は、領内へパアデレを招くことができた。数字的にもこのころの成果は非常に大きく、特に小西領の南肥後に多かった。

ヴァリニャーノによれば、一五九九年（慶長四年）の二月から十月までに、総数四万人以上の大人が洗礼を受けた。特に、南肥後だけで三万人を数えた。一方ゲレイロ[※1]によれば、一五九九年の受洗数は四万であり、一六〇〇年の初期、関ヶ原の役までに三万を数えた。五畿内でも、布教の成果が見られた。岐阜ではキリシタンである信長の孫（織田秀信）が教会を建て、その家臣と共にキリスト教徒であることを、公に示した。尾張では、福島正則の二人の甥と彼の多勢の武士が、教会に加わった。このようにして、迫害の間に取り壊された教会の再興を、始めることができたのである。一六〇〇年の夏までには、そのうち六十七の教会の献堂があった。

第二節　大損失と大成果

石田三成が追放された時に生じた、徳川家康と他の大老たちとの軋轢は止まなかった。三成はその追放先から、宇喜多秀家、上杉景勝《かげかつ》と共に、常に自惚れた態度に出る家康に対抗して策を練っていた。その間家康はその大勢力を利用し、血族関係によって、避けがたい決戦の前に同盟を得ようと努め、大名たちに自分に対する忠誠を誓わせた。小西行長は、秀吉の息子に対する義務に背かぬ限り、という条件のもとに忠誠を誓った。行長の長男と家康の孫娘との間に婚約が整ってのちも、意志堅固な行長は、石田方が秀頼の正当権利を代表しているという、その政治的確信を固く守り、三成とは親密な友情で結ばれていた。

上杉景勝は、秀頼のもとへ出頭せよ、と家康に言われたが、太閤から三ヵ月自宅にいることを許されている、と答えた。そこで家康は軍勢を率い、彼に向って出陣した。共謀者たちの奇策により、狡猾な家康を伏見からおびき出すことに成功したのである。それは敵方にとっては、最初の一撃を加えるべき、申し合わせの合図であった。彼らは伏見と大坂を征した。もし彼らが一致し、思慮深く行動したならば、短期間で家康の一党を滅ぼすことも可能であったであろう。しかし彼らの不一致とためらいのため、多くの時間を失ってしまった。その間に家康は引き返して、決戦の準備をすることができた。

美濃国関ヶ原で、両軍は対決した。石田方は、家康方よりもはるかに優勢であったが、結果家康方は完全な勝利を収めた。それは主として小早川秀秋《ひであき》の働きと、五人の他の大名たちの裏切りによるものであった。石田三成と小西行長は囚人となり、島津はその国内で最後まで戦ったが、毛利輝元は戦いを交えずに大坂を明け渡し、家康に無条件で降伏した。小西行長は捕らわれる前に、日本の風習に従い、刑吏の手で死の辱めを受けるより切腹して果てよう、と考えたが、キリシタン信仰がこれを許さなかったので、彼はこの恥辱を罪に対する償いとして耐え忍ぶことを、雄々しく決心した。ただ、彼をとらえている黒田長政に、死に先立ってパアデレに会い、赦しの秘跡を受けることだけを願ったが、家康はこれを許さなかった。それで行長は、心から悔悛することで最後の運命を準備し、真のキリスト教徒として死に臨んだ。彼と一緒に、石田三成、安国寺恵瓊《えいけい》も斬首された。

日本の教会は小西行長の死により、非常に大きな損失をこうむった。彼の領国は敵であった加藤清正の所領となり、信徒たちは清正にあまり良いことは期待できなかった。行長の一人息子は、毛利輝元の反逆により殺された。それにより、家康の寵を得ようとしたからである。だが家康は、その卑怯であり残虐な行為に激昂した。そして小西の妻と娘たちは生命を許され、他の親族たちも煩わされることがなかった。

キリシタンである他の家康の反対者たちは、彼の怒りにさらされた。織田秀信は捕虜となり、国を失い、高野へ追放された。筑後久留米の毛利秀包は領地を失い、甥の毛利輝元のところへ行った。小西の婿で対島の領主宗義智《よしとも》は、妻マリアを追い出し、家康の復讐を免れるため、彼女を長崎のパアデレのもとへ送った。家康の勝利は、宇喜多家の破壊をも意味し、宇喜多秀家が彼の国の改宗に置いていた希望も打ち砕いた。彼は当初関ヶ原の戦いで戦死したと信じられ、イエズス会の当時の報告もそう述べている。だが実際は、彼は島津義弘のもとへ逃れ、後に八丈島に追放され、その後徳川の崩壊まで、その地に留まらなければならなかった。秀家の義兄弟明石掃部は、キリシタンとして切腹をはねつけ、戦いの中での死を求めた。だが、黒田長政は彼を保護し、家康にとりなし、許しを得た。天草ジョアンは国を失い、宇喜多家の遺産を報酬として得ていた、小早川秀秋のもとへ送られた。

背教者でキリスト教徒を憎んでいた寺澤廣高は、家康派の者として、九州総大将であった小西行長の後継者となった。したがって大村のキリシタン大名は彼に隷属することになった。廣高は大村喜前に、その国内に平戸からの亡命者をかくまってはいけない、と命ずることができた。このようにして信徒たちは、少なくとも表向きはキリシタン宗門を捨てることを、余儀なくされた。ある勇敢な者たちは、信仰のため武器を取って戦おうとした。だが、パアデレたちに、それはキリスト教徒として正しい行為ではない、と諌められ、戦いはせずいざというときには殉教しよう、と覚悟を決めていた。だがそんなことは知らない敵どもは、キリシタンたちが武力的な闘争をたくらんでいると思い、妨害の挙には出なかった。寺澤廣高は家康から報酬として大村領を与えられ、大村喜前《よしあき》は天草領に国替えになった。大村領の多数の信徒たちは、保護者をうばわれ、ついには有馬晴信もその小国の領有を、脅かされそうになった。有馬晴信は祖先伝来の土地を守ろうと、全力を尽くした。その努力は、結果的に実りのあるものとなった。さらに家康は、すでに廣高に辞令を与えていたにもかかわらず、大村領及び有馬領は、彼の管轄からはずされた。廣高は、喜前に代わって天草諸島を治めることになった。これらすべては廣高の思惑とは違っていたので、彼はこの時大村、有馬への復讐を固く誓った。

徳川家康が、一般的なキリシタン宗門に対する迫害を何も始めなかったということは、おそらくキリシタンである黒田長政が、最も熱心な味方であったということ、その父孝高が味方であることを明らかに示したためであろう。有馬、大村のキリシタン大名が、軍勢を送るべし、という家康の敵方からの要請に従わず、ついには家康側に立ったことは、黒田孝高に負うものであった。教会は強力な保護者小西行長を失ったが、その後は黒田孝高が行長の地位にあって、教会の利害を代弁する覚悟であると誓った。

当初、家康は迫害者になるかと恐れられたが、その反対以上のことが生じた。彼は事実上秀吉の布告を破棄した。関ヶ原の戦いの少し前に、一人の日本人イルマンが、京都に家康を訪問し、非常に親しくもてなされた。また、オルガンチーノの依頼で他のイルマンが大坂で家康を訪ねた時も、同様であった。それから間もなく、パアデレ・ジョアン・ロドリゲスが、長崎のパアデレたちの名において家康に挨拶を述べた時、彼と同様に長崎から来ていた家康の家臣は、家康は京都、大坂、長崎のイエズス会士の住院を許可状を持って保証した、と言っている。それは秀吉の法令を、事実上撤回したのと変わらなかった。そして家康は、一五九九年（慶長四年）の春ロドリゲスに対し、パアデレたちの名誉を回復したい、という彼の願いを、いつか将来かなえられることを希望する、と述べたのであるが、今や彼はその約束を履行した。

家康の親キリシタン的な態度を見て、異教徒の大名たちは、その後パアデレたちを優遇するようになった。彼らの多くが家康方として多大な報酬を受け、彼らの新領地にキリシタン宗門の新たな扉を開こうとした。尾張清州の前領主福島正則は、安芸と備後を得てパアデレたちを新しい主都広島に招いた。パアデレたちは、僧侶たちによって、そこから追われていたのであった。福島正則の甥二人と家臣の多数はキリシタンであったから、間もなく教会はその地に深く根を下ろした。この地には熱心な志賀パウロも、豊後から避難していた。

内乱の間に悲劇的な最期を遂げたガラシャの夫細川忠興は、パアデレたちが不幸な妻に対して示していた畏敬への感謝の気持ちから、パアデレたちの情ある友人となった。彼は家康から、丹後の小国に代わって豊前全国と豊後の一部を受け、パアデレたちを新主都小倉に招き、また平戸からのキリシタン亡命者を手厚くもてなした。

パアデレたちにとっては好ましいところが何もなかった加藤清正でさえ、宇土を征服したときに捕えたパアデレたちを解放した。これは、黒田孝高のとりなしによるものだった。
キリシタン大名の中では、黒田長政が最も家康の寵を受けた。家康は旧領豊前の代わりに、筑前の大国と交換した。この地で彼は、友人である明石掃部を、宇喜多家の三百人のキリシタン武士や久留米からの多くのキリシタン武士と共に、大切な客として扱った。

このような状況だったので、パアデレも信徒たちも小西行長の悲劇的な死や、他のキリシタン諸侯の不幸について悲嘆にくれたが、今彼らは再び公然と信仰を表すことができたのを非常に喜んだ。

パアデレたちは、十三ヵ年に及ぶ迫害と追放の後、自由に行動し、妨げられることなく布教し、聖祭を行うことができたから、確信をもって将来を期待することができた。長い迫害の間、多くの個人的な危険と犠牲の中でパアデレたちに隠れ家を提供してきた、有馬と大村の領主は、領地に留まる事が出来た。免職されたキリシタン諸侯に代わって、多くの強力な保護者が立ったが、実のところその大部分は、まだキリシタンの信仰を認めてはいなかった。ただ大体においては、キリシタン宗門に好意を持っていたので、彼らの広大な領地に信仰がもたらされることを望んでいた。

しばらく信仰熱を欠いていた黒田孝高は、内乱の少し前に総告白を行い、最初のころの熱心さを取り戻し、豊後と筑前の戦の間には、自分がキリスト教徒であることを、公然と示した。そして、小西行長亡き後の教会の保護者であり代弁者であることを、自分の光栄な義務であるとみなした。

第三節　新たな紛糾

寺澤廣高は、有馬晴信と大村喜前《よしあき》が以前彼の目論見を失敗させたことで、かねてより復讐を誓っていた。家康は京都、大坂、長崎に住院を許したとはいえ、心の中ではキリシタンの友ではない、とたびたび明らかにしていることを、廣高は知っていた。そこで彼は、家康に訴え出た。

〈秀吉公がキリシタンの教えを禁じたのは、当然のことである。パアデレは誰も日本にとどめず、そのため秀吉の禁令を再適用することについては、自分が取り計らうであろう。それでもなお日本に留まろうとするパアデレがいれば処罰し、彼らに隠れ家を与えようとする大名がいれば、それも処罰せられれば良い〉という主旨であった。

寺澤廣高は家康のキリシタンへの憎悪をさらに煽り立て、特に有馬晴信と大村喜前を中傷した。彼らはキリシタン大名であり、秀吉の禁令にもかかわらず、パアデレたちに隠れ家を提供し、また多数の教会を領内に許したのだ、と強調した。家康はひどく立腹し、多数の諸侯のいるところで、両国内の教会は、長崎の聖堂以外すべてとり壊すように、と廣高に厳しく命じた。そこで寺澤廣高は巡察師ヴァリニャーノに、家康は秀吉の禁令を復活し、厳重に遂行する考えであるから、パアデレ全員を長崎に集めよ、という不遜な書状を送った。

パアデレも信徒たちも、非常に驚いた。だがたまたまその場に居合わせた有馬と大村は、驚くほどの勇気と決意を示した。特に有馬晴信は力のある友人に頼んで、彼も大村も、秀吉の禁令が出るずっと以前の、幼少のころからのキリスト教徒であることを、家康に納得させようとした。そして、彼らの敵である寺澤廣高が自分たちの領内の教会を破壊することは、彼らにとってはあたかも生命を奪われるような、耐え難い恥辱である、と述べた。だが家康が多数の諸侯の前で発令したことを、そう容易く撤回するとは、彼ら自身も考えてはいなかった。それゆえこのことについて願う、好機を待たなければならなかった。他方寺澤廣高は、一、できる限り早く家康の命令を実行に移すと思われた。そこで有馬と大村は、一、二の聖堂が助かるかもしれないという、万に一つの望みのもとに、司教セルケイラにキリシタンの手で、教会を取り壊すように願った。

間もなく家康の返事が届いた。あらゆる予想に反し、家康は二人のキリシタン大名に理解を示し、その決心を変え、彼らが教会を取り壊さずに、キリシタンとして生活することを許した。この喜ぶべき知らせは、急便で九州にもたらされ、有馬には主都の教会の屋根を壊し始めたちょうどそのとき到着した。大村では、使者が遅かったので、すでに四教会が壊された後になって、ようやくその知らせが到着した。

この危険が無くなるか無くならないうちに、教会に新たな危険が迫った。ここには、寺澤廣高が再び関係していた。家康は、マカオ船から商品を購入しようとしたが、その際通訳としてジョアン・ロドリゲスを使うよう、廣高に言った。ところが廣高の委託を受けた役人は、パアデレ・ロドリゲスに報告すらしないで、全く独断で事を処理してしまった。その結果、彼は非常に損な取引をし、商品の値段は異常に高く、品質は悪く、量も少なかった。役人は身の証を立てて家康の立腹を鎮めようとして、すべての非をポルトガル人とパアデレに押し付けた。その上寺澤廣高もさらに中傷したので、ついに家康は、パアデレたちは自分の掟を軽んじたのであるから、もはや一人として日本に留まることは許さぬ、と言った。同時に事件を詳しく調査し、責任者を処罰するように命じた。

だが好意ある異教徒の証人の証言によって、事件の真相は容易に明らかになり、寺澤廣高と彼の配下の役人に、すべての責任があることが明らかになった。家康はパアデレたちの態度に満足し、パアデレ・ロドリゲスを呼び寄せ、そのことを告げた。寺澤廣高は独断でふるまった咎で、マカオ船の用務にも、パアデレたちのことにも、一切かかわらないよう命ぜられた。廣高は地位が危ないと思ったので、その後はパアデレの友情を得ようと試みた。特にすべてがキリシタンであった天草の新しい家臣の心をつかむのには、パアデレたちの助けが不可欠だと考えたからである。だが、過去の経験から、その背教者の不誠実な振る舞いに騙されなくなっていたヴァリニャーノは、条件を設け、保証を要求した。寺澤廣高は例外なくすべてを承諾した。領内の教会も保証され、パアデレたちは小西行長が領主であったころと同じ、あらゆる特権と自由を得ることができたのである。

第四節　右近最後の武勲《ぶくん》

一五九二年（文禄元年）夏に、名護屋で秀吉に謁見し和解してからは、右近[※2]は通常主都かまたはその近郊に住んでいた。彼は自由に行動することを許され、秀吉がキリシタン宗門に好意ある立場をとっていたので、彼の熱心さも表に出た。右近にとっては、多くの武将にキリスト教のことを話すのは、秀吉の近くに住まいすることが、最も適していたわけである。これらの年に驚くほどの豊かな収穫があったことは、不思議ではない。

秀吉は死に先立って、前田利家を秀頼の養育者、摂政会の一員にあてた。このため前田利家は秀吉の死後も、絶えず近くに留まらなくてはならなかった。その間、右近も彼の近くにいたものと思われる。

利家は一五九九年四月二十七日（慶長四年三月三日）に亡くなり、九日後に石田三成は追放され、家康は独裁者となった。家康は利家の軟弱な息子利長に圧力をかけ、彼を金沢へ帰らせるよう、策を講じた。実のところ利家は、遺言状の中で、三年間大坂を去らぬように息子に命じていたが、統治権を握ろうとする家康の前に、それは果たされなかった。利長はあえて逆らわずそのまま自国に退いたのであるが、右近もその時主都を去ったのであろう。

右近が前田利家の信任を得ていたことは確かである。利家はその遺言状の中で、右近の忠実さと誠実さを讃え、ささやかな遺品を贈って志を示した。三年前、彼は大勢の前で右近の信仰を誉め、日本の第一、第二の地位に立つべき大人物であるといった。それは、利家がいかに右近の才能を高く評価していたかを示している。

右近は新領主利長からもまた、厚い信頼を寄せられた。利長が家康の圧力を受けて大坂を去ったので、大老は三人になってしまったから、賢明な策略家である家康の勢力は、ますます増大した。だが家康の対抗者たちは、利長の不在を利用して、彼を反逆罪で訴えた。家康を金沢へ出征させ、その後その退路を断とうとしたのである。家康は利家への誹謗を信じ、丹羽長秀に軍勢を率いて金沢へ向かうように命ずることに決めた。

利家は義兄弟である宇喜多秀家から、急便でこの知らせを受けた。利長は忠臣たちを集めてこの重大事を告げ、相談してこの危機を防ごうとした。右近を含む五人の腹心の者が家康のところに行き、主君の無実を訴えたが、家康は耳を貸そうとしなかった。利長は、母を人質として差し出すことさえ忍んだが、家康はなお十分には満足しなかった。危険は去ったわけではなかったので、利長はあらゆる場合を考え、家康の大軍に対抗できるように主城金沢城の改築を、高山右近に委ねた。

この名誉ある委託は、利長がいかに右近の才能を信用していたかを示している。右近はかつてほとんど全壊した高槻城を、いとも巧妙に、強固に修復した。それは、あの強力な信長をして、正面切って攻めたのでは破ることはできないと信じ、策略に頼ったほどであった。右近は課された任務を、わずか二十七日という信じられないほどの早さで成し遂げた。これは利長を非常に満足させた。彼が十年後に、新しい高岡城の構築を右近に任せたのは、そのためであっただろう。加賀国の資料は、右近は築城師としての名声を馳せていたに違いない、と記している。

一六〇〇年（慶長五年）の天下分け目の戦いには、前田利長は家康側に立ち、加賀国で家康の敵、山口玄蕃、丹羽長秀と対陣した。その際右近は、主君のために戦い、功績を上げた。山口に対する戦いでは、右近は大聖寺城《だいしょうじ》（石川県加賀市）を攻めて勇敢に戦ったが、結果的には大敗を喫した。右近はこんなこともあろうかと注意を促してはいたのだが、不当にもこの不運に対する責任を負わされた。資料に関する限り、この大聖寺の戦いは、右近の最後の戦いである。それについては、イエズス会士の書簡には全く述べられていない。

家康は一六〇三年（慶長八年）には、天皇から将軍職を仰ぎ、一六〇五年（慶長十年）には息子秀忠にこの職を譲り、秀頼を押しやり、将軍職を徳川家に継承させることを決心した。

イエズス会士の九〇年度の書簡中には、秀吉の死後、右近が再び重要な政治的役割を務めればよいが、との希望がたびたび示されている。だが、パアデレたちのこの希望は満たされなかった。一六〇〇年の大決戦において、右近は領主前田と同じく家康側に立ったが、彼が心中本当に家康の味方であったかどうかは疑わしい。むしろ領主に対する忠誠心から徳川方のために戦ったとみる方が当たっているであろう。

疑いもなく家康は、右近の武将としての才能を知っていた。イエズス会士の書簡は、

「高山右近配下の千人は、他の者の配下の一万人に相当する」

と家康が述べたことを記している。家康が右近のこの才能を利用しなかったのは、彼がキリシタン宗門を憎悪していたことに原因があろう。家康は小西行長を味方に引き入れようとしたが失敗したので、行長は誓いを破ったと責め、その罪をキリシタン宗門にきせた。だが他方資料は、行長は、〈秀頼[※3]に対する義務を犯さぬこと〉という条件のもとに、家康に忠誠を誓ったと明らかに記している。小西行長は、なき恩人である主君とその息子に対して反逆者とならないために、家康に味方しなかったのである。家康は行長と同様に意志堅固で誠実な高山右近も、あまり名誉ではない自分の意図を弁護することはあるまい、と感じたようで

ある。だが、彼が右近を見失わなかったということは、十四年後に示される。家康の勝利と共に、日本全教会における、高山右近の権威ある勢力は一時幕を閉じ、前田家の国々、特に金沢地方に限られる。そして彼は遠隔の地で、輝かしい教会の基礎を開いたのであった。

註1　P487　フェルナン・ゲレイロ（一六〇〇～一六〇九年）『インド、日本におけるイエズス会士の事跡』をエボラにて出版。

註2　P500　右近は関ヶ原の戦いまで、通常京都に住んでいたと思われる。父ダリオを京都の自宅に引き取り、一時京都に埋葬している。蒲生氏郷が病床に会った時も、すぐに駆けつける場所にあった。

註3　P504　キリシタン武将と戦争についての文献。ルカ・デ・レンゾ『識別に生きたキリシタン大名、高山右近―和田、荒木家との葛藤』キリシタン文化研究会（二〇一〇）

第十六章　長い休息

第一節　一六〇一年から一六一二年の教会状況

関ヶ原の戦いとそれに続いた騒乱の後、日本には極めて低調な平和の時代が始まった。教会は、一時は困難であったが、それを克服した後は、ある程度有利になった。それまで教会は絶え間ない戦いと、たびたびの政治的変転のもとで、長年の活躍の成果も一撃で無に帰するというような苦難を、たびたび味わってきた。こうして司教セルケイラによれば、一六〇〇年（慶長五年）の内乱のために、※1キリシタンの数は三分の一に減少した。

京都と大坂では、今もまだ幾分遠慮せねばと考えられていたが、九州の全キリシタン領特に長崎では、カトリック聖式は非常に荘厳に行われた。長崎にはすでに一五九六年（慶長元年）八月以来司教がいたが、一六〇一年（慶長六年）の春までは、司教として聖祭を盛大に祝うことはできなかった。だがこの年の聖木曜日には、司教は長崎の主教会堂で、聖祭を行い、日本において初めて司教による祝福が与えられた。教会の中では最後の席まで占められ、信徒は教会前の空き地や、そこに続く街路にまであふれた。千人を超えるキリシタンが、司教の手から聖体を拝領した。この聖祭にあわせて、華麗な〈聖母被昇天の教会〉の建築が始まった。さらに町の近くに、キリシタン墓地も作られた。

それまで日本教会には、教区[※2]（在俗）司祭がいなかった。イエズス会の日本人会員の中に、司祭に叙されたものもいなかった。司教セルケイラは、教区司祭を養成することに着手し、ポルトガル人二名、日本人六名の神学生たちに、倫理神学を学ばせた。一六〇一年（慶長六年）九月二十二日、人々の喜びのうちに、最初の日本人司祭に、叙階の秘跡が授けられた。バルトリによれば、木村[※3]セバスチアン（一五六五〜一六二二）とニアバラ・ルイス（?〜一六一八）の二人のイエズス会士であった。四年後には、最初の日本人教区司祭が、長崎の主教会で、司牧的活動にあたることになった。一六〇五年（慶長十年）には、最初の盛大な聖体行列がにぎやかに繰り広げられ、迫害時代は過ぎ去ったかに思われた。家々、街路、街の空き地は美しく飾られ、鐘の響、礼砲、キリシタンの歓呼の中を、司教が路上公然と聖体を運んだ。音楽、花火、舞踏、奇蹟劇は祭りの情緒をいっそうたかめた。

秀吉の時代にも、迫害にもかかわらず、多くの改宗が行われた。キリシタンであることを明らかにし、秀吉の死後洗礼を授かりたい、と思っている大名も多くいた。一五九九年（慶長四年）と一六〇〇年（慶長五年）の異常なまでの成果が、喜ばしい希望を抱かせたのは、尤もなことであった。内乱のため様々な困難に陥ったとはいえ、それが過ぎ去ったのちには、輝かしい将来が教会に期待された。最上流階級や家康の側近の中にも、保護者がいた。だがそのころの改宗はいたって控えめに、限られて行われ、七千を超えることはなかった。

一五九九年から翌年にかけて、二年とたたぬうちに七万人以上の大人が洗礼を受けたのに、一方年々の平均が迫害当初の十年間にも達しなかったのは、当時日本では集団洗礼が行われなかったことを示している。これは一六〇〇年の後は、京極高次《きょうごくたかつぐ》を除いて、現職の大名は誰一人としてキリシタンにはならなかったこと、したがって集団改宗が止まったことによる。実際は少なからぬ大名たちが、心の中ではキリシタンになることを望んでいたのだが、家康の機嫌を損ねることを恐れて、断固たる行動に出なかったのだった。秀吉は、武士がキリシタンになることを禁じていた。そのため少なからぬ大名は、洗礼を受けることを、もっと好都合な時代まで延ばしていたのである。家康は太閤のように目を閉じる気はなかった。それで、少なくとも現職の大名に関する限り、だれも家康の不興に身をさらし、領地を失うことを望まなかったから、諸侯の改宗は止まってしまった。

この理由から、京都所司代板倉勝重《かつしげ》や、家康の最も勢力のある寵臣の一人本多上野介正純《まさずみ》のような人々は、洗礼を受ける勇気がなかった。だが、彼らは説教を聴きに行き、パアデレたちに非常に好意を示した。

福島正則と細川忠興は、人目に付くほど一方ならぬ好意を、パアデレやキリシタン一般に示した。ことに福島正則の二人の甥と、細川忠興の親族はほとんどすべてがキリシタンであった。忠興の長男忠利は、キリシタンになりたいと考えていたが、家康を恐れて改宗せず、その孫娘を妻にした。

一五九一年(天正十九年)すでにキリシタンになることを望んでいた右近の領主前田利長は、パアデレたちの忠告で、秀吉を怒らせぬため、より都合のよい時期にまで洗礼を伸ばしていた。彼はパアデレたちを厚遇はしたけれども、太閤の死後は家康を恐れて、洗礼をまじめに考えなくなった。パアデレたちに約束したように、金沢に教会を建てることも敢えてしなかった。

だが身分の高い人々のあいだで、なおもキリシタン宗門への強い傾向が続いていたということは、多くの身分の高い人々やその妻たちが改宗したことが示している。彼らは内乱によって不幸に陥ったものであったから、家康の怒りをたいして恐れることはなかったのである。

家康は秀吉の掟を緩和したけれども、書面をもって撤回したことは決してなかった。そしてそれが死語ではないように取り計らい、諸侯にはいっそう厳しくした。彼は布教上の難事を引き起こさなかったが、自分が定めた限界を犯された、と感じた時には、それに対抗する法的手がかりを握っていた。そして、折に触れて、それを行使した。それに反し、教会は確実な法的根拠を欠いていた。江戸に多数のキリシタンがいる、という報告を受けた家康は、彼らに信仰を捨てさせる命令を与え、家臣はこれ以後キリシタンになることは許さぬ、と厳命した。京都の下京には、イエズス会の教会が法的に認められていた。奉行は、信徒たちがフランシスコ会の教会を訪ねることを禁じた。それを聞いた仏僧たちは、上京にあるイエズス会の教会も、違法であると告訴したので、それも閉鎖される危険にさらされた。

一六〇〇年以前の日本布教の急速な発展は、信長の興隆によって、仏僧の勢力が抑えられてしまったことによる部分が大きかった。信長は、強力だった比叡山の僧院を抑え、大坂の僧兵の城を攻略した。信長の後を受けた秀吉は、武術に長けていた根来の僧侶を打ち負かした。パアデレたちは、最初の二十年間は仏僧たちの敵意を忍ばなくてはならなかったが、強力な僧院が滅せられて後は、この反対勢力は次第に弱まっていった。信長と秀吉は、心中仏僧とその信徒をさげすんでいた。だが、家康は熱心な仏教徒であった。それゆえ彼の興隆は、日本宗派の目覚ましい発展と、キリシタン宗門への新たな敵意を意味していた。ある仏僧は、内藤ジュリアを、その改宗熱のため家康に告訴し、またある仏僧は上京の教会を禁止するよう、京都奉行に請願書を出した。また仏僧たちは毛利輝元に、一六〇〇年以後の彼の不幸は、パアデレたちが領内にいたことが原因であるから、即刻山口からパアデレたちを追い出さなければ、残りの二国も失ってしまうだろう、と言って説得しようとした。

一六〇五年（慶長十年）パアデレたちが、日本人のイルマン・フカン・ハビアン※4に仏教、儒教、神道の三つの宗教を解説した著作を委託したことから、キリシタン宗門は儒教、神道からも攻撃を受けた。一六〇六年（慶長十一年）イルマン・ハビアンは、十七世紀の新儒教主義の代表者、林羅山《はやしらざん》（または道春）と、長い宗論を戦わせた。その結果、羅山は一層激しいキリシタンの敵となった。一六〇八年（慶長十三年）羅山は幕府の司書および秘書となり、キリシタン宗門に対する幕府の政策に勢力を持ったので、事態はますます悪くなった。国教である神道の新たな興隆が、十七世紀の儒教の復興と結びついたことは、注目に値する。国家主義の強調と、異物とみなされたキリシタン宗門への高まる憎悪には、いまや完成された統一国家を確立し、徳川家の政治を確かなものにしようという幕府の利害がかかっていた。

一六〇一年（慶長六年）から一六一二年（慶長十七年）にかけて、教会は、大体はかなり平和だったとはいえ、個々の地方では小規模な迫害が行われていた。平戸では、松浦家はキリスト教徒の伝統的な迫害者であった。

一五九九年（慶長四年）に、八百名の信徒が自ら追放されたことは、事態をいっそう厳重にしただけで、引き続く十年間に血なまぐさい迫害へと続いた。だが一六〇九年（慶長十四年）松浦鎮信《しげのぶ》は退位し、キリスト教徒である孫の隆信に代わったので、信徒たちはしばらくの間、わずかに息をつくことができた。

加藤清正の親キリシタン的な態度に、信徒たちは希望を持ったが、間もなくそれは、痛々しく失望させられることとなった。一年経つか経たないうちに、彼はキリシタン武士に様々な精神的な苦痛を与えて、信仰を捨てさせようとした。そして、多数の者には成功した。だが、断固として信仰を捨てなかった者たちは、内藤如安《じょあん》、結城弥平次の指導の下に団結し、また清正の京都における処置も、一般に受け入れられなかったので、彼は信徒が移住することを認めざるを得なかった。内藤如安と息子トーマスは金沢へ行き、結城弥平次は九州有馬に隠れ家を見出した。一六〇三年（慶長八年）暴君家康は、二人の武士南五郎左衛門と武田五兵衛シモン、それに彼の母ジョアンナ、妻アグネスを殺害した。これが徳川期最初の殉教者である。また、後日、肥後の信徒たちは信仰のために責められ、特にパアデレを庇おうとした教会の長老たちは、ひどい目にあった。

また、寺澤廣高の、パアデレと信徒たちに対する友情は、少しの間続いたに過ぎなかった。彼は家康の不興をこうむり、長崎奉行の地位を奪われて後、唐津、天草の自領を失うことを恐れていた。それゆえ、家康の好意を取り戻そうと、キリシタンをすべてその職から追い払い、教会と十字架をすべて取り壊し、キリシタンたちに信仰を捨てさせようと迫った。なにもかも、再び家康の寵愛を得るためであった。

そして彼は再び家康の前に名誉を回復できたので、神仏に立てた誓いを実行に移したのである。唐津[※5]では約七十名のキリシタン達が、信仰を捨てることを拒んだので、すべて職を追われた。天草では、二教会を除いてすべての教会が取り壊されるか、他の目的に使われるために差し押さえられた。十字架はすべて取り壊され、信徒たちは棄教することを迫られた。だが彼らは断固として、心を動かさなかった。寺澤廣高は領地内の人口が減ることを恐れ、ついに譲歩せざるを得なかった。そして、彼は再びパアデレたちの友人になり、家康の前で彼らの弁護さえした。

毛利輝元も、キリシタンの血を流した。彼は本来、心中では決してキリシタンの友ではなかった。彼は心から仏教に帰依していたから、仏僧たちが輝元をキリシタンと宣教師の敵に駆り立てることは、容易であった。輝元は、キリシタン武士、特に熊谷[※6]豊前守メルキオールに、信仰を捨てるように命じた。だが熊谷がきっぱりと拒絶したので、輝元はしばらく問題をそのままに放置し、パアデレたちが山口に居続けることさえ我慢した。だが翌年家康がキリシタン宗門に対して厳しい態度を示すと、仏僧たちは好機到来とばかりに、輝元に、家康の不興を買わぬように、パアデレたちを山口から追放し、キリシタンには棄教を誓わせるように、と言った。そして輝元も、これをパアデレ達を追放する好機として利用した。

しばらくそのままにしておかれたとはいえ、熊谷メルキオールは、自分の身に死が迫っていることを感じていた。彼は祈りと善い行いをすることによって、死を準備した。輝元は彼の最も勇敢な武将の一人を、単にその信仰の理由だけで殺すことはできなかったから、好機が訪れるのを四年も待った。四年後に、メルキオールの婿アマン五郎右衛門と、毛利輝元の寵臣益田ゲンバラとの間に、つまらぬ争いが起こった。メルキオールが尽力した結果、二人は和解した。にもかかわらず主君毛利輝元は、メルキオールに死罪を命じた。主因として、彼の婿と益田

の争いのことと、彼がキリシタン宗門を否定するのを拒んだことがあげられた。メルキオールは、

「キリシタンゆえ、切腹は許されませぬ」

と言ったので、斬首の刑に処せられた。彼の妻子、甥、婿、多数の家臣など、合わせて約百人が死なねばならなかった。輝元は、メルキオールが謀反人だったために死罪に処された、と見せかけた。だが彼が四日後に、キリシタンのもとでパアデレの代理を務めていた、盲目のダミアンを殺したことから、輝元は単に信仰上のことだけでメルキオールを殺したことが示された。

〈メルキオールが真の殉教者であったことは、信者はもとより、未信者でさえも疑わなかった〉

と司教セルケイラは記している。

各地で起きたこのような迫害の間、教会の信望はむしろ高まり、信徒たちは信仰を固めた。だから約二十年間キリシタンの柱石とみなされたある人物が信仰を棄てたことは、人々の心にも、キリスト教会にも、大きな打撃を与えた。

最初のキリシタン大名である大村純忠《すみただ》バルトロメオの長男で跡継ぎである大村

喜前《よしあき》サンチョは、一五八七年（天正十五年）迫害が始まると、従兄弟の有馬晴信とともに、その領地も生命さえも危険にさらして、追放されたパアデレたちのために、隠れ家を与えた。またのちになっても、彼はあらゆる身の危険を軽んじ、キリシタン宗門の確立のためには、すべてを犠牲にする覚悟を明らかにした。この同じ人物が、一六〇六年（慶長十一年）の大迫害の勃発にずっと先だって、一世代以来、一人の異教徒も一寺院もなくなっていたその領地に、加藤清正のとりなしで仏僧を招き、一教会を贈って寺に変えさせることにしたのである。さらにイエズス会士を国外に追放し、自らは放蕩な生活にふけった。だがその際彼は、自らがキリシタンであり、仏寺には決して踏み込まないと言っていた。

この何とも解しかねるその態度は、彼によれば、イエズス会士のパシオとジョアン・ロドリゲス・ツヅに責任があるとされる、長崎近郊の地を失い、喜前の機嫌を損ねたことに原因するようである。だが彼ら二人のパアデレは、喜前の不幸には全く責任がないばかりか、彼らは知らされるまでは、長崎近郊の土地が没収されたことも知らなかったのだ。司教セルケイラも、他のポルトガル人も、長崎奉行さえそのことを喜前に言ったのだが、無駄であった。だが幸い彼はドミニコ会士に領内の信徒たちの世話をすることを許し、家族、特にその長男と姉妹は信仰を忠実に守った。だが喜前に信仰を取り戻させようとする彼らの努力は、すべて無駄に終わった。

第二節　茶人右近

関ヶ原の戦いのあと、家康が幕府を開いた江戸から遠く離れた金沢で、数年間右近の静かな生活が始まった。右近はもともと前田利家の厚い信任を得ていたが、その跡継ぎである利長は、よりいっそう右近を手厚くもてなしたようである。

右近は利長のもとで高位につくこと

茶人右近（聖イエズス会金沢教会蔵米治一作）

はなかったが、一六〇一年〈慶長六年〉のパシオの書簡によれば、
〈加賀国の最高の役人であり、その年収は四万石前後だった〉
といわれる。右近は主として能登国にささやかな領地を持っていたが、そこに高槻や明石の時代からの旧臣が住み、その地方のキリシタン信徒の核心を形作っていた。家臣は総数千五百に達した。

右近の家族の事情について、イエズス会士の書簡はごくわずかしか述べていない。一六九六年十二月十三日付けのパアデレ・フロイスの書簡の中に、

〈右近の長男ジョアンは、そのころキリシタン武士トーマスの娘と結婚した〉

と、書き足してあるのが認められたにすぎない。一六〇三年〈慶長八年〉の年報では、右近の娘と利長の重臣横山長知《ながちか》の長男横山康玄《やすはる》との縁談について、右近は娘がその信仰のために嫌な思いをするのではないかと、躊躇したことが記されている。もしそうであれば、右近は決して賛成しなかったであろう。だが長知は、

「そのご心配はご無用でござる。もし愚息がキリシタンになろうとするならば、反対も致さぬ」

と、約束した。そして、結婚が成立した。

右近とその娘は、康玄を信仰に導こうと、絶えず努力した。だが彼は禅宗の信者であったから、長い間譲らなかった。だが両人はくじけずに彼の改宗のために、さらに長い間祈った。幾年もたってから、康玄は好奇心から説教を聴きに行き、非常に心を打たれ、洗礼を希望した。だがパアデレは、彼の心を試すために、しばらく洗礼を延期した。が、その決心は固く、康玄は教会に入ることになった。

正当な理由から、当初康玄は改宗を隠していた。だが彼の受洗は、次第に利長の家臣の間に知れていった。両親も、親族も、領主利長も、彼に信仰を捨てさせることは望みがない、とあきらめて放任していた。

一六〇九年（慶長十四年）の未完の一書簡は、右近の家族中三名の死を報じている。数か月の間に右近は、長男、老母マリア、それに長男の妻を失った。それは、過酷な試練であった。だが右近の信仰は、すでに幾多の不幸と運命の打撃に試練を経ていた。右近は三人とも塗油の秘跡を受け、よく準備をし、真のキリシタンとしてこの世を去ったことを、主に感謝した。

高山右近は先に述べたように、茶道の達人で、名匠千利休の七人衆の一人であった。右近は武将として偉大であったが、それ以上に茶道の師匠として偉大であり、有名であった。千利休と右近の交際が、いつごろ親しく始まったかは資料に明らかではないが、いずれにせよ、一五八七年（天正十五年）の迫害が突発する以前であった。片岡弥吉氏は「利休居士茶会記」に基づき、右近は秀吉の怒りを買って迫害を受けた、生涯の最もつらい日々に、彼の師匠をしばしば訪れ、利休は彼の運命に同情して心からもてなした、と述べている。茶の湯は元来質素、素朴をすぐれたものとするが、利休は門弟の右近が追放されていることに同情し、彼の不幸を慰めようとご馳走をふるまった。

茶人としての右近を讃えるため、茶の湯について概略することにする。茶の湯は、世間の喧騒を離れて、質素だが上品にしつらえられた茶室で、快い談話と、芸術的な雰囲気の中で、一茶碗のもとで二、三時間友人のささやかな集いを催すのが常である。茶室およびその設備や装飾は、全く主人の好みに合ったものとすべきであるが、同時にまた茶道の大師匠の規《のり》にもかなったものとされる。すべては真実と独創を表すべきである。華麗と過ぎた飾りは、すべての素朴と調和を乱すであろう。茶室は日常の喧《やかま》しさから離れ、主家から遠く離れたところにある、静かなオアシスのようなものでなくてはならない。床の間には簡単な巻絵を描けることが許され、その他の飾りとしては、生け花が一つ置かれるだけである。しかも掛図に花が描かれていれば、生け花は同じ趣向を重複するものとして使用できない。また茶をたて、茶器を差し出し、受け取り、また茶器を清めるなど、亭主と客のあらゆる動作は、上品、素朴、自然的な優美さを感じさせるものでなくてはならない。大声で話をしたり、争い、騒がしい談話などは、当然茶の湯には許されない。また衣装、挙動、茶の湯の師匠の全人格を備えたふるまいは、芸術的な印象を備えるべきであるから、日常のほんの些細なことでも、高尚な趣味の人、芸術的な人であることが、自《おの》ずから現れるものである。茶道に精通していた岡倉覚三氏は、この点について

〈茶の宗匠たちの考えによれば、真に芸術的な鑑賞ができるのは、日常生活を芸術的にすごしている人たちにとってのみ可能である。それゆえ彼らは、茶室内の風流の高い規範によって、彼らの日常生活を律しようとつとめた。どんな境遇にあっても、彼らは心の清らかさを保たねばならない。そして談話は、周囲の調和を乱すことは、決して許されなかった。着物の柄、色、身のこなし、歩行等は、

芸術的人格の表現でなければならなかった。これらのことを軽視することはできなかった。というのは彼らの見解によれば、自身に美の理想を顕現して初めて、美に近づく権利が生まれるのであるからだ。それゆえ茶の宗匠たちは、単に芸術家である以上のもの、すなわち芸術そのものになることが目標であった〉

高山右近は、茶道において最高の名匠の域に達したとはいえ、単に茶道の理想に彼の人格を築き上げようとするものではなかったとする、片岡弥吉氏の見解は当をえている。右近は幼いころからキリスト教徒であり、従ってキリスト教的人間理想を表わそうと努力した。彼にとって、茶道は最高の人間理想ではなかった。キリシタンである右近にとって、何か異なった、大きなもの、より高いものを獲得すること、すなわちできる限り神を模倣すること、そして神との密接な一致に達することであった。彼にとっての茶道は、この理想の実現に、価値高い援助を与える物であった。未刊のジョアン・ロドリゲス・ツヅの『日本教会史』の中には、

〈高山右近は、日本唯一の数奇の道（茶の湯のこと）にいた。……彼は離れた茶室で祈ることを好んだ……そして、純潔、素朴、判断等の徳操を習得することに役

立てた〉

と記している。

茶室に一人でいることは、彼に日常を忘れさせた。素朴な飾りつけは、右近を質朴にした。そこにみなぎっている清らかさは、心の純潔を守ることを促した。茶の湯におけるあらゆる行動の荘重さは、彼のすべての行為を、理性と神の意志の規範にはかり、右近の最高の目的である、神に向かうことを助けた。茶道の好ましい礼式は、いつどこにあっても人々の心をとらえ、魅了し、気高い愛すべき人格の持ち主へと、右近を育て上げた。だが彼のこの力は、個人的な満足に役立つものではなく、すべてはキリストのために人々の心を獲得することに役立つものであった。茶の湯の理想は、あらゆる美と調和の中に、創造主をよりいっそう心から愛させるよう、形而上の主の美を見出すことに彼を導いたのである。千利休の七人の高弟のうち、二人を除いたすべてが、そしてある説によれば師匠自身さえも、キリシタンになった、ということが事実であるならば、茶の湯の理想は福音の子孫たちにとっては、すぐれた教えであったことが知れよう。

金沢の安らかな何年か、右近は茶の宗匠として活躍し、この地に茶の湯を盛んにした。彼が前田利家と古くからの知り合いだったのは、利家が千利休の高弟だったことによるものであろう。一五九六年（慶長元年）右近は殉教に向かうとき、領主前田利家に高価な二つの茶入れを贈っている。このことから見ると、利家は当時も茶の湯にふけっていたか、あるいは少なくとも理解はしていたと思われる。また利家の息子利長が茶の湯にいそしんでいたことは、日本側の文献からも知れる。右近が、金沢で茶の湯の宗匠として名を成していたことは、加賀国の文献に明らかである。右近は、高山南坊《みなみのぼう》の名で知られ、今日でも金沢地方では、この名で呼ばれている。

金沢では右近は、最高貴族の茶の師匠となった。彼の門弟や当時の人々が、いかに右近の才能を評価していたかは、彼の死後幾年もたってからの、次の出来事が示している。

前田家の重臣で右近の娘の夫であった横山康玄は、江戸で、ほかの三人の武士と共に、幕府の高職にいた土井利勝のところへ茶の湯に招かれた。利勝は始め差し迫った用務のため列席することができず、高官である佐久間将監に代理を務めるようにと言った。その後主人が現れ、宴席は例に倣って催された。菓子が出された時、康玄は主賓であったので、まずその一つを取り、席を立って別席へ退いた。他の客もこれに倣った。宴が終わり客が皆去ったとき、利勝は佐久間に向かい、

「まだ会席が終わらぬうちに、横山康玄が立って別室に退いたのは、なにゆえと思うか」

と尋ねた。佐久間は、

「それがしにも、しかとは分かりませぬ。が、彼は高山南坊の弟子でございますれば、なにか確かな当然の理由があるに違いないと心得ます。おそらくは多忙な主人を気遣い、長時間煩わせぬようにと、先に立って席をはずしたものと心得ます」

と答えた。土井利勝はこの答えに、

「確かに予もそう思う。まことに高山南坊殿は、大人物だ」

と言った。

高山右近が日本古典に通じ、その機智が聡明で妙を得ていたことは次のできごとが物語っている。前田利長が重臣たちを、茶の湯に集めたことがあった。右近

も加わっていた。

立炭の時、たまたま茶道で嫌う十字形になったので、悪印象をぬぐうためすぐさま香をたいた。右近は聡明にも、すかさず、

『源三位の歌意の面影がござりまする』

と言ったので利長は、たいそう喜んで笑った。居合わせた者は、その笑いの意味が分からなかったので、後日、

「殿は、なにゆえにあのとき笑われたのでございますか?」

と利長に尋ねた。利長は、

『昔、源三位頼政が、宮中から煙十字という難題を下されたとき、頼政は《曙の峰にたなびく横雲の立つは炭焼く煙なるらむ》と詠んだのじゃ。立炭に際し十字形になったので、右近は聡明にもこの歌のことを思い浮かべたのじゃ』

と答えた。実に高山右近は、武道に長じ、文道に心掛けた風流の士であった。

第三節　金沢教会の設立者

先に述べたように、一六〇〇年（慶長五年）以後、右近の使徒的活動は、イエズス会士が北國（Foccucu）と呼んでいる、加賀、越中、能登三国の前田領に限られていた。

一六一五年（慶長二十年）の年報によれば、金沢の教会は日本でもっとも高貴な信徒たちによって、形成されていた。[※7] トリゴーは、金沢の信徒たちは、日本布教区内で若干の教会に劣りをとるだけで、一六一四年（慶長十九年）の大迫害がなかったなら、いっそう豊かな実を結んだであろう、と述べている。

金沢に教会が開かれたのは、すでに右

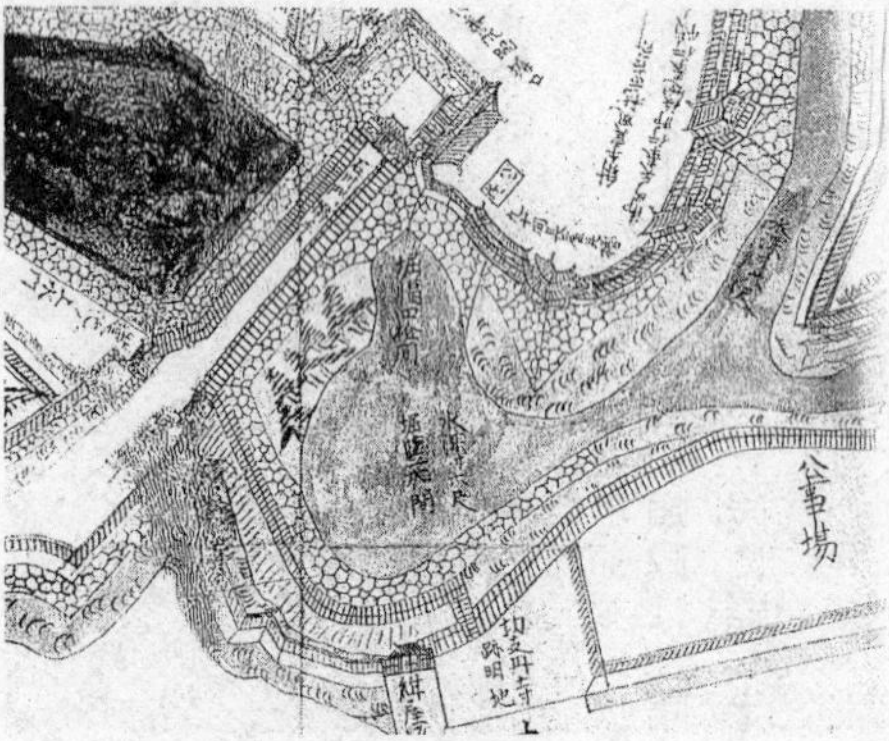

金沢教会跡

近が初めてこの地に滞在したころにさかのぼる。金沢に着いて間もなく、右近と父のダリオは多くの者を信仰に導いた。それからほどなく、前田利長は自分もキリスト教徒になりたいから、パアデレを派遣して欲しい、と願った。一五九二年（文禄元年）の末か翌年始め、すでにパアデレ・ペレスが前田領の国々を訪ねていたのであるが、教会ができパアデレが信徒たちを定期的に訪れるまでには、なお長い時間がかかった。家康の興隆後、右近が絶えず金沢に滞在していた時、一六〇一年（慶長六年）右近は、自身及び他の信徒に秘跡を授けるため、また未信者に福音をひろめるためにパアデレの派遣を求めた。そこで一人のパアデレが金沢に行き、右近の費用で建てられた教会に滞在した。数日間に百二十名が洗礼を受け、その中には十二、三名の利長の家臣もいた。右近の願いで、パアデレは長く滞在し、布教を続けたので、さらに五十一名が洗礼を受けた。その中には、有名な高野の仏僧もいたし、二十四名の前田家の家臣もいた。利長はキリシタンになるように、家臣に奨励したので、さらに二十名の家臣が説教を聴いた。一六〇二年（慶長七年）に再びパアデレは北國に行き、満一年滞在した。この際利長は、領地内に定住するように、と言ったが、霊的指導者が常住する住院ができるまでには、なお数年かかった。

一六〇三年（慶長八年）の年報は、北方の教会がさらに発展を遂げ、ほとんど高位の人々による約六百名の信徒がいた、と記している。書簡は、右近の主要な小国のあった能登国の二教会について述べていることから、おそらく彼らの大部分は、右近の家臣であったと思われる。両教会のうち一つは右近の弟太郎右衛門が、他は右近の重臣が世話をしていた。高槻、明石以来の右近のキリシタン家臣は、能登でしっかりしたキリシタン集団を形作っていたのであるから、一六〇三年（慶長八年）の年報にある六百名の信徒というのは、これらの古くからのキリシタンにちがいない。

その間に右近は、金沢に、大勢を収容できる司祭館を作った。教会に対する期待は、前途有望であった。だが他の多くの土地と同じように、ここでもパアデレが足りなかった。今回のパアデレの訪問は、復活祭までに京都に帰らなくてはならなかったので、かなり短期間であった。右近はそれを心から残念に思い、別れのときには涙を流すほどであった。

翌一六〇四年（慶長九年）には、パアデレは半年金沢に留まった。右近は前もって準備していて、前田利長の数人の有力な家臣を含めた少なからぬ人々が信仰を得た。間もなく八十名の大人が洗礼を受けた。彼らの中には、有名な仏僧もいた。だが彼は改宗したためその地位を失ったので、右近が彼の生計の世話をした。パアデレは贈り物をもって領主を訪ね、非常に親切にもてなされた。利長はキリストの教えについて、パアデレと長い間語らい、居合わせた多数の武士もこれを聞いた。利長は一同に聞こえるように、

「キリシタンの教えは、とても賢明で崇高なものじゃ。キリシタンにならなくとも、その教えを尊敬し、保護しなければならぬ。予は、すでに半ばキリシタンであるから、その教えを、もっと深く知りたいと望んでおる」

と言った。そしてその後も右近と語り合い、あまりにキリシタン宗門を誉めるので、キリシタン嫌いの武士たちが、主君に不都合なことを引き起こすことがないように、右近は話題を変えなければならなかった。皆は利長がキリシタン宗門をどのように考えているかが分かり、異教徒たちは自由に説教を聴きに来ることができた。これはキリシタン達にとっては、大きな喜びであった。

また利長は、家族の親しい人々の間でも、たびたびキリシタンの教えについて

語り、妾の一人がキリシタンになることを望むほどであった。彼女は説教を聴いたことは一度もなかったし、洗礼も受けられなかった。だがそれにも関わらず、祈りと告白を自分一人で、キリシタンの人々が行うとおりにすることができた。利長は彼女がすることに少しも反対しなかったばかりでなく、むしろ良いキリシタンになるように勧めた。また彼は、信長の娘にあたる正妻にも、キリシタンになるように勧めたといわれている。利長の四人の重臣を含め、信仰に冷淡で、心が汚れた状態であった幾人かのキリシタンは、赦しの秘跡に与って、教会と和解した。

このような状況の下で、なおも一人のパアデレも金沢に常駐していないのを、非常に残念に思った右近は、パアデレの派遣を再度願った。管区長、パアデレ・フランシスコ・パシオは、このような当然の願いをこれ以上放置しておくことはできない、と考え、一人のパアデレと一人のイルマンを、加賀の主都の教会に定住する様に定めた。それまでパアデレたちの貧乏なことが障害となっていたが、今回は右近が宣教師の生計を保証したので、その妨げはなくなった。パアデレとイルマンが金沢へ移住するようになったのは、おそらく一六〇五年（慶長十年）

のことであろう。

前田利長がすでに一五九〇年（天正十八年）にキリシタンになる考えを抱いていたこと、翌年大坂で説教を聴きに行って、洗礼を望んだことは前に述べた。パアデレたちは彼のその希望を、当分満足させることを望まなかったとはいえ、利長は秀吉の死後キリシタンになることに決めていた。だが、秀吉の死後も、利長はなおも躊躇していた。けれど彼は様々な方法でキリシタン宗門を尊重していたので、その改宗が期待されていた。利長は好んでキリシタンを訪問し、一緒に食事をし、彼らの禄を高め、かれらの奉仕には惜しみなく報いた。父利家は遺言で、彼が追放した武士は、何人と言えども罰を免ずることがないように定めていたが、利長は一人のキリシタン武士のために、唯一の例外を作った。

内乱後京都を訪ねたとき、利長は母と妹に、キリシタンの教えの他に救いの道はないから、説教を聴きに行くように、と勧めた。そして自分はまだ若いからキリシタンにはならないが、母はもう年老いているのだから、このような聖なる教えを学び、洗礼を受けることを希望する、と言った。母親はその勧めに従って、大坂に説教を聴きに行った。一五九六年（慶長元年）に秀吉夫人を訪問したとき、彼女は二人のキリシタンの侍女がいる前で、自分もキリシタンになりたい、と言った。だが、彼女は長いこと洗礼を受けず、コリン[※8]によれば洗礼を受けずに死んだ。

宇喜多秀家の夫人は利長の姉妹で、パアデレたちに多額の寄付をし、夫と子供のために祈るように願い、自分もキリシタンになりたいと、きっぱりと言った。事実それから間もなく、彼女は二人の息子と、大勢の男女家臣と共に洗礼を受け、教会への道を見出した。

前田利長は先に述べたように、パアデレたちに対して非常に好意的であった。一六〇六年（慶長十一年）のある書簡には、

〈利長殿は、パアデレの訪問の時にはいつも歓迎の意を表し、説教を聴きたいという希望を、公に表わした〉

と記してある。

彼は加賀を弟利常に譲り、越中に引退したとき、右近を伴うであろう、と思われた。右近と自らの救霊について、語り合うためであった。二年後、利長はキリシタンになるという希望を抱いている、と再び述べられた。

一六一二年（慶長十七年）には、常にキリシタン宗門を絶賛していた利長は、さらにより一層親しい気持ちを抱き、信徒たちは完全な良心の自由を持っていた、と重ねて記されている。

若い利長が、一五九〇年（天正十八年）にすでに洗礼を望み、秀吉の禁令にもかかわらず自分の領地内にパアデレをかくまうという勇気を奮い起こしたのは、キリシタンである右近とその父ダリオの英雄的模範が、彼に深い感銘を与えたからに違いない。一六〇六年（慶長十一年）の年報には、右近の真にキリシタンとしての生活は、利長の周辺の者にも深い感銘を与えたことが記されている。

〈パアデレは金沢で、ジュストの費用で建てられた教会を見た。彼は家族と共に、真のキリシタンとしての生活を送っているので、利長の家臣たちは、ジュストを心から尊敬している。ジュストとその家族は、救霊に必要なあらゆることを、一層容易に果たし得るよう、教会から定められた日々には食を節し、深い祈りの中に主を讃え、肉欲を節している。ジュストは、未信者が感情を害するであろうことを、彼の家臣が少しでもすることを許さない〉

また一般民衆にも、右近の手本は教えるところが大きかった。一六〇七年（慶長十二年）の一書簡は次のように記している。

〈ジュストの模範的な生活が、信徒の心を動かすものであり、最も良い説教であったことは、疑う余地がない。だが遺憾ながら彼らはそれに従う勇気はなく、ただ感嘆するだけであった〉

そして三年後には、

〈キリシタンたちは、正しくふるまった。年取ったキリシタンたちは、熱心に教えを敬う点ですぐれていた。南坊ジュストは、すべてにおいて勝り、皆の楯であり、保護者であり、同時にキリシタン的品行と、キリシタン的慣習の生きた手本であった。彼はできることは何でも進んで実行する。それによって古いキリシタンは信仰を固く守り、新しいキリシタンが生まれた〉

と、再び記されている。

右近は、神の国に必要ならば、少しも物惜しみをしなかった。金沢に自費で教会と司祭館を建て、宣教師の生計の面倒を見たことはさておいても、キリシタン宗門のための支出なら、何の躊躇もしなかった。ある時、主君から追放され貧窮に陥った、非常に身分の高いキリシタン武士が亡くなった。その武士は身分相応な葬儀を営むための資産を残していなかった。そこで右近は、彼のために盛大な葬儀を計画し、同時にキリシタンはいかに死者を敬うかということを、世に知らそうとした。日本人は華麗な葬儀によって、死者に敬意を表わすのが常であり、これを非常に尊重しているので、この葬儀は、公にカトリック礼式のあらゆる華麗さを尽くして、営まれることになった。前田利長の家臣の異教徒の武士たちも招待された。その効果は誤りなかった。美しい儀式と荘厳な祭服は、人々に深い感銘を与えた。右近のキリシタン的愛と寛大さは、見る人に驚きと感嘆の念を起させた。とり分け、この葬儀に深く心を打たれた、死者の親戚にあたる二人の仏僧があった。彼らは、その信徒達からの援助を捨て去る勇気を持っていたら、しっかりしたキリシタンになっていたであろうと思われた。

日本のキリシタンは、特に降誕祭と復活祭を華麗に祝うのが常であったから、右近は一六〇八年（慶長十三年）に美しい降誕祭を祝うことにより、キリシタンの共同意識と、信仰の喜びを高めさせたいと願った。右近は自筆の招待状を送り、その結果降誕祭の前日には、非常な数の人々が、教会に押し寄せた。右近にとっても他の信徒たちにとっても、このように多くのキリシタンが集まったのを見るのは、心を打たれる情景であった。深夜の聖祭後、人々は右近の費用で盛大な祝宴に与った。

右近は、悲しい家族の死亡さえ、盛大な葬儀を催すことで、未信者を感化する機会にした。人々は深く心を動かされ、これほど盛大な葬儀をしてもらった者は、すぐに仏になり、極楽に行くことは確かであろうと思った。右近はその成果を喜び、たとえ葬儀にくりひろげられた華麗さが、死者自身には役立たないとしても、未信者に対して、キリシタン宗門の高い理念と、ある程度の認識を媒介する役には立つと思っていた。

また一六〇一年か二年に、加藤清正に肥後を追われた内藤ジョアンと息子トーマスの二人が居合わせたことは、金沢の教会にとっては力強い助けになり、また未信者にはキリシタン的な強固な意志の見本になった。右近は金沢へ来るように彼らを招いていたのであった。前田利長は尊敬して彼らを迎え、肥後で与えられていたのと同等か、むしろそれ以上のものを給した。

これらの好ましい事情にもかかわらず、顕著な成果はたいしてあがらなかった。改宗者の中には、相当数の武士や他の上流階級の人々がいた。ことに

一六〇六年（慶長十一年）、一六〇七年（慶長十二年）の両凶作の年において、そうであった。したがって一六一五年の年報が、

〈金沢教会は、日本で最も繁栄した貴族集団である〉

と記しているのは当然である。が、他方多くの書簡は、金沢ではまだ一向宗の力が強力であったから、一般民衆の改宗は、ごくわずかであったと報じている。

イエズス会士の書簡では、下層階級の改宗者が少ないことは、民衆が仏教を固辞していたことが最も主な原因であるとしている。だが、非常に良い条件の下であっても、あまり前進が見られなかったのは、領主の前田利長がキリシタンになる勇気を持たなかったことが、主な原因であるのは疑う余地がない。一六〇八年（慶長十三年）の一書簡にはすでに、利長は常にキリシタン宗門を最高のものとして認め、自身もキリシタンになりたいと語っていた、と伝えている。二年前から、利長はこの希望を明確に述べ、説教を聴きたい、と公に言っていたのであった。だがすでに当時からパアデレたちは、彼の改宗にはたいして期待していなかった。ゲレイロは、彼は決してその希望を実行には移さないだろうと、幾分かの嫌味を込めて述べている。

一六〇九年（慶長十四年）のある書簡には、利長は家康の感情を害することを恐れなければ、キリシタンになるであろうと記されている。利長は、パアデレのために教会を建てることも、同じ理由から思い止まったのである。このようにしばしば信仰を望み、心の中ではキリシタン宗門を尊敬し、高山右近の驚くべき力を称賛したその同じ人物が、三年とたたぬうちに、家康の好意を失うまいとして、右近に対し信仰を捨てることを勧めたのである。すでに一六〇一年（慶長六年）の年報は、北國での布教は、パアデレたちが望んだように、速やかには進まなかった、それは家康が、高貴な人々がキリシタンになることを禁じたからである、と強調している。前田利長はキリシタンに好意を持ち続けていたとはいえ、家康の興隆後はもはやキリシタンになろうとは考えなかった。この領主の軟弱な態度が、その家臣にも影響を与えたに違いなかったであろう。

金沢の教会は、一六〇一年（慶長六年）から一六一二年（慶長十七年）における日本の全教会の姿を、最も正確に映し出していると言えよう。パアデレと信徒たちは、良心の自由を味わい、楽しみ、領主は彼らに大いなる好意を示し、多数の人はその正しい判断と勇気によってキリスト教徒になったが、領主は改宗することによって自身の地位に危険が及び、領地さえ失いかねないと思うと、あえてキリシタンになろうとは思わなかった。この大名の軟弱な態度が、武士や民衆の勇気を妨げた。したがって、金沢の教会、言い換えれば日本の教会が、この比較的平安な時代に大した成果を上げなかったという究極の原因は、結局家康が禁じたことにあったのである。

註1　P506「キリシタンの数は内乱前の報告によれば約三十万に達した。多数の者は大変動の結果散らされ、他の者は信仰を棄てることを強制され、彼らは司祭と教会の多数は奪われていた。従って戦後には約二十万人程の教会となった。文献：セルケイラ一六〇三年一月一二日書簡

註2　P507　日本人在俗司祭について。文献：H　チースリック『キリシタン時代の日本人司祭』教文館（二〇〇四）

註3　P507　木村セバスティアン（～一六二二）　平戸出身イエズス会司祭。マカオにて神学研鑽、一六〇一年日本人初の司祭叙階、一六二二年長崎西坂の丘にて殉教。ルドビコ・ニアバラ　平戸出身、イエズス会司祭。一六〇九年木村と共に司祭叙階、一六一四年マカオに追放されたが、一六一八年帰国途中海難に遭い死亡。

註4　P512　不干斉ハビアン（一五六五～一六二一）　臨済宗の僧侶からカトリックに改宗。イエズス会修道士。『妙貞問答』の著者。後にイエズス会を退会、棄教。反キリスト教の『破提宇子』を執筆した。

註5　P514　八代の殉教者について。文献：溝部脩『キリシタン地図を歩く』ドンボスコ社（二〇〇六）

註6　P515　熊谷メルキオール　文献：溝部脩『キリシタン地図を歩く』ドンボスコ社（二〇〇六）

註7　P528　ニコラス・トリゴー（一五七七～一六二八）フランス人イエズス会司祭。一六一〇年マカオに渡り、南京、北京と宣教、その間『日本の殉教史一六一二～一六二〇』を著した。二八年中国にて死亡。

註8

P534　フランシスコ・コリン（一五九二〜一六六〇）　スペイン人イエズス会司祭。一六二二年フィリピン上陸、フィリピン管区長を勤める。『フィリピンにおけるイエズス会の宣教史（一六〇六〜五六）』を執筆。スペインで印刷出版。パブロ・パステリスはこの本に多くの註を付けた。二十四章は右近たちのマニラ到着、二十八章は右近の生涯を短くまとめている。コリンは右近の直接の目撃者ではないが、多くの人の証言を聞いている。一六六〇年マニラで死亡。

第十七章　第三の試練

第一節　家康とキリシタン迫害

先に述べたように、一六〇一年（慶長六年）から一六一二年（慶長十七年）の長い期間は、日本教会にとって、好ましい平和の時代でも、発展の時代でもなく、秀吉の迫害の後に迎えた休息の時代であったと言えよう。確かにこの時代には、一般的な迫害は行われず、多数の大名はパアデレと信徒に、親しさを示しさえした。家康も一般的には、布教を妨げることはなかった。とはいえ個々の地方では、血なまぐさい迫害が、行われなかったわけではなかった。しかも家康は、心中キリシタン宗門の友であったことは一度もなく、時にはひどい言葉を並べて、明らかに教会の発展を阻止した。京都、大坂、長崎の住院を認めたのも、ただマカオ貿易のことを考えてのことであった。貿易に利益があり、願わしいものに思えた限り、家康はイエズス会士の控えめな布教さえ、黙認していたのである。そのうえフランシスコ会士の援助で、マニラとも貿易したいと考えていたから、彼らにも同様にある程度の、布教の自由を与えていたのであった。だが家康のキリシタン宗門に対する憎悪は、ますます燃え上がり、一六一〇年（慶長十五年）以降、教会の一般的迫害へと繋がっていった。関ヶ原の合戦後、家康は京都、大坂、長崎の三住院を許可したが、その後間もなく小西行長に対する不満から、パアデレが日本国内に留まれぬようにした。それに関連して、寺澤廣高は〈有馬と大村のキリシタン大名は、秀吉公の法令に背いておりまする〉と告発した。そこで家康は、

「両領内のすべての教会を破壊せよ」

と命じた。だが、その後家康がついに譲歩するに至ったのは、信念のためには死をも辞さぬ、という両大名の雄々しい態度と、キリシタン宗門をあまりに抑え込もうとすると、自分に害を及ぼすことになるかもしれない、という思いからだった。家康はすでに一五九八年（慶長三年）にフランシスコ会士の援助によって、マニラとの貿易関係を結ぼうとしたが、期待した貿易船の代わりに、一六〇二年

（慶長七年）には、マニラからフランシスコ、ドミニコ、アウグスチノの諸修道会士が日本に姿を見せた。家康は激昂し、キリシタン宗門を絶滅するといった。

秀頼の側近者の中にキリシタンがいる、という告発を受けた家康は、この若殿に奉仕する者は、だれもキリシタンであってはならぬ、と厳命した。大坂では、厳しい迫害が行われる、と恐れられたが、家康は、当時は脅かそうと思っていただけで、すべては従来のまま放置されていた。彼の主都江戸では、同様な告発には詳しい調査がなされ、洗礼の厳しい禁止令が出された。マニラとの貿易は、何ら具体的な成果がなかったので、京都のフランシスコ会の教会は閉鎖され、パアデレたちは拘束された。

家康は、機会あるごとに、キリシタン宗門に対する敵意を示したが、それでもパアデレたちは、時折人目を引くほどの好意にも接した。一六〇三年（慶長八年）から翌年にかけ、オランダ海賊のためにマカオ船が姿を見せなかったので、イエズス会のパアデレたちは、非常な困窮に陥り、修練院や学院を支えるのも難しくなった。その時家康は、パアデレたちが自由に使ってよいと三五〇タエルを与え、マカオ船の入港後に返してもよいと言って、他に五千タエルを貸し与えた。このとき家康はマカオ貿易に、非常に関心を持っていたので、イエズス会のパアデレに好意を示すことによって、その力を利用しようとしたのである。一六〇七、八年（慶長十二、三年）には、マカオ船は一隻も現れなかったので、家康は怒ったが、十分公正に判断して、それはイエズス会士の罪ではないことを納得した。

一六〇六年（慶長十一年）家康は司教セルケイラを盛大に引見し、一年後にはイエズス会の管区長も引見した。それは、秀吉の追放令以来、初めてのことであった。それでキリシタンたちはこの好意を、表向きのものではないが秀吉の禁令の事実上の撤回とみなした。だが、残念ながらこの楽観的な見方は、事実にかなったのではないことが、間もなく明らかになったのである。バルトリが、キリシタンに対する家康の態度を、

〈心の中では憎んでいたが、利害関係を考慮して、好むふりをしていたのだ〉

と述べているのは正しい見解と言えるであろう。またモレホンも、

〈家康は心の中ではキリシタンの敵であったが、物質的利害関係から、時折親しげな態度を見せたのだ〉

と言っている。

ポルトガル人が、事実上唯一のヨーロッパ人として、日本と貿易関係を結んでいた時には、家康とイエズス会士の間も円満であった。家康はキリシタン宗門に対しても、和解的な態度をとり、マカオのポルトガル人を機嫌よく迎えていたが、マカオ貿易が不必要になり、ポルトガル人の貿易独占が破られるや否や、この状態は変わってしまった。その上家康は、すでに一五九八年(慶長三年)以来、フィリピンやノビスパニア(メキシコ)からイスパニア船を、徳川家の勢力範囲の港へ引き入れようとしていた。

だが、その成果がたいして上がらなかったのは、日本との貿易の妨げになっていた、いくつかの重大な問題があったのである。前後の考えのないサン・フェリペ号の積荷没収事件、一五九七年(慶長二年)のイスパニア使節の虐殺、また日本を独占貿易地域とみなし、一五八〇年(天正八年)の二国統一のとき、フェリペ二世からその権利を裁可されたポルトガル人の反対、などがそれである。それに加えて、日本とノビスパニアの直接の貿易交渉は、自己の貿易に危害を及ぼすであろうという、フィリピンのイスパニア人たちの憂慮等があった。しかしそれから間もなく、オランダ、英国との貿易の道が家康に開かれたのである。

一六〇〇年（慶長五年）オランダ船デ・リーフデ号は、マゼラン海峡を回り、長い航海の末に豊後の海岸に難破した。ポルトガル人たちは、

「この漂流者たちは、全海域でわれらの国王の船を追跡している敵でございます。日本の風習に従って、船を没収し、乗組員は殺してしまうのが良かろうと存じます」

と言った。この残酷な勧告は、船が積み荷として、大砲と弾薬を載せていたことから、彼等にはいっそう当然なことと思われたのだ。とりあえず船は押収され、二十人ばかりに減ってしまった乗組員は投獄された。だが家康は、できるだけ多くの国と貿易関係を結びたいと思っていたので、囚人の生命に危害を加えようとは思っていなかった。特にイギリス人ウィリアム・アダムズという水先案内人は、初対面のときから、役に立ちそうだと思われた。彼は、巧妙な造船家、優れた数学者として振る舞い、家康にとっては必要不可欠な人物であると思わせる術を心得ていた。イエズス会のパアデレたちは、この人物を通して、彼らとポルトガル人に大きな危険が迫ってくるかもしれないと思い、司教セルケイラのとりな

しで彼を長崎に送り、そこから本国へ帰らせるように申し出た。だが、アダムスはこれを拒絶し、また彼をカトリックに改宗させようとする、パアデレたちの試みも失敗に終わった。

一六〇三年（慶長八年）に、オランダ人がマカオ船を奪い取った話は前述したが、彼らの船が東アジアの海域に現れた、ということは、うまく連絡が取れれば、郷里の消息が聞けるかもしれない、という希望をアダムスに与えた。家康はアダムスが何度も願ったけれども、故郷へ帰る許しを彼に与えなかった。だが、リーフデ号のカピタン、クアケルナックとオランダ人の商人サントフォールツに、日本と貿易することを委任した一書簡を持たせ、オランダ船で帰国させることにした。オランダ人は一六〇三年（慶長年八年）にマカオ船を襲ったので、ポルトガル人は彼らを恐れていた。しばらくポルトガル船が日本に来なかったのも、そのためであった。一六〇九年（慶長十四年）ある船がマカオを出港したとき、二隻のオランダ船がこれを待ち伏せたが、濃霧ために同船は逃れて、長崎に入港することができた。だがそこで、より一層の不幸を忍ばなければならなかったのである。

一六〇八年（慶長一三年）マカオで、キリシタン大名である有馬の家臣も加わって、数名の日本人が狼藉を働き、厳罰に処されたことがあった。彼らは日本に帰ったとき、マカオで非常に不当な処置を受けたと、領主と長崎奉行長谷川左兵衛に報告した。これは一方的な、敵意のある報告であったが、長谷川左兵衛は、このことを利用しようと考えた。

ポルトガル人にとって不幸なことには、先に日本人を処罰したマカオの植民地総督の、アンドレス・ペッソア本人が、翌年マードレ・デ・デウス号のカピタンとして、日本にやってきたことであった。六月二十九日に長崎に入港するかしないかに、左兵衛は極めて不愉快なやり方で、喧嘩をふきかけた。ペッソアは家康に不平を訴え、すでに好ましい決定を受けていたのだったが、老獪な奉行はマカオでの処罰の身勝手な報告書を家康に見せ、その考えを根本から変えさせてしまった。家康はペッソア側の意見を聴取することもなく、有馬晴信に、マードレ・デ・デウス号を没収し、ペッソアを生け捕りまたは殺して引き渡すように命じた。

有馬晴信は、ペッソアを奇襲しようと考えた。だがペッソアは、逃げて自身と船を守ろうと企てた。乗組員の多くは上陸していたので、急いだため五十人くらいしか乗船できなかった。そして彼が船を巡らせたとき、折悪しく逆風で、速やかに脱走することも出来なかった。晴信は多数の小舟で追跡したが、オランダ船の大砲でひどい損失をこうむった。戦いは、四日間続いた。家康には、日本側の甚だしい損失の報告が、毎日のようにもたらされた。家康はひどく立腹し、敵が逃げた場合には、長崎のポルトガル人はすべて、司教、イエズス会のパアデレも殺害し、もし信徒が彼らを守ろうとするならば、長崎の街を焼き払う、と警告した。

四日目に有馬晴信は、最後の試みを行った。彼はこれに成功し、敵を追い詰めた。ペッソアはついに火薬庫に火を放ち、船を爆破させた。カピタン、乗組員、積荷はすべて海中に没した。この功により、有馬晴信はポルトガル人とパアデレに対する家康の命令を撤回するように、取り成すことができたのであった。

ペッソアにとって不運だったことは、長谷川左兵衛が告訴したちょうどその時、オランダ人は日本との通商に骨を折っていたことと、それから間もなくマニラの前総督ロドリゴ・デ・ビベロが、日本とイスパニア植民地との貿易を、新たに結ぼうとしていたことであった。ビベロはフィリピンの総督であったときから、日本と通商関係を結ぼうと考えていた。それでその在職期間が終わり、彼がノビスパニア（メキシコ）へ航海中に、房総半島の海岸へ漂着したとき、家康にその話を持ち掛けた。彼が条件として要求したことは、オランダ人を追放する、ということ以外はすべて聞き入れられた。

ビベロはオランダ人を、反逆者、イスパニア人の敵、海賊と言ったのである。家康は、

「オランダ人との貿易は、以前から許可されているものじゃ。じゃが、そちが、あの者どもの真の性質について明かしてくれたことは、かたじけなく思うぞ」

と言った。ビベロは、家康が用立ててくれた、アダムスによって建造された船で、ノビスパニアに向かった。フランシスコ会士パアデレ・アロンソ・ムニョス[※1]（?〜一六二〇）は、家康の提案をイスパニアのフェリペ国王に伝え、その返事を持ち帰る任務を命ぜられて、使節としてイスパニアへ向かった。

オランダ船の使節は、平戸で家康の歓迎を受け、いろいろな約束をした挙句、平戸に商館を建てる許可を得た。マードレ・デ・デウス号の沈没の前から、ポルトガル人はオランダ人を日本との貿易から締め出そうとしていたのだが、無駄で

あった。家康が、どの国とも貿易を行ないたい、と言ったからである。ポルトガル人はさらに、オランダ人が持ってくるのは奪った物だけで、彼らは長年の日本とマカオの貿易にも、害をもたらすであろうと言ったが、家康は、彼らは日本の船には危害を加えないのだから、怒らせてはならぬ、と答えた。家康は、マードレ・デ・デウス号事件の前から、ポルトガル人の独占貿易を認める気はなかったのであって、長谷川左兵衛がペッソアに対する悪意の報告をしてからのことではない。

翌一六一一年（慶長十六年）には、またもやほとんど時を同じくして、イスパニア人、オランダ人、ポルトガル人が日本との貿易を望んでやってきた。ノビスパニア（メキシコ）からは、ビベロに示された好意に謝辞を述べるために、イスパニア大使としてセバスチアン・ビスカイノが来た。ビスカイノは母国に帰すために日本人を同伴し、家康に船の賠償金と、借入金四千デュカットの払い戻しの品を持参した。ビスカイノは、江戸に秀忠を訪問する際に、武装した随員を従え、旗を風にひるがえし、ラッパと太鼓を響かせて街に入ることを主張した。そして彼は結局我意を通したのであるが、少なからず日本人の感情を害した。そして彼が家康を訪問した際には、家康は軍事的な装いは、すべて断った。

ビスカイノは、イスパニア船が安全に入港できるように、海岸の測量許可を願い出て、許された。だが彼がパアデレ・ソテロ[※2]（一五七四～一六二四）とともに測量のため全国を旅したとき、態度が悪く、人々の怒りを買った。家康はアダムスに、

「隣国の海岸を測量するのは、ヨーロッパでは通常のことか？」

とたずねた。アダムスは、

「戦の準備の時だけでございます」

と答え、なお続けて、

「イスパニア人は、まず布教のために宣教師を派遣いたします。彼らの侵略の目的を、隠すためでございます。この方法で、彼らは西インド、ノビスパニア（メキシコ）、フィリピン、モルッカ諸島を征服いたしました。そのためヨーロッパでも、多くの国王や諸侯が、宣教師たちをその国から追放したのでございます」

　家康に悪い感情を抱かせるために、他のオランダ人も同様なことを言った。そこで家康は、

「ヨーロッパの国王たちが、宣教師どもをその国々から追放したのであれば、予もまた同じようにするのは当然じゃ」

と言った。そしてこの瞬間から、彼はそれを実行しようと決心した。だが家康は、来たるべき時まで、待つことにしたのである。一方息子の秀忠は、直ちに実行に移したようである。

いずれにせよ、ビスカイノとの交渉は、進まなかった。彼はノビスパニア総督宛ての、一書簡を得ることができたが、そこにはキリシタン宗門は将軍の気に入らぬ、ということが明らかに述べられていた。ビスカイノが乗ってきたサン・フランシスコ号は、もはや帰航の役には立たなかった。家康は、新しい船を造るために必要な、六千ペソを貸すことを拒絶した。仕方なく彼らノビスパニアの使節団は、ソテロが使節として、ノビスパニアを経て、マドリッド、ローマへ行く伊達政宗の船に、単なる乗客として乗せてもらうことになった。

一六一五年（元和元年）八月十五日、国王フェリペの返事が、多くの贈り物と共に、三名のフランシスコ会士によって届けられた。贈り物は突き返され、使節は不面目に取り扱われ、死を免れたことだけに満足して、来たのと同じ船で、因人のようにノビスパニアに帰らなければならなかった。

ビスカイノが江戸に入った時の不遜な態度、測量の時人々に与えた悪印象のことはともかくとして、ほとんど時を同じくして、オランダ、ポルトガルの使節が、家康と通商条約を結ぼうとして日本にきたことは、イスパニアの側にとっては、非常な不運であった。オランダ人はポルトガル人とイスパニア人に対する、非常に敵意のある告訴に満ちた、ネーデルランドの総督、モーリッツ・フォン・ナッサウの書簡を届けた。その中には、

〈ポルトガル人は、「支那王」へのオランダ使節を三度も妨害した。イスパニア人は、《自分たちは、長年日本と貿易を行っているが、オランダ人は昨今になって現れたものであり、マカオとの貿易に害を与えるであろう》と言って、オランダ人が日本に滞在する許可を与えないように、家康に進言した。またポルトガル人とイスパニア人は、実際に世界を征服しようと企てているのであるから、オランダ人がこの秘密を日本に漏らすことを恐れている。だから、彼らの不実な話を信用してはいけない。彼らは自分たちの、悪意のある野望の実現のために、宣教師を利用した。宣教師たちは、目立たぬ方法で日本人をその教えのために獲得

し、あらゆる他の宗教を軽蔑させるのが務めだった。このようにして、異なった宗派の間で争いが起き、その結果おそらくパアデレたちは、全日本の領主になるだろう〉

と述べられていた。

この書簡は偽りであり、下手な小細工であったが、その意図とした効果を誤らなかった。これと同じころ、ビスカイノは海岸の測量を始め、アダムスがこれを悪意を持って利用したので、家康に疑惑を生ぜしめた。かつて、サン・フェリペ号が現れた時、秀吉がイスパニア人の侵入をおそれ、パアデレたちをスパイであり、道案内とみなしたように、家康も同様の考えを持ったことは、理解できる。事実家康がこのような考えを抱いたことは、何人もの宣教師の書簡にみられるものである。

そしてイエズス会士であるイスパニア人のモレホンが、その同国人ビスカイノに罪を帰した記録を残しているのは、注目に値する。彼は、ビスカイノが、その傲慢不遜な態度と、人目をひく測量のやり方や、金銀島の発見行などによって、家康に疑惑を抱かせたこと、そしてさらにそれをアダムスとオランダ人が、憎しみある方法であおり、イスパニア人は、まず日本の海を探索し、金銀島を征服し、そこから日本を襲おうとしていると主張して、自分たちの目的に役だてた、と述べている。

オランダ人、イスパニア人と同じころ、ポルトガル人ヌーニョ・デ・ソートマヨールが、インド総督の委託で、マカオ貿易を再興しようとして来日した。彼は、長崎奉行の免職と、日本の国王にとっては反逆者であり、ポルトガル人と中国人から奪った物だけで、商売をしようという、オランダ人を排斥する、という条件を出した。だがアダムスがオランダ人を弁護したので、この条件は聞き入れられなかった。そして、ポルトガル人は、もし希望するなら再び来航して良いが、日本の国内問題には干渉してはならない、という返答を受けた。

一六一一年（慶長十六年）には、ドミンゴス・フランシスコが、オランダ人の排斥を促すための使節としてやってきたが、あまり相手にしてもらえなかった。総督の書簡に対する返答もなかった。翌年やって来たポルトガル人の使節オラテイオ・ネレテも、オランダ人を日本市場から締め出そうとしたが、同様に失敗した。ドミンゴス・フランシスコは二回目にマニラから来朝したが、何も得るところはなかった。しかも反対に、ポルトガル人の立場を根底からくつがえそうとしているオランダ人使節のことを、ネレテは駿府で、長崎からの知らせとして聞いた。

ポルトガル人の不幸は、一六一三年（慶長十八年）に、イギリス人ジョン・サリスが来朝したとき、頂点に達した。彼は華々しい随員を引き連れ、狡猾なアダムスを通訳として利用した。そして、希望通り長崎に住むことは出来なかったとはいえ、平戸に商館を開くことができた。

一六一一年（慶長十七年）ごろ、家康はマカオ貿易に、たいして頼っていなかった。それは、この年輸入された五千キンタールの生糸のうち、マカオ船の分はわずか千三百だったことを見ても明らかである。そして家康は今や仮面を脱ぎ捨て、それまではマカオとの貿易を考慮して押さえていた、キリシタン宗門への憎しみを、表面に出すようになった。しかもポルトガル人は、これまでマカオ総督ペッソアが不親切に扱われても、マードレ・デ・デウス号の事件の時にも、復讐することなく貿易の再開を承知したので、パアデレを追放しても、それまでのように商品を日本に売るだろう、と当然家康は考えた。

モレホンによれば、マードレ・デ・デウス号の沈没に関しては、当時家康が非常に好意を持っていた、有馬晴信のとりなしで、イエズス会士は追放を免れたのであった。だが、他ならぬこの寵愛が、やがて彼と日本教会の致命的な破たんのもととなった。

すでに関ヶ原の戦いの前から、家康は、婚姻関係によって、できるだけ多くの大名を、味方に引き寄せるように努めてきた。今彼は同様の手段で、かつてキリシタン宗門の確立のために、全教会の救いに努力した人物を、教会から引き離そうとした。有馬晴信の従兄弟にあたる大村喜前《よしあき》は、すでに長年来信仰は弱まっていた。有馬晴信の長男であり跡継ぎである直純《なおずみ》ミゲルは、家康のひ孫を妻にすることになった。だが直純は、すでに何年も前から、小西行長の姪と、教会で結婚していた。それゆえ、キリシタンとしての義務を犯すことなく、新しく婚約することは許されなかった。だが、名誉心にかられた父は、家康の提言を断る勇気がなく、ここに結婚が成立した。晴信は家康と親戚関係になり、以前有馬に属していた諫早領を再び領地にしようと望み、家康の家老本多上野介正純の秘書でキリシタン武士である岡本大八《だいはち》を、仲介者として利用した。晴信は多額な賄賂を贈ったが、事態ははかばかしく行かなかった。晴信が絶えず急き立てたので、大八は彼に諫早の所有を認める免許状を送った。だがそれから間もなく、大八は、晴信の反対者たち、ことに長崎奉行長谷川左兵衛は、すべてに疑いをかけている、と知らせてきた。そこで晴信は、家康に訴え出ようと考えた。息子の直純は新妻と共に、父に従っていくことにした。これは、表面上は父に尽力しよう、というのであったが、事実は父を滅ぼして、有馬領を自分のものにしようと、企んでのことであった。この恥ずべき裏切り行為は、野心ある妻と長谷川左兵衛に駆り立てられたものであった。家康は、晴信と大八の陰謀をすべて知り、大八には火刑の判決を下し、晴信を甲斐国に追放した。直純は父の領地を継いだ。ただし、信仰を捨て、キリシタンの家臣は皆仏教徒に改宗させる、という条件がついていた。

判決は一六一二年（慶長十七年）四月二十日金曜のことで、大八は翌日火あぶりの刑に処せられた。晴信はその過酷な運命を、重大な過失に対する当然の天罰と考え、キリシタンとして諦観して耐え忍んだ。だが同時に彼は有力な友人のとりなしによって、家康の好意と、失った領地を再び取り戻そうとつとめた。晴信の息子直純はこれを知り、妻と長谷川左兵衛の勧告に誘惑され、家康に父の死罪を願って承諾された。

晴信と大八のやり方は貪欲だったので、家康はますますキリシタン嫌いになり、この憎むべき宗門に処置を講ずることにした。イスパニア人ビスカイノらによる測量と、オランダ人およびイギリス人ウイリアム・アダムスの中傷によって、家康はイスパニア人の侵入を心から恐れていた。当時家康は、イスパニアとポルトガルとの貿易を考慮して、キリシタン宗門に対する一撃を伸ばしていたとはいえ、ヨーロッパ航海緒国の日本との貿易への競争は、キリシタン宗門に譲歩をしなくとも、船を日本の港に引き寄せることができることを示していた。そこで家康はその後、もはや家臣はキリシタンであることを許さず、キリシタン家臣には即刻信仰を捨てることを命じ、堅固に信仰を守った十四名の武士に、その財産と収入を奪わせ、政治の場から追放した。そのうえ、全大名に、追放者を迎え入れたり援助したりすることを、厳しく禁じた。キリシタンの侍女たちも、信仰を捨てるように命じられた。彼女たちの中で、最も雄々しかったのは、追放された朝鮮人ジュリアおたあであった。

大名もまた信仰を捨てるか、少なくても表向きは棄教するように強制され、従わない者は追放された。かつては自らキリシタンになることを望んだ前田利長でさえ、高山右近と内藤如安《じょあん》に、キリシタン宗門を否定するように勧めた。だが利長は、右近のように勇敢で信仰深い人物を、そのような臆病な行為に駆り立てることはできなかったので、重臣横山長知《ながちか》を通じ、

〈家康公は、キリシタン宗門を忌み嫌っておられるゆえ、表向きだけでもキリシタンでないというならば、利長は大いに満足するであろう〉

という意味合いの書簡を、渡そうとした。だが横山長知は、右近の性格をよく知っていたので、

「恐れながら申し上げます。そのような企ては、全く見込みがございませぬ。若いころ、日本第一人者の一人になるであろうと言われた大領主の右近が、秀吉公の迫害が始まると太閤に背き、あらゆるものを犠牲にしたのでございますぞ。今になってキリシタンの教えを捨てることはないと心得ます」

と言った。利長はその言葉が理に適っていることを認め、右近だけでなく他の数人のキリシタン武士も、説得することをあきらめた。京都のフランシスコ会士は、家康の宣教師たちも、家康の怒りをこうむった。

許可を得ていなかった、彼らの教会を放棄して街を去らなければならなかった。同じ理由から、上京のイエズス会士の教会も禁止された。が、下京の教会は保護された。信徒たちは、邪魔されることなく、そこで自由に聖祭に与ることができた。伏見、堺、大坂の聖堂も残ったのであるが、パアデレたちはごく控えめに働かねばならなかった。

天草では、寺澤廣高は、集団移住を防ぐため、パアデレや信徒の邪魔をすることとはなかった。肥後では、加藤清正の没後、迫害の炎が再び燃え上がり、豊後ではパアデレたちは野津、高田から追われ、筑前では、キリシタン武士が迫害を受けた。広島では、福島正則が、パアデレと信徒に好意のある態度を保ち、家康の指令で追放された十四人に、隠れ家を与えなかったに過ぎなかった。

だが九州有馬では、間もなく過酷な迫害が始まった。直純は、領地に戻ってすぐに、家臣はすべてキリシタンの信仰を捨てることを、誓わなければならない、という法令を出した。だが信徒たちは、驚くほどの堅固さを示した。そこでただちに、それまで日本教会で見られなかったほどの、過酷な迫害が始まった。

一六一二年（慶長十七年）六月二十日には、六名の主だったキリシタン武士が、親戚と共に追放された。そして一か月後の七月二十五日には、最初のキリシタンの鮮血が流され、この迫害は一六一二年中続いた。新年に教会は破壊され、パアデレたちは追放された。が、ごく少数を除いて皆長崎から引き返し、押さえつけられている信徒を慰め、耐え難い苦しさを忍んでいる彼らを励ました。その戦いは、半ばでしばらく途絶えたが、二十六年間続き、幾千人もの罪なき命が奪われ、有名な島原の乱によって、キリシタンはついにまったく滅ぼされるにいたるのである。

江戸では家康の息子秀忠は、一般的な迫害が始まる前から、教会を破壊し、キリシタン宗門を禁じ、厳重に取り締まると言って脅した。一六一三年（慶長十八年）には、フランシスコ会士ルイス・ソテロが、浅草で貧しいハンセン氏病患者を聖祭に集めるため、仮の教会を建てたというので、秀忠は二十八名のキリシタンを、斬首の刑に処した。

この迫害は全国的に広がったが、とりわけ江戸と九州有馬で、残忍かつ組織的に行なわれた。一六一三年（慶長十八年）には、家康もある程度の自由を許したかのように思われた。だが、彼のキリシタン宗門に対する憎悪は根深く、ほんのちよっとしたきっかけさえあれば、日本のすべての教会を、滅ぼしてしまうことができる程であった。

日本で最も凶悪なキリシタンの敵の一人は、当時の長崎奉行長谷川左兵衛《さへえ》（藤広《ふじひろ》）であった。左兵衛は、有馬直純に父親殺しの罪を犯させた。この不運な背教者に、家康の不興を買うと脅かし、家臣に残酷な迫害をするように仕向けたのも、左兵衛であった。一六一三年（慶長十八年）の末ごろ、彼は家康のもとへ行き、日本の全教会の破壊を実行するように勧告した。左兵衛は、

「有馬のキリシタンたちは、領主の命令に逆らった咎で処刑された罪びとを、心から尊敬し、その遺物を尊敬の対象として、家に持ち帰っておりまする」

と家康に告げた。家康はこのことを聞くや怒り狂い、我を忘れて叫んだ。

「このようなことを教える掟は悪魔の掟じゃ！」

と。そして、宣教師を直ちに日本から追放することを、左兵衛に委ね、全国の大名には

「あらゆる権力を使って、キリシタンに信仰を捨てさせよ」

と指示を出した。

この間、ある噂がパアデレと信徒たちを恐れさせた。彼らは、一六一三年（慶長十八年）十二月二十七日に、京都、伏見、堺、大坂の信徒たちの名前が記帳され始めた時になってさえ、自分たちの敵が何を考えているのか、まだ感づかなかった。三、四日あとになって、京都の学院長パアデレ・マトス[※3]（?～一六三四）は、左兵衛の書簡を受け取った。そこには、

〈家康公は有馬におけるキリシタンたちの処刑と、罪びとの遺物を持ち帰るという、キリシタンの気味の悪い習慣の報告を受けられた。そして、語気を強めてキリシタン宗門をののしられた。予はパアデレに同情したので、この書簡をしたためたのである〉

と記してあった。家康の寵臣後藤省三郎が、京都のある信徒に宛てた別の書簡にも、同様のことが書かれており、その信徒はその書簡をパアデレ・モレホンに送った。

パアデレ・マトスは、直ちに事の重大さを認め、駿府に向かおうとしたが京都所司代に引き留められた。そこで彼は、一人の日本人イルマンを派遣し、家康に事情を説明して、彼の心を和らげようと思った。パアデレ・マトスは、長谷川左

兵衛があらゆる災禍の真の扇動者である、とみなしていたので、自身は彼のもとへ行った。左兵衛はこのような危険な状況の中でイルマンを送ったことを厳しく叱責し、事情を説明するにはもう遅い、パアデレは全員日本から追放せよとの命令はすでに出ている、と言った。

このように日本教会に迫っている危険は明らかになったが、公然と戦いを挑んでくるまでには、なお一ケ月かかった。一六一四年（慶長十九年）一月二十七日有名な家康の法度が発布され、日本の殉教教会の英雄的な戦いが始まったのである。〈キリシタン宗門は国内の宗教に対し、また国家の独立に対し、あるいはまた慣習的秩序に対して危険なものであるから、すべて滅亡させる〉というものであった。その長文の文書の起草者は、儒教学者の林羅山とみなされている。彼は自らの儒学思想を述べ、キリシタン宗門を三[※4]つの国家宗教に対する、共通な危険思想として説明するために、神道および仏教の根本思想をも、短く書き改めざるを得なかった。同時にキリシタン宗門に対する態度に関し、仏教徒に十五条の訓令が出された。

この法令は二月十一日になって京都に知らされ、同月十四日に、この街のパアデレたちは、五日以内に長崎へ行くべし、と命じられた。同時に所司代は、イエズス会士と彼らの援助者の名簿を作らせた。二月二十一日には、三名のパアデレ、同数のイルマン、六名の同宿は京都を去り、伏見、堺、大坂、金沢を追われたイエズス会士、伏見からのフランシスコ会士と、大坂で会った。だが見捨てられた信徒たちを、霊的な援助なしに放置しないために、数人のパアデレ、イルマン、同宿が隠れて残ることに成功した。外国人と日本人を問わず、宣教師は一人たりとも領内に留まることを許さぬ、という厳命が出たので、それまで宣教師に好意的だった、広島の福島正則も、今回は従わざるを得なかった。このようにして、隠れて留まることができた宣教師以外、すべての宣教師は長崎に集められ、そこからマカオとマニラに送られることとなった。

こうして、迫害が始まった。それは、おそらく全教会史に見られないほど、組織的、残忍な、そして継続的なものだった。迫害者にとっても、キリシタン宗門を根こそぎにする、というその目標を達成することは、容易ではなかった。だが戦いは、未曽有の残忍さと、仮借なき徹底さ、国家の全機能をもって遂行されたので、成果は明らかに示された。折から全国の統一を成し遂げた徳川家は、全国民にキリシタン宗門を否定させることによって、自分たちの統治上の基盤を強めようと考えた。それゆえ、巧妙な方法で、キリシタン宗門は国家に危険であると主張したのである。家康の第三代目の後継者である家光は、キリシタン宗門を一層確実に〈国家にとって危険〉なものという意識を一般に浸透させるために、外国船を遠ざけ、積極的に外国と貿易することを禁じ、日本人の渡航を禁じた。キリシタン宗門を絶滅させ、己が徳川家に日本の統治権を確保することができたとはいえ、そのために国家が支払わなければならなかった代償は、法外

金沢城甚右衛門坂下（キリシタン武士が多く住む）

なものであった。日本は二百年以上外国から遠ざかり、そのため世界の文化や技術的な進歩に、大きく立ち遅れてしまったのである。

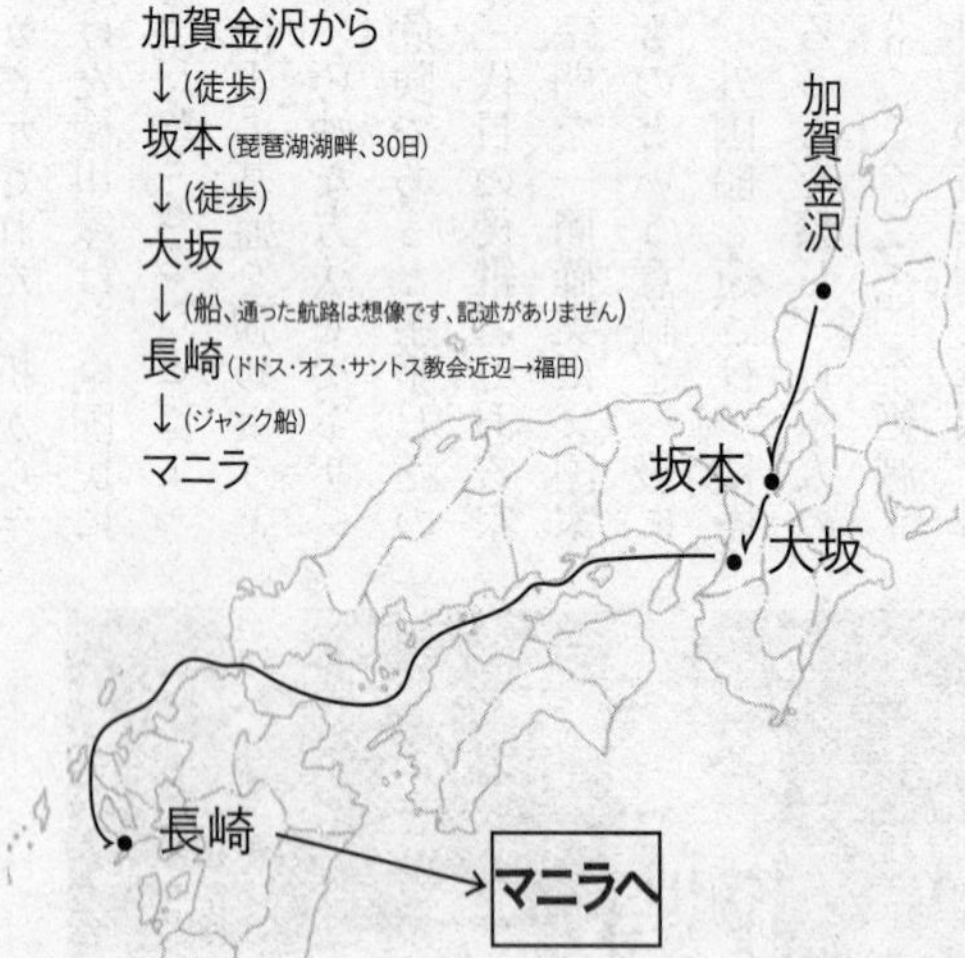

家康追放令後の右近の動き

第二節　坂本、長崎への拘引

有馬晴信が没し、その子有馬直純《なおずみ》が棄教してから、日本にはキリシタン大名は、ほとんどいなくなってしまった。したがって家康は、この方面からの追放令に対する反対を、恐れなくともよくなった。だが彼は、前田家の三か国では、多数の武士が洗礼を受け、追放されたキリシタン武士たちが客人のように扱われ、キリシタン宗門が発展するありさまを、長年苦々しい思いで見ていた。高山右近が布教の中心人物であることを、家康はよく知っていた。また、たとえ彼がそのことを知らなかったとしても、仏僧たちはそれを彼に知らせようとつとめたのであった。だが前田利長は、非常に強力な領主であったから、家康はその国々での福音宣教を禁ずる勇気がなかった。それで彼は、ひとまずは目を閉じ、婚姻関係によって前田家を味方にしようと考えた。そこで、利長の弟で、あとを継ぐと決まっていた者に、数えきれないほどいる孫娘の一人を、妻として与えることにした。利長は以前には洗礼を受けようと考えていたのに、その後家康に遠慮して、洗礼のことはまったく問題にしなくなっていた。そして家康は、まだ右近の布教を禁じてなかったとはいえ、自分がそれを非常に不快に思っていることを示した。軟弱な利長は、一六一二年（慶長十七年）には、右近に棄教を勧めようと考えさえした。彼がこれを思いとどまったのは、そんなことをしても見込みがない、と思ったからにすぎない。こうして北國のキリシタンたちは、差し当たり無事に過ごしていた。

一六一四年（慶長一九年）二月の始め、家康の追放令が出た、という知らせが金沢に広がった。右近は殉教を覚悟し、よりよく準備をするために、パアデレ・ジョアン・バウチスタ・デ・バエサ[※5]（?～一六二六）を隠そうとした。だが、それからまもなく、家康から前田利長に、パアデレたちを長崎に送るように、という命令が来た。右近はこの命令の実行を妨げることはできず、パアデレは二月十一日に出発し、同月二十二日に、京都を追われたパアデレたちと、大坂で会った。

家康が右近を忘れていなかったことが、それから間もなく示された。パアデレの出発後三日を経て、駿府から厳命が届いた。

〈高山と内藤の両人を、妻子、重臣とともに京都へ護送し、所司代板倉勝重に委

ねよ〉

というのがそれであった。彼らの友人たちは、家族のことを考えて、表向きだけでも棄教をしたようにふるまえ、と口説きはじめた。だが、二人ともこのような説得には前々から慣れていたので、心を変えるようなことは無かった。彼らは、簡単に次のように答えただけであった。

「キリシタンであることが何を意味するかを知っている名誉を貴ぶ者は、そのようなことをかりそめにも言うことはできぬ」

利長は、忠実な友人である右近にこの命令を伝えるのは心苦しかったが、一方命令に反することは、一も二もなく家康の不興を買い、領地さえ失うことになりかねなかった。この旅の準備のためには、明らかに家康からの指示で、二十四時間しか与えられていなかった。

利長は、右近が自ら別れの挨拶に来ることを許さなかったので、右近は忠臣を通じて、千五百スクディの価値のある、高価な茶入れを贈った。長年の好意への感謝を示す、記念の品であった。右近はこのような待遇を受けることは、利長の意志ではなく、上からの命令であることをよく知っていたから、この品を送ることによって、自分は少しも腹を立てていないことを、示そうと思ったのであった。

右近は、利長の弟で、法律的には前田家の現領主である前田利常から、既にその年の俸禄を全額もらっていたが、もはや主君に仕える境遇ではないから、まだ使っていない分を返そうと、三千スクディの価値のある金の延べ棒六十を差し出した。こうすることによって、貧しい農夫たちが、すでに徴収された年貢を、ふたたび収めなくてよいようにしようとしたのである。彼が、寛大な心を持ち、私欲の無い人物であったことを、美しく証拠立てるものである。もし事実返済の義務があったのなら、右近があとに残した多くの高価な家具が、この債務を償って余りあったであろう。利常は金を受け取ったが、利長は去って行く友から、その残されたわずかなものを奪う気にはなれず、多くの贈り物と共に、高価な茶器を返した。

当時封建制度の日本あっては、不当な命令に無抵抗に従うということは、慣習ではなかった。そして高山右近は家臣の忠誠と、有力な友人の援助を期待できたから、前田家では右近が抵抗するかもしれないと恐れ、城内では戦に備えた。それを聞いた右近は、直ちに使者を送り、

〈それがしには、そのようなつもりは全くござりませぬ。福音の教えで学んだとおり、恭順と忍耐をもって武装することを願っております。すなわち、他人にではなく、自らに対して戦うためでござります〉と伝えさせて、主君を安心させた。それを聞いた利常は感動し、別れ行く友に儀仗兵さえ付けた。

右近たちが過酷な運命を甘んじて受けた事実は、金沢の民衆に深い感銘を与えた。出発に際しては、多数の民衆が見送った。富裕な、強い人々が、罪もないのに責めを負って、罪人のように警護の者に取り囲まれて行く姿を見て、あるものは泣き、悲嘆にくれ、あるものはその勇気に感嘆した。そして「あれほどの識見を持ち、高貴さと勇気を兼ね備えた人々が、名誉も生命をも投げ出して守ろうとするキリシタンの教えは、何か偉大なものに違いない」と語り合った。

追放そのものが屈辱であり、不当であったが、それに続いた苦しみは、彼らをますます真の殉教者たらしめた。季節は極寒のさなかであった。道は極めて荒れ、あたりに人家は全くなかった。しかも追放者の多くは、このようなつらい旅に耐えうるような人々ではなかった。右近自身、すでに六十の坂を超え、健康は弱っていた。内藤如安は、それよりいくつか年上だったに相違ない。

このような不自由な旅にはまったく慣れていない婦女子にとっては、この旅はとりわけ辛かった。右近は妻ジュスタ、娘、五人の孫を伴っていた。内藤如安と共にいたのは、妻、四人の子供、長男トーマスの四人の子供だった。右近の娘は、追放令の中に含まれていたが、夫の横山康玄《やすはる》は含まれていなかった。おそらく彼はキリシタンであることを、家康に知られていなかったのであろう。康玄は迫害が始まったので、すぐに赦しの秘跡を受け、殉教の準備をして、義父に従うつもりだった。だが右近は、

「家康公の追放令に、そなたは含まれていない。家族の唯一の希望として、留まるべきじゃ」

と言って、同行を許さなかった。

右近の五人の孫というのは、おそらく一六〇八年（慶長一三年）またはその翌年に、妻と共に死んだ、長男ジョアンの子供のことであろう。もし右近の娘に子供があったなら、父と共に金沢に残ったであろう。モレホンによれば、〈右近は、

妻、子供、孫たちと共に追放された〉のであるから、当時横山康玄と結婚していた娘が、彼の唯一の生存している子供であった、とみなされなければならない。一方、長男トーマスとその四人の子供を含めた、内藤如安の四人の子供は、追放者の中にいたと、資料に明らかに述べられている。だが、右近と内藤の長男は、秀頼に仕え、大坂の陣に加わったという、それに反した主張もある。

武装した者に警護されて、追放者たちは旅を続けた。彼らは馬を用立てられていたとはいえ、一メートルの積雪の中を、険しい高地、口を開けた深淵、急流を超えて進んで行くので、彼らはたびたび馬から降りなければならなかった。右近は道を開くため、案内役となって先頭を進んだ。旅は闇路へ、死へ向かっているかのように思われた。

最初の夕刻、ちょうど休憩していた時、突然、武装した武士たちが、一同を殺そうとして追跡している、という知らせが入った。右近も、一緒にいた者たちも、殉教することを心から望んでいたので、彼らは、恐れるどころかむしろ喜びと感謝に満ちて、この知らせを聞いた。彼らは互いに励ましあい、ひざまずいて、祈りのうちに死を待った。だが間もなく、これは彼らを恐れさせて、少なくとも表向きには信仰を捨てさせようという、数人の異教徒たちの計略に過ぎないことが分かった。彼らは、死を免れたことを喜ぶ代わりに、切にあこがれていた殉教の冠を受けられなかったことを悲しんだ。

十日後に一行は、京都から約三時間の行程にある坂本（滋賀県大津市）に着いた。彼らの到着の知らせを受けた板倉勝重は、一行を都には連れず、しばらく坂本で待たせるように、と命じた。右近が都に入れば、キリシタンの間に感動を呼び起こし、新たな勇気を奮い起させ、いったん信仰を棄てた者を教会へ引き戻し、万一暴動でも起こったら、と板倉勝重は恐れたのである。そこで彼は一行をひとまず坂本にとどめ、家康の指示を待つことにした。

右近は信仰を捨てさせようとして、彼らに降りかかってくるであろうことを、次のように予想していた。その一は、自分たちが現場で殺されること。二は江戸か駿府に連れていき、そこで死ぬまで苦しめられること、そして第三に、彼らを分けてちがった国々へ追放し、信仰を捨てるように各個人を責めたてることだった。その際、最も勇気ある者の反抗をもくじくため、策略をもって、他の者が信仰を捨てたといわれるであろう。右近はこの最後のことを、最も恐れた。それで特に子どもたちには、たとえ両親や祖父母が信仰を捨てたといわれても、絶対に信用してはいけない、それによって心を動かされることがないように、と言い聞かせた。また大人たちも、意見を合わせた。

坂本で右近の家臣たちは、信仰を捨てるようにと、あらゆる手段を尽くして強要された。だが彼らはすでに長年キリシタンであり、主君右近のもとで輝かしい模範を目の当たりに接していたので、四、五人の者を除いて、みなしっかりした信仰に留まった。

三十日たって、家康から返事があった。男子の成人と男の子は全員長崎に連れていき、妻と娘たちは希望するなら京都に留まってもよい、というものであった。予想されたように、彼女たちはいかなる代償を払っても、夫、父、兄弟と別れることを拒み、喜んで彼らに従って、長崎に追放されることを望んだ。彼女たちは、全員が途中で殺されると信じていたから、このような殉教の好機会を失いたくなかったのである。ただし、男女の召使いは、すべて取り除かれた。

旅路は坂本から大坂に至り、大坂からは船で長崎に運ばれることになった。彼らはすべての召使いを奪われていたので、自分で料理し、自身の召使いにならなければならなかった。皆、このような生活には慣れていなかったので、行く先々で人々の同情を買い、仕事を引き受けようと申し出る人もいたが、警護の者が許さなかった。大坂から長崎への二十日間の旅で、召使いがいないことは痛切に感じられたようであった。ついに水夫たちは哀れを催し、必要な助けを引き受けることになった。

その間長崎では、日本各地から追放された宣教師が集まっていて、金沢からの追放人たちは、パアデレと信徒たちから、大きな尊敬をもって歓迎された。

第三節　右近のマニラ追放

家康の追放令が出る前から、京都所司代板倉勝重は、キリシタンの名簿を作るようにと言われていた。最初の名簿には四千人余りの名が記されていたが、これはあまりに多いように思われ二度目の調査が行われ、この際子供と身分の低い召使いの名は、省かれることとなった。そしてこの名簿からさらに削除して、千六百人にまで減らした後、これを家康に提出した。家康は勝重がぐずついていたので、憎むべきキリシタンの数が増すことを防げなかったと言って、勝重をひどく叱責した。もし家康が、実際には京都にはさらに多くのキリシタンが存在することを知っていたなら、その怒りはさらに燃え上がったであろう。

家康は温和な板倉勝重の性格を知っていたので、彼のキリシタンに対する強力な処置を信じることができなかった。そこで家康は、相模国小田原城主大久保忠隣《ただちか》に、この役目を託した。大久保忠隣はいわゆる大久保長安《ながやす》の共謀に関係がある、とその敵に告訴された。彼は、都のキリシタンたちに仮借のない処置を下すことによって、わが身の安泰を図ろうとした。

パアデレたちの追放後数日経った一六一四年（慶長十九年）二月二十六日、彼は三百名の武士を率いて京都にあらわれ、教会を破壊し、用材を洛外で焼かせ、とらえたキリシタンは伝来の宗教に改宗しなければ火あぶりにする、と脅した。だが、その効果はたいしてなかったので、今度は親族、友人、隣人たちに棄教を説得させようとしたが、これも失敗に終わった。また、武士たちはキリシタンの家々に押し入り、聖像、ロザリオ、メダイなどを没収したり壊したりしたが、大多数の者は信仰を固く守った。

大久保忠隣は、信徒たちを米俵に押し込み、嘲弄と侮蔑の声の中を、街中を運ばせ、火あぶりにする、と脅かしたが、これも何の効果もなかったので、業をにやした迫害者は、言葉を実行に移すことにした。

イエズス会の教会の近くには、内藤ジュリアの指導の下に、女性[※6]信徒十八名が修道者としての生活をしている、質素な家があった。大久保忠隣は彼女たちに、パアデレたちが家康の命令に従って京都を去ったように、この統治者の命令に従い、キリシタンでないといいさえすればよい、と言った。

「なお逆らうものは、裸にして街中を引き回す」

春徳寺（トドス・オス・サントス教会）

と大久保は言ったのである。そこで、若い九人の者は隠れさせ、年長の九人は祈りによって戦いに備えた。

約束の日に大久保の役人が現れ、手と足をくって首だけを自由にさせて、彼女たちを米俵に押し込み、一本の棒に二つずつ下げ、役人が肩に担いで街中を回った。刑場に到着した役人たちは、米俵を深い雪の中に置き、丸一昼夜放置した。そして、少なくとも表向き教えを捨てるようにと、絶えず責め立てられた。だが、あらゆる恥辱と苦痛にもかかわらず、氷のような雪中の寒さにもひるまず、彼女たちは信仰を守り通した。

大久保忠隣は、同様の方法で、京都と大坂のキリシタン男女、子供を責めた。だが家康は血を流すことは許さなかったので、忠隣もそれ以上のことはできず、信仰に忠実に踏みとどまったキリシタンたちを捕縛し、家康の指示を待った。だが、家康の返事が来る前に忠隣は主君の不興をこうむった。彼が京都と大坂のキリシタンに狂暴を極めていた間、狡猾な家康は城主不在の小田原城を、武力によることなく占領する好機に恵まれた。そして大久保忠隣が自身に差し迫った災禍を避けようとして、頑固なキリシタンに対する迫害に、特別な熱意を傾け始めて六日後に、彼は家康から追放を命じられた。

四月になって駿府からの命令があり、信仰に固く踏みとどまったキリシタンたちは、日本の最北端の地津軽へ拘引された。一方内藤ジュリアとその仲間は、長崎に連れていかれ、そこからマニラかマカオに追放されることになった。長崎に到着したときには、右近はこれから先の自分たちの運命については、まだ確かなことは分からなかった。

パアデレたちと共に国外に追放されるだろうとは思っていたが、乗船する瞬間まで、家康の意図が分からないでいたのである。それで万一の場合に備え、迫りくる最後の戦いに向けて入念な準備をしたいと思い、長崎にあるイエズス会のドス・オス・サントス教会で、一五八八年（天正一六年）の追放の時のように、黙想を行い、生涯の赦しの秘跡を受けた。

黙想が終わってのち、右近は大半の時を祈りと念祷に費やした。長崎では、右近の親しい友人の多くの大名が彼を訪ね、家康に取り成そう、と申し出た。だが右近はこの世界で、今の境遇を何ものとも変えることを望まなかった。そして、心中、信仰のためにいつでも命をささげられるように、と願っていた。右近の長年来の友人であった細川忠興は、右近が拘引されるという知らせを受けた時、「右近はこの不当な追放を甘んじて受けることにより、その英雄的な生涯に冠をいただくことになった」と言った。右近の人物の偉大さは、彼を心から感嘆させたのである。だがこの細川忠興自身、三年前から、キリシタンの偉大な保護者から、厳しい敵に変わっていたのである。そしてそれからほどなく、将軍の不興を恐れて、キリシタンの血を流すことになった。

長崎のパアデレと信徒たちは、家康は最後の瞬間には、その厳しい追放の判決を撤回するであろうと、常に願っていた。だが家康は、夏に来るであろうと思われていたマカオ船のことを考えて、実行するのを延ばしていたにすぎなかった。パアデレ・メスキータ[※7]（?〜一六一四）は、主なる敵ではあったけれどもこの場合避けがたく思われた左兵衛の取り成しで、家康に謁見するために派遣された。だが左兵衛は、家康の心をやわらげることも、まして彼と話し合うことなど、より見込みがないと言って、パアデレを帰した。

今やパアデレとキリシタンたちは、日本教会に牧者を保たれるように、切に主に祈り願った。各地の教会で、パアデレたちは四十時間の祈りを行い、特別な説教をすることによって、信徒たちの悔悛の心を、より呼び起こそうと努めた。長崎の諸聖人の教会（トドス・オス・サントス）から各所の聖堂へ、キリシタンたちが自ら行った大祈祷行列は有名になり、多くの人の目を引いた。同じような行列は、主の昇天の祝日から聖霊降臨の祝日まで、三週間にわたって続けられた。聖体行列の終わりには、聖祭が行われた。

この盛んな宗教的示威は、敵方に疑惑を起させた。長崎ではキリシタンが暴動を起こそうとしている、と聞かされて家康は、軍勢を差し向けなければならないか、と思ったが、ほどなく信徒たちの行動は、全く危険性がないものであることが、了解された。

一六一四年（慶長十九年）マカオの船が来航したとき、長谷川左兵衛も家康も非常に喜んだので、パアデレたちは新しい希望を抱いた。見たところ非常に上機嫌な二人を、利用できるのではないかと考えたのである。そこでパアデレたちは、マカオ船の船長に願ってたくさんの贈り物を持たせた使節を、家康のもとへ送った。使節は親しく迎えられたが、その目的である、〈少なくとも数人のパアデレを長崎に残す〉という願いを切り出すと、家康は怒り出し、きっぱりと拒絶した。この失敗の知らせは、使節が戻るより早く長崎に届き、左兵衛は早速、

「パアデレはすべて、十月中に国外に去らねばならぬ」

と命じた。人々の話すところによれば、家康は使節が帰る前に、パアデレたちが全員輸送されるように、わざと使節を長く駿府にとどめておいた、ということである。

マカオ船はまだ積荷の大部分を売り切っていなかったので、これからも当分長崎に留まっていなければならないだろうと予想された。そこで多数の中国のジャンクが、宣教師たちを運ぶことになった。これらのジャンクは装備が悪く、このように多くの人を乗せるのには全く適していなかったが、長谷川左兵衛は、ただ一人のパアデレさえ、マカオ船の出発まで日本国内にとどめようとしなかったのである。彼は、重体であった、パアデレ・メスキータを乗船させることさえ、主張したのであった。

十月二十七日、パアデレたちは彼らの住院から追われ、船の出航まで、海辺の小屋に住まねばならなかった、同時に、街の聖堂は叩き潰されてしまった。

一六一四年（慶長十九年）の十月末には、日本[※8]にはただ一つの教会もなくなってしまった。出帆の少し前に、パアデレ・メスキータは帰天した。

イエズス会の学院は、追放されたパアデレとイルマンをすべて収容することはできなかったので、すでにずっと前からマニラのイエズス会では、彼らを喜んで迎えることを申し出ていた。管区長パアデレ・ヴァレンティン・カルヴァリオ[※9]（?～一六三二）は、八名のヨーロッパ人パアデレ、十五名の日本人イルマン、十五名の同宿を、マニラに送ることを決心した。

十一月七日、八日の両日に三艘はマカオへ、二艘はマニラへ向かって出帆した。マカオへ向かった者の中には、三十三名のパアデレを含む、六十二名のイエズス会士がいた。十八名のパアデレと九名のイルマンが、隠れて日本に踏みとどまった。パアデレ・カルヴァリオ自身はマカオへ向かったが、途中上陸しようとして果たせなかった。が、二、三のパアデレは、上陸し、長崎に戻ることができた。

フィリピンに向った両船のうち一艘は、キリシタンの長崎奉行村山東安《とうあん》[※10]に属し、もう一艘はポルトガル人エステバン・ダコスタに属していた。村山東安の船には、村山の息子フランシスコ、若干のフランシスコ会士、ドミニコ会士を含めた、七名の在俗司祭の大部分が乗っていた。他の一艘には、イエズス会の同宿、フランシスコ会士およびドミニコ会士とアウグスチノ会士の残りがいた。その他マカオに向かった船にも、マニラに向かった船にも、多数の追放された日本人キリシタンが乗っていた。日本には、見捨てられた信徒のため、少なくとも三十七名のパアデレが残った。五人の在俗司祭、七人のドミニコ会士、六人のフランシスコ会士、一人のアウグスチノ会士、それに一八人か二十一人のイエズス会士であった。

信仰のため追放された者の中には、高山右近、内藤如安とその伴侶たちがいた。家康が彼らをマニラへ追放しようと考えていたことは、ヨーロッパの資料の中には、どこにも明確に述べられていない。さらに彼は、内藤如安の妹である内藤ジュリアとその従者を、中国かフィリピンへ追放すべし、と決めていたことから、マカオに行くかマニラに行くかは、彼らの意見に任せたように思われる。バルトリによれば、

〈ポルトガル人は右近をマカオへ行かせたいと努力したが、無駄であった〉

内藤如安記念碑（フィリピン．アダムソン大学構内）

それに関しては、右近は後に日本布教の代理人として、マニラからノビスパニアを経てヨーロッパへ渡った、彼の霊的指導者パアデレ・モレホンから離れたくなかったこと、また家康が、自分を嫌っている中国人の援助を受けた右近が、自分に対して何かを企てるのではないかという恐れをなくするために、拒絶したものであると報じられている。

また、内藤ジュリアと彼女に従う十四名の修道女たちはマニラに送られ、残りの修道女たちは、マカオ行の船に乗った。我々は十分な資料を持っていないけれど、その他にも多くのキリシタン武士が、日本を追われたに違いない。右近の仲間の中には、後に日本に戻り、一六二七年（寛永四年）信仰のためマカオへ追放された、三太夫ベネディクトがいたことは、確かである。

右近が乗船する少し前、彼は全家族と共に殺される、という噂が立った。右近はこのことを聞いてもなんら警戒する様子もなく、「噂が事実であることを、切に望んでいる。だが、予はキリストのために生命を捧げることが許されるほど、大いなる恩寵にふさわしくないことを恐れている」と述べたという。実に右近は、金沢を去ってからマニラ船の出帆までに、生命を狙われる陰謀の前に、いくらか安全を感じたのは、ただの二日に過ぎない、とあるパアデレに話した。

最後の瞬間まで、右近は家康が自分に対して、何を企てているのかはっきりと知らなかった。だが、家康は右近の軍事的な才能を知り恐れていたから、国外に追放するであろうと思われた。避けがたい、そして予想される秀頼との談判決裂の時、秀頼方から口説かれたら、右近は家康にとって危険な存在になるかもしれなかった。そしてこの家康の憂慮が根拠の無いものではなかったことが、やがて示されるのである。

マニラ船の出帆後に、秀頼の使者が、間近に迫った戦の総大将として右近を迎えようと、長崎にやってきたのである。秀頼の招聘《しょうへい》が遅きに失したことは、偶然ではなかったようである。[※11]シャルヴォアは、秀頼はすでにこの使者を坂本に送ったが、右近には会えなかった、と記している。ところが、すべての第一次資料は、このような使者のことは述べていないのであるから、おそらく長崎へ送られた使者との混同であろう。家康の間諜が、不倶戴天《ふぐたいてん》の秀頼が右近と同盟を結ぶことを咎めなかったとしたら、かえって不自然であろうと思われる。それにもしこの使者が本当に坂本まで来ていたのなら、なぜ六ケ月も長崎で待機していた右近を追いかけなかったのであろうか。しかも最後になって秀頼の使者が、長崎まで来ることができたというのは、家康と彼の間諜が、使者がもはや何もできなくなるまで、長く巧みに妨害していたのだと言えよう。

秀頼の使者が時を得て到着していたら、果たして右近は、この申し出を受けていたであろうか。[※12]レデスマは、おそらくパアデレ・モレホンの記した文書から見て、答えは〈否〉であると明確に述べている。右近は、非常に賢明で、強固な意志の持ち主であったから、容易にその意見や事情を変えることはなかったであろう。特に当時彼は、毎日毎時間殉教の冠を期待していたから、それをこの世の何者とも変えたいとは思わなかったであろう。レデスマはこれを、右近を知っていた人の、一致した見解であったと付け加えている。

　家康は右近の軍師としての敏腕を恐れていたから、暗殺か、キリシタンの信仰の故か、いずれにしても右近を亡き者にしていたことであったろう。だが家康は自己の名誉のために暗殺はしたくなかったし、キリシタンの血は流したくなかった。そこで老獪な家康は、右近の生命を直接奪うことなく、またそれによって殉教という栄誉を得させることなく、右近を破滅させる方法を見出した。そうすることによって、家康は

金沢市玉川図書館蔵

もはや右近のことを心配する必要もなくなるのだった。しかも、こうした方法によって破滅させることは、死よりも残酷で、より効果的であった。当時の日本にあっては、国外追放などということは、前代未聞の恥辱であった。一六〇〇年（慶長五年）に、彼が破った敵に対しての処置にしろ、あくまで信仰を捨てなかった、京都、大坂の七十一名のキリシタンにしろ、政治的な罪人は、日本国内の遠島に流していた、とレデスマは述べている。家康は右近が日本に留まっているかぎり危険である、と考えていたので、彼を外国に追放しようと決めたのであった。その旅は、最も風雨の厳しい季節に、設備の整っていない古い船によるものだったから、すでに年老いて弱っていた右近は疲労のため、または途中で難船のため、かなり確実に死ぬだろうし、また到着したとしても、その後まもなく苦しい航海の疲れで死ぬだろう、と家康は考えたのである。レデスマは続けて、〈だが家康は彼が右近を恐れている、という印象を人々に与えないために、彼と共に少しも重要でない人も、国外に追放した。そしてわずかの疑いも起させないように、内藤ジュリアやほかの罪もない人々をも、追放したのである〉と記している。

一六一四年（慶長十九年）十一月八日、船は長崎を出た。悪天候の季節であったことはしばらく置くとしても、小舟で、しかも信じられないほどに詰め込まれた追放者たちにとって、この旅はたとえようもないほどの苦痛と、疲労以外の何物でもなかった。同船には二十三名のイエズス会士、十五名の同宿、約十七名のイスパニア修道会士、右近と七名の従者、内藤と十ないし十五名の親族、ジュリアと十四名の修道女たちがいた。彼らの数は百名には達しなかったが、レデスマによれば、旅客および乗組員の総数は、三百五十人以上であった。これら多くの人々がいかに悲惨な状況に置かれていたかは、容易に想像できる。イエズス会士は、多数のパアデレとイルマンを日本に残留させることができるだろうと思い、八人分の船室を取っておかせただけであったが、実際には十五名の同宿を含め、三十八名以上が乗り込むことになったので、そのうちの三十名は、甲板、廊下、または船の隅に、辛うじて居場所を求めた。その結果、彼らの多くは病気になり、少なくとも四人の死者がでた。パアデレ・クリターナ[※13]（?〜一六一四）は旅行中に、他の三名はマニラ到着後すぐに帰天した。

ちょうどそのころ、二艘のオランダ船が平戸に錨をおろしていたので、追放人たちが、航海の間にマニラ船は襲撃されるかもしれない、と恐れたのは当然であった。事実オランダ船は、この船を追跡しようとしたのであったが、平戸の大名が、「もしそんなことをしたら、日本に来るオランダ人は、すべて首をはねさせる」と脅したので、断念したのであった。だが、マニラ船は、オランダ人海賊の危険にさらされた。ある時は海賊船に待ち伏せされたが、その船が座礁したため、難を逃れた。座礁した船の約二十名の生存者は、イスパニア人に捕えられた。

マニラ船の航海は、一か月以上も続いた。その間右近は、修道士のように隠遁生活を送った。彼は毎日、連祷とサルヴェ・レジナを唱えた。彼はたいていの時を、祈り、霊的読書、そして一行が非常に敬慕したパアデレたちとの談話に過ごした。

右近が最も大切にしていたのは、楽しみと慰めを見出すために、彼が何冊も持って来ていた霊的な書物であった。ある時船は大波を食らい、海水が彼の船室まで入り込んで、書物や衣類が水浸しになってしまった。それは、不注意と怠慢から、できた裂け目を早めに修復しなかった船長に、全面的な責任があった。だが右近は一言の不平も言わず、船長を責めることもせず、また少しの不機嫌な様子も表わさなかった。彼は孫の手を借りて書物を甲板に運び、乾かすことに専心していた。水を流しだし、落ち着いて、湿気を残さぬように一枚一枚丁寧にページを繰った。彼は美しい絹の着物や、他の高価な品々がひどい状態になってしまったのを、気に掛ける様子はなかったが、彼の妻や娘は、かけがえの無いことを思って悲嘆にくれ、乾かすのに忙しかった。

　その船の中で、とりわけ日本人たちに、右近がいかに尊敬されていたかは、ある偶発事件によって示された。一人のポルトガル人の奴隷が、日本人と争いごとを起こし、相手を傷つけてしまった。日本人は同胞のために徒党を組み、ポルトガル人と戦おうとした。双方から死者が出ても不思議ではない、大乱闘が、まさに始まろうとしていた。これを聞いた右近はすぐさま現場に駆け付け、権威ある言葉で日本人を説得した。彼らは心を鎮め、事件は穏やかに解決された。

　船がマニラ港に近付いたとき、パアデレ・クリターナはこの世を去った。彼の仲間たちは、その遺体を海中に沈めることを望まず、船長も彼らに同意した。だが、逆風のため船は入港することができなかったので、船長はパアデレ・モレホンと、[※14]セバスチアン・ヴィエイラ（?～一六三四）と共に、艀で遺体をマニラに運ぼうとしたが、激しい逆風のため、艀は街の手前のある村についてしまった。だがその後、都合のよい風が吹いたので、彼らはマニラ港に着き、総督ファン・デ・シルバに、高貴な追放者が間もなく到着する、と知らせた。グスマン[※15]の「東方伝道史」の中で、高山右近についての賞賛すべきことを読んでいたので、彼にとって右近は未知の人ではなかった。その後パアデレ・モレホンが話す右近の人となりを聞くに及んで、この偉大な人物への総督の畏敬の念はますます強まった。そしてできるだけ盛大に右近を迎えて、敬意を表すことにした。

　彼はガリオン船を用意し、逆風のためにまだ入港できなかった右近の船を、迎えに

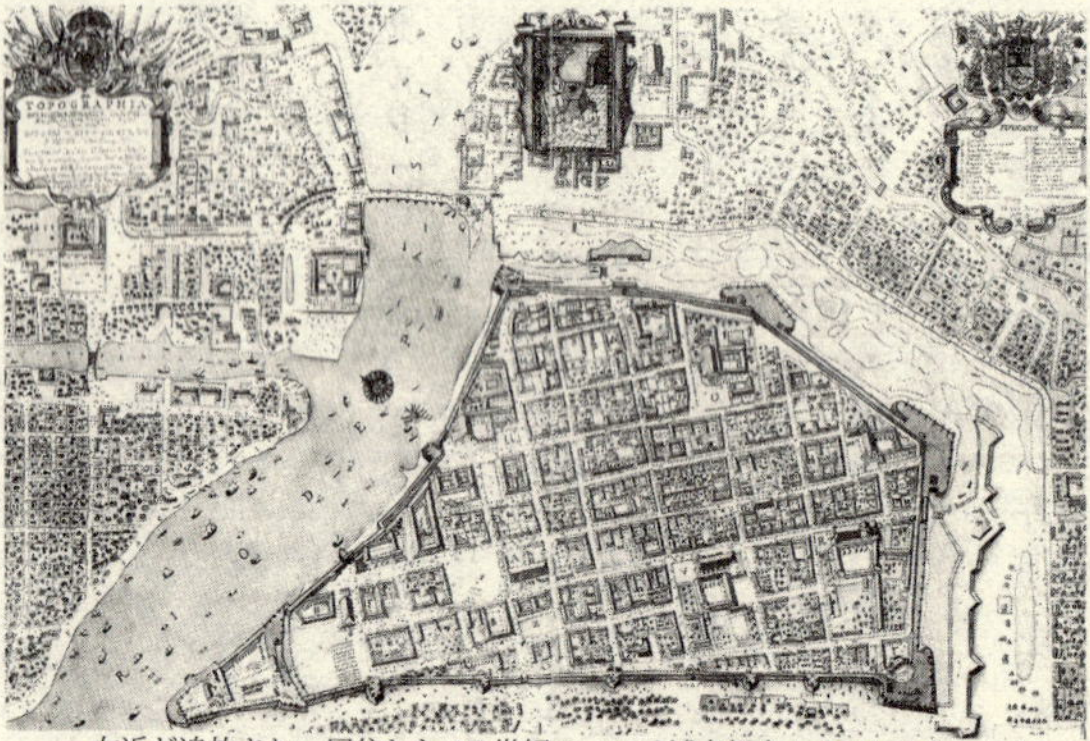

右近が追放され、居住した 17 世紀のマニラ城塞都市 (イントラムロス)

行かせた。ガリオン船には、数名の街の最も名望ある人々、ドミニコ会士、イエズス会士が乗っていた。高貴の客に対し、植民地在住者の歓迎の意を表すためだった。総督は茶菓を贈り、格別愛情深い言葉で右近とその従者をねぎらい、彼らをこの地に迎えることができたのは非常に喜ばしい、と述べた書を送った。

有名なキリシタンが到着したという知らせは広まり、人々は感動して、彼を一目見て歓迎の意を示そうとして集まってきた。右近の上陸に際してガリオン船は一発の砲弾を発射した。すると全要塞砲は、返砲をとどろかせた。総督は彼を政府の官邸へ案内するため、貴族、聖職者と共に衛兵を差し向けた。

官邸では、総督が、国王の植民会議の諸侯、市の最高幹部らとともに、高貴な来客を待ち受けた。総督は右近を認めるとすぐに歩み寄り、腕の中にしっかりと抱いた。二人とも、感動の涙を流していた。総督は、この遠方から来たキリストの戦士に、彼が多くの困難を耐え忍び、祖国からの追放をさえ甘んじて受けたその英雄的な勇気に、祝意を表した。そして、国王の名において、植民地で手厚くもてなしたい、と申し出た。右近はその暖かい言葉に心からの感謝を表したが、主のために命を捧げたいという、彼らの切なる願いを、主は満たそうとなさらなかったのだから、自分たちはそのような名誉には値しない、と言った。そして、丁寧な言葉で別れを告げた。

総督は、代理人ドン・ファン・ロンキリヨを伴わせ、右近たち一行を政府の専用馬車でイエズス会の学院へ送り届けた。衛兵は専用馬車に先行し、多数の武将と貴人が馬で同行した。四方から群衆が押し寄せ、キリストの兵士を見、感動の波が広がっていった。そして人々は、総督がこれほどまでに彼に尊敬を払ったことを、誉めそやした。

専用馬車が司教座聖堂に近づいた時、すべての鐘が鳴り始め、入り口では聖職者が美しい祭服をまとって、偉大なキリストの

サン・アウグスチノ教会（世界遺産右近が毎日通ったといわれる聖堂）

英雄を迎えた。オルガンや他の楽器が鳴り響いた。右近は馬車を降り、聖職者たちに導かれて聖堂に入り、しばらくの間祈りをささげた。同じことが、壮大なアウグスチノ教会の入り口でも行われた。

イエズス会の学院の前では、学院のすべての聖職者が、学生と共に集まり、音楽が吹奏される中、教会へと導いた。教会では無事についたことを感謝する、テ・デウムが歌われた。その後学院の食堂では、祝宴が催され、右近は住居として、学院の近くにいくつかの立派な家が与えられた。

その後も総督、大司教および修道会士たちも、この高貴なキリシタンの来客に、競って愛と尊敬を示そうとした。総督は、右近にさまざまな贈り物をし、その後自ら親しく話し合うために、彼を訪問した。大司教ドン・ディエゴ・ヴァスケス・デ・メルカードや、国会の諸侯も右近を訪問した。翌日はフランシスコ会士とドミニコ会士のもとで、歓迎と挨拶が行われた。人々の訪問と招待は続いた。特に総督は、たびたび右近を訪問し、種々のことを語りあった。特に日本人の礼儀、習慣について、行政、戦争と平和について多くの質問をした。右近は幼いときから政治の現場にいたし、判断力に優れた人物だったので、総督の質問に的確に答えることができた。彼に対する総督の感嘆と敬意は、日ごとに高まった。そして、右近がフィリピンに滞在することは、日本にとってもフィリピンにとっても、非常に幸いなことである、と確信するに至った。右近がやがてその祖国に帰り、マニラでいかに尊敬と愛をもってもてなされたかを語れば、日本人諸侯は、イスパニア人について、まったく新しい考えを得るに違いない。今までの彼らの知識は、無教養、無思慮な人々から得た物が多かった。だが彼らと対等の人物が、自らの体験に基づいて語る効果は、直ちに現れるであろう。フィリピンにとっても、右近が滞在することは利益をもたらすであろう。それまでたびたびあったように、マニラで日本人が粗野なことを行い、争いを始めるようなことになった場合、右近のような人物なら、同国人の心を鎮めることは、困難ではなかろうと考えられたからである。

右近は金沢を出る際に、ほとんど全財産を失っていたので、総督は、右近とその従者に、身分相応な生計を確保することは、キリスト教的隣人愛の義務とみなした。そこで彼は右近に年俸を支給する訓令を出そうと思った。しかし右近がこれを聞き入れることは不確かだったので、まずパアデレ・モレホンを通じて問い合わせた。右近は総督の寛大な申し出でに心から感謝したが、「ほとんどすべてを失ったとはいっても、追放人にふさわしい、質素な暮らしをするだけのものは残っておりますゆえ」と言って断った。そして、本当に困窮したときには、総督の援助を仰ぐ、と付け加えた。

また彼はパアデレ・モレホンに、日本人の見解に従えば、いかなる武士も兵役の義務を担当することなく俸禄を受け取ることは許されないのであり、自分は家臣を日本に残してきたから、総督またはイスパニア国王に兵役義務を負うことはできない、と言った。おそらく彼は一外国王から俸禄を受け、そのことによって同国王に従い、祖国に対抗する事態においても戦わなくてはならない、道徳的責任を負わされることを考えて拒んだものであろう。また右近は、イスパニア人の日本征服を恐れ、キリシタンをそのスパイと呼んだ敵に、イスパニア国王から俸禄を受けることによって、祖国に対する戦いの義務を負った、との口実を与えたくなかったのであろう。総督は、彼も国王も、助力に対しての報いなど、少しも期待していない。右近はキリストのために全てを失ったのであるから、ただキリスト教的愛徳において助けたく思うだけだ、と力説した。だが右近は考えを変えず、その寛大な申し出を固辞してやまなかった。

やがて間もなく神のみ摂理は、右近の犠牲に満ちた生涯を、永遠の報酬を与えることによって、終わらせ給うこととなるのである。

第四節　帰天

右近がマニラで受けた、幾多の好意と尊敬は、彼にとって、心中では本来の意志に反するものであった。だが、恩知らずあるいは冷淡と見られないために、右近は甘んじて受けた。それも、上品に、感じよく受けたのである。だが実は彼は、すべての儀式や俗世間的な騒音から逃れて、自己の救霊だけに専心できるよう、静かに隠遁して生活を送ることを、最も好んだようである。彼は自分がデウスのために行ったり、耐え忍んだりしたわずかなことに、主がこのような名誉をもって報いられるのが、畏れ多いと常に口にしていた。この謙遜な志は、右近のキリスト教的人生観を、最もはっきりと示している。最大の名誉も、神の前における彼の恭順を、いささかも傷つけることができないという、最も確かな保証である。右近が現世において人々の賞賛をもって報いられることは、まさしく主のみ旨に叶ったことであった。そして彼はそれから間もなく、その徳に満ちた生涯の永遠の報酬を受けることになったのであった。一六一五年のイエズス会年報には、

〈主なる神は、我らのドン・ジュストに対し、彼がこの世においても来世においても尊敬されるため、また天国で待っている永遠の冠を保証し、前もって与えるために、第二のヨブのように様々な試練を送り、強い信仰と、堅固な意志を試された〉

と記されている。

家康は右近を国外に追放することにより、心配を逃れ、自ら手を下すことなく彼の生命を奪おうとしたのであったが、残念なことにそれは間もなく実現することになった。

右近はマニラ到着後四十日で、彼を死に導く重い熱病にかかったのである。資

料によれば、この病は、金沢から長崎への長い旅行、それに特にマニラへの航海の苦難に全力を尽くした結果だと言われる。それは年老い、健康の弱った者にとっては、致命的なものだった。加えて、食物と気候のあまりの急激な、変化が影響した。右近の病気の知らせが広がると、人々は驚き、心を痛めた。特に総督は、医者の手と善い看護が欠けてないか案じ、最良の医師を右近のもとへ派遣した。そしてしばしば病人の様子を尋ねただけでなく、自らも見舞いに訪れた。

右近は当初からこの病が死に至ることを認め、早くから準備を始めた。彼は、霊的指導者であるパアデレ・モレホンに次のように述べた。

「家族を悲しませないために、口には出しませぬが、それがしは、これは死に至る病と知っております。かくも多くの霊父とキリシタンに囲まれて命を全うすることは、デウスのみ旨であり、それがしは全く満足して世を離れまする。総督、大司教、修道会士、国会の議員諸氏には、彼らが示された好意と名誉に、それがしが重ねて謝意を表していたと、パアデレ殿からもお伝え願いとうございます。妻、娘、孫たちのことは、少しも心配しておりませぬ。彼らもそれがしも、キリシタン信仰のために、追放人としてこの地に参りました。主のために、異国人としてこの国に参りましたからには、主が彼らの真の父となり給うことを、それがしはいささかも疑っておりませぬ。それゆえ、彼らには、欠けるものが何もなかろうと、信じておりまする」

病気が悪化したので、右近は病者の塗油の秘跡を受け、最後の整理をした。彼の遺書は、老トビアスのそれのように、孫に対する忠告であった。右近は、模範的なキリシタンであれ、パアデレに従わなくてはいけない、と感動的な言葉で教えていた。そして彼らのうち一人でもこの教えに背くことがあれば、もはや孫とは認めず、遺産も名も取り去るであろう、と告げていた。孫たちはまだ幼かったので、彼はこの訓戒と他の忠告を書き残し、あらゆる用務を明察さをもって片づけた。右近は最後の瞬間まで、明晰な理性を保ち、たいていの時を主との談話に過ごした。そして、

「予はわが主にまみえ、喜ぶために、すぐにでも旅立つことを望んでいる」

「予の霊魂は、創造主にして主である神を慕う」

という言葉を繰り返した。そして、イエスとマリアのみ名を唱えながら、

一六一五年二[※16]月三日から四日にかけての真夜中に息をひきとった。

右近の訃報が広まると、全市民は心から悲しんだ。それは、彼がいかに人々から尊敬され、愛されていたかを物語っていた。右近がキリストのために追放され、その命を落とした殉教者だということを知っていたから、その聖なる死は、なおさら人々の胸を打った。

「この聖人が亡くなったのは、本当のことだろうか？」

「彼がいるという喜びを、我々はもう味わえないのだろうか？」

人々はそう言い交した。イエズス会の学院と右近の住居には、たくさんの人が押し寄せて、悲しみを示した。できるだけ盛大な葬儀を行うことによって、聖なる人への尊敬を示さなければならない、と人々は考えた。右近の霊名ジュスト（正しい人）は、その模範的な生涯に端的に調和していた。葬儀の説教の題材として、聖書から次のようなふさわしい聖句が引用された。

〈正しい者は、不断の追憶の中に生きる〉（詩編一一一の六）

〈汝ら正しき人に言え。必ず祝福を受けん〉（イザヤ書三の一〇）

〈正義は棕櫚のごとく茂る〉（詩編九一の一三）

などの聖句は、まるでこのために書かれたような気さえした。

総督ファン・デ・シルバは、深く右近を尊敬し愛していたから、だれよりもその死を悼み、悲しんだ。彼自身、大司教、国会の諸侯、植民地の役人、貴族、軍人、在俗司祭、修道会士等が、公式の喪服で葬儀に連なった。右近の遺骸は高価な棺架に乗せられ、宮殿の広間に置かれた。死者は華麗なサムライの装いで、頭には日本で公的生活から引退した人々が常にかぶるような、小頭巾をかぶり、顔はおおわれていなかった。彼は真の殉教者と見なされていたから、彼をなお最後に一目見て、その足に接吻しようと、民衆は四方から押し寄せた。多くの修道会士たちが、死者のための祈りを唱えた。偉大な同胞に対するこの名誉に満ちた光景は、マニラ在留の日本人を非常に喜ばせ、まだキリスト教徒でなかった者の幾人かにとっては、洗礼を受ける動機になった。

人々は遺骸を最後の安息所まで運ぶ名誉を争ったので、総督は干渉せざるを得ず、次のように決めた。棺架に乗せた遺体を広間から街路まで運ぶ名誉は自らと国会議員、そこから教会の入り口までは、市会議員とミゼリコルディアの全員が交代し、さらに教会の主祭壇の前の埋葬の場所まで、諸修道会長と大聖堂の主任司祭が運ぶことになった。

遺骸は、イエズス会の管区長たちが葬られる、主祭壇の近くに埋葬された。墓穴におろされる前に、尊敬すべき老いた修道士たちでさえも、キリストを証した聖者の足に、なお一度接吻したいと望んだ。

続く九日間、死者を慰める歌ミサが捧げられた。その間の一日、アウグスチノ会のパアデレたちは、高価な銀の器と銀の燭台を使って、ミサを捧げた。それは、現職の王侯貴族のための葬儀と思われたほどであった。葬儀の最後として、また最高頂として、盛大なミサが行われた。教会の壁は黒い絹布で覆われ、右近の勇敢さ、心の気高さ、謙虚さ、信仰堅固なことなどを賛美する詩や格言などが、イスパニア語、ラテン語、日本語、中国語で書かれて掲げられた。学院長パアデレ・ファン・デ・リベイラは、一時間の追悼の辞の中に、波乱に満ちた右近の生涯をまとめて話した。だが、彼の言葉だけでは満足せず、マニラ市民はもっと詳しい右近の生涯のことを知りたがり、パアデレたちに彼の詳細な伝記を書いてくれるようにと願った。二十年以上の親しい交わりによって、他の誰よりも右近をよく知っている、パアデレ・モレホンがそれを担当することになったが、残念ながら、彼はあまりにも多くの用務と旅のため、それを完全に果たすことはできなかった。
すでに右近の亡くなる前から、ファン・デ・シルバは、右近の五人の孫を養子にしたい、と申し入れていた。彼はその言葉を違えなかったばかりでなく、追放された他の人々に対しても、非常に寛大な態度を示した。当時オランダ海賊の襲撃により、外国貿易と、それによる植民地の収益は、ひどい損害を被っていた。だが総督は国会と相談して、追放者のすべてが、多額な年俸を受けられるようにした。マニラ市民は、総督の寛大な処置を喜びをもって迎えた。
右近の家族とその後の運命については、詳しいことは知られていない。シュタイヒェン師によれば、右近は死に際して、たとえ日本で熱狂的な迫害が止んでも、三年間はマニラに留まるように、と言い残した。そして孫の中で信仰を否定したり、または異教徒的な生活をする者がいたら、自分の末裔として、または高山家の一族として認めない、と遺書の中ではっきり述べていた。だがバルトリによれば、
〈右近の孫たちは皆、高貴な祖先にふさわしくふるまったので、このような言葉は必要なかった〉

ということだ。したがって我々は、右近の孫たちはマニラに留まり、その地でよいキリスト教徒として生活し、一六六〇年にバルトリが著述したときには、すでに亡くなっていたものと見なさなければならない。

一次的資料の中には、右近の妻、娘、孫が日本に帰ったということは、一度も暗示さえされていない。だがコリンは、右近および内藤の家族の幾人かは、追放されたイエズス会のパアデレやイルマンのように、時を経て秘かに日本に戻ったように記している。さらにコリンは、

〈遺体がフィリピンにある、追放された日本人生涯のことだけを取り扱いたい〉と言っており、彼の記録は高山右近、内藤如安、それに日本人修道女たちの、最後の運命と死について語っているだけである。それらのことから、一六六〇年(万治三年)までにはこれらの人々の他、追放された日本人はだれもマニラで死んでいなかったことが、明らかであろう。

少なくとも日本側の三資料は、右近の家族が日本に帰った、と主張している。だがどこで、どのような名で、定住したのかは記されていない。片岡弥吉氏によれば、一九三七年に(能登国)萩郡で、高山久太郎氏が、自分は右近の後裔であ

ると述べた。加賀国の古年代記によれば、右近の孫長房は祖父の死後マニラから帰り、信仰のため殺されたという。片岡氏は、これは久太郎氏の祖先であるかもしれない、と考えている。加賀地方の高山家が、右近の血を享けているということを、入念に隠してきた一方で、右近の次男助之進に由来するという豊後の高山家は、一七六九年（明和六年）ころから、助之進の墓石が、そして一八〇二年（享和二年）の、右近の他の墓石が証明するように、遅くとも一七六九年以来大武将の後裔である、と言っている。右近の墓石には、〈我が祖摂津城主高山右近大夫長房の記念碑〉の文字が刻まれている。豊後の高山家が、事実右近に由来するものであるということは、確かかもしれない。しかし前述したように、高山右近が、軽率で節操のない大友義統に我が息子を託した、とするのはほとんどありえない。むしろ豊後の高山家の系図は、祖父の死後、日本に帰り、豊後に定住した、五人の孫の一人に由来するものであろう。豊後の地は、前田家の国々におけるよりも、右近と血族関係にあっても、それほど危険を生じなかったように考えられる。また豊後の高山家の両系図は、右近の父の名のように、互いに一致していないことから、右近の次男が彼らの祖先であったという、的確な証拠ではない。これらの系図は、一つは東京の高山康夫氏、他の一つは豊後国大分に近い萩原村の、新志龍吉氏が所蔵している。

高山右近の遺体が現存することについては、どの報告にも述べられていない。右近は、イエズス会学院の聖アンナに捧げられた教会の、主祭壇の近くに埋葬された。だが、それから間もなく、この教会の屋根が崩壊した。そして一六二〇年(元和六年)と一六三二年(寛永九年)の間に、聖イグナチウスに捧げられた新教会が近くに建てられた。他方、旧聖アンナ教会はまだ建っていた。一六三四年(寛永一一年)に、聖アンナ教会に葬られた遺体は、新イグナチウス教会に譲り渡された。殉教者とみなされた右近の遺体は、ほかのものから離された。そして、サン・ホセ学院の聖堂に埋葬された。右近の遺体は、美しい石の棺におさめられた。棺の上には、キリシタン武士、高山右近の絵が描かれていた。

一七六七年(明和四年)マニラのイエズス会の諸教会の所有は、市の大司教に託された。また、パアデレたちの文書館は、大司教のもとへ移され、しばらく大司教座の文書館の中にあった。だが後には、四方八方へ散らばってしまったので、一七六七年(明和四年)までに関する資料はすべて失われてしまった。

サン・ホセ学院は、いろいろな運命に巡り合ったが、今日まで存続し、現在マニラ市の郊外にある。しかし、高山右近の遺体はもはや存在していない。イグナチウス教会は、一八五二、一八六三、一八八〇年の地震でひどく損傷し、合衆国のフィリピン領有後、間もなく取り壊された。当時地所と旧学院の建築の残りはアメリカ植民省の所有となり、植民省はそれを兵舎に変えた。旧イグナチウス教会の場所には、今日兵営の体操場がある。

右近の遺骨があると言われている「ノバリチェス墓地」

註1　P553　アロンソ・ムニョス（～一六二〇）　二十六聖人殉教後、フランシスコ会再派遣団の団長。主に大坂、江戸で宣教。一六〇九年前マニラ総督代理ドン・ロドリゴ・ヴィヴェロの船が関東に漂着、この際将軍と交渉させるために家康に面会、家康の返書を持参して帰国。一六二〇年メキシコにて死亡。

註2　P555　ルイス・ソテロ（一五七四～一六二四）　スペイン人フランシスコ会司祭。一六〇三年来日、江戸で逮捕されたが、伊達政宗のとりなしで解放され、慶長使節としてヨーロッパに向かった。志を果たせぬまま、一六二四年大村にて殉教。

註3　P568　ガブリエル・マトス（～一六三四）　ポルトガル人イエズス会司祭。一六〇二年来日、一六一三には京都修道院長、一四年国外追放、日本代表としてローマに派遣された。東洋巡察師として再度アジアに派遣され、一六三四年マカオで死亡。

註4　P569　『三つの国家宗教に関して』文献：日本カトリック司教協議会社会司教委員会編、『信教の自由と政教分離』、カトリック中央協議会　二〇〇七

註5　P574　ジョアン・バウチスタ・バエサ（～一六二六）　スペイン人イエズス会司祭。一五九〇年来日、一六一二年より金沢教会主任、一四年国外追放時、長崎に居残る。一六二六年殉教。

註6　P584　女性の信徒とは、「都の比丘尼」と呼ばれる日本初の女子修道会。イエズス会の司祭によって指導された。一六一四年右近たちとマニラに流された。

註7　P587　ディオゴ・デ・メスキータ（～一六一四）　ポルトガル人イエズス会司祭。一五七七年来日、天正少年使節と共に旅をし、帰日後天草、長崎のコレジオと要職をこなし、一六一四年追放寸前に長崎にて死亡。

註8　P590　「日本には一つの教会も残らなかった」とあるが、実際には「ミゼルコルディアの教会」のみは壊されないで残った。

註9　P590　ヴァレンティン・カルバリオ（～一六一三）　ポルトガル人イエズス会司祭。一五九八年来日。マカオのコレジオ院長の時期を除いて日本に滞在。日本管区長の職にある時、徳川禁教令が起こった。セルケイラ司教死後、教区管理者の任にあったが、他の修道会との確執が生まれた。一六三一年インドにて死亡。

註10　P590　村山等安アントニオ（一五六二～一六一九）　長崎代官。イエズス会と対立関係にあり、スペイン系修道会と親しかった。一六一六年台湾遠征を行い、失敗。ロドリゲス・ツツの日本よりの追放事件にも絡んでいる。息子は日本教区司祭、大坂の役に加担した者とみなされ、一族もろとも処刑された。

註11　P594　ピエール・フランソア・シャルヴォア　フランス人イエズス会員。一八世紀の「日本の教会史」を編纂、出版。一七〇〇年代、日本の教会の歴史をヨーロッパに広めるのに役立った。

註12　P595　ヴァレリア・レデスマ（一五五六～一六三九）スペイン人イエズス会司祭。一五九六年フィリピンに渡る。一六一三年より十八年まで六年間管区長の職にあった。右近のマニラ到着、滞在の目撃者であり、その死までを見届けている。一六一五年フィリピン管区年報の価値は高い。

註13　P598　アントニオ・クリターナ（～一六一四）スペイン人イエズス会司祭。一五八六年来日、一六一四年マニラ入港寸前で死亡。

註14　P600　セバスティアン・ヴィエイラ（～一六三四）ポルトガル人イエズス会司祭。一五八五年マカオで修練長の任を果たした後、一六〇四年来日、一四年日本から追放され、一五年日本に潜入。一九年マカオに戻った。二三年日本管区長に任命され、三二年にはフィリピン経由で日本に潜入。すぐに逮捕され、江戸に連行、引き回しの上、逆さ釣るしの刑で殉教。

註15　P600　ルイス・グスマン　スペイン人イエズス会司祭。日本からの宣教師の報告書を基に宣教の歴史を執筆する。文献：ルイス・グスマン、新井トシ訳『東方伝道史　上下』養徳社（昭二六）

註16　P609　右近の亡くなった日を、ラウレスは二月四日から五日の真夜中としているが、これはモレホンの思い違いによっている。列福司教委員会では「二月三日から四日にかけて」と改めている。文献：古巣馨『ユスト高山右近』ドンボスコ社（二〇一四）

参考文献

松田毅一、川﨑桃太訳『ルイス・フロイス、日本史』中央公論社

村上直次郎訳、柳谷武夫編『イエズス会日本通信上下』雄松堂書店

村上直次郎訳、柳谷武夫編『イエズス会日本年報上下』雄松堂書店

松田毅一監修『十六、十七世紀日本報告書』同朋社

ルイス・デ・グスマン、新井トシ訳『東方伝道史上下』養徳社

ペドロ・モレホン、佐久間正訳『日本殉教録』キリシタン文化研究会
ヤシント・オルファネル、井出勝美訳、
ホセ・デルガド監修『日本キリシタン教会史』雄松堂書店
レオン・パジェス、吉田小五郎訳、クリゼル校閲『日本切支丹宗門史』岩波書店
大坂司教区『キリシタン大名ユスト高山右近』
『声』誌「高山右近逝去三五十周年特別記念号」聲社
片岡弥吉『高山右近太夫長房傳殿』吉川弘文館
海老沢有道『高山右近』吉川弘文館
フーベルト・チースリク『高山右近史話』聖母の騎士社
古巣馨『ユスト高山右近』ドン・ボスコ社
中西裕樹編『高山右近』宮帯出版社

2016年1月21日、教皇フランシスコは、神のしもべユスト高山右近を殉教者として列福することを承認する教令に署名してくださいました。
念願の右近列福承認の知らせを聞いて帰天された溝部脩司教様が、30年余かけて完成させた右近の列聖申請書の底本となったのが、戦後の列福運動の中心となった上智大学教授イエズス会士ヨハネス・ラウレス師の「高山右近の生涯 - 日本初期キリスト教史 -」です。やなぎやけいこ氏によって、読みやすい現代語訳版が完成しました。
右近を通して神から与えられためぐみについて深く思い巡らし、列福式を実現させましょう。

日本カトリック司教協議会列聖推進委員会　委員長
カトリック京都司教　パウロ大塚喜直

高山右近の生涯　日本初期キリスト教史

ヨハネス・ラウレス　著
溝　部　脩　監修
やなぎや けいこ　現代語訳

2016年8月25日　初版発行

発　行　者●赤　尾　満　治
発　行　所●聖母の騎士社
〒850-0012 長崎市本河内2-2-1
TEL. 095-824-2080/FAX. 095-823-5340
e-mail: info@seibonokishi-sha.or.jp
http://www.seibonokishi-sha.or.jp/

製版・印刷●聖母の騎士社
製　　　本●篠原製本(株)

Printed in Japan

落丁本・乱丁本は小社あてにお送りください。送料は小社負担にてお取り替えします。

ISBN978-4-88216-371-8　C0116

聖母文庫

H・チースリク
高山右近史話

富も栄誉もかえりみず、ひたすらイエス・キリストへの信仰を貫いた戦国武将の気骨ある一生を描く感動物語。

価格800円（税別）

H・チースリク
キリシタンの心

400年前のキリシタンたちの実像を描く。福祉活動に勤しみ、聖母信心に励み、福音宣教活動に取り組んだ。

価格1000円（税別）

H・チースリク
キリストの証し人

わが国のキリシタン研究の第一人者が、日本のカトリック教会史に燦然と輝く10人の福者と聖人の群像を描く。

価格500円（税別）

H・チースリク
続・キリストの証し人

キリスト教禁教の時代、筆舌に尽くしがたい迫害に耐えながら、信仰を貫き通した殉教者たちの姿をドラマチックに描く。

価格800円（税別）

H・チースリク
キリシタン史考
キリシタン史の問題に答える

キリシタン史研究をライフワークとするイエズス会司祭の著者が、キリシタンにまつわる種々の疑問点に答える。

価格1000円（税別）

聖母文庫

水浦久之 神父発見

長崎の潮の香りと土の匂いのするキリシタン小説とエッセイ集。長崎の同人誌やカトリック誌、小教区報などに発表された作品をまとめた一冊。 価格500円(税別)

水浦久之 新・神父発見

長い伝統につちかわれた長崎の教会をめぐる話題を追って。地元文芸誌に発表したエッセイ集。 価格500円(税別)

水浦久之 漂泊の果て

長崎は、日本で最もキリスト教の色彩を色濃く残している土地だ。この地ならではの題材を料理した小説とエッセイ集。芥川賞作家も書けない信仰物語。 価格600円(税別)

水浦久之 金鍔次兵衛物語

徳川幕府のキリシタン弾圧の時代、マカオに追放され、フィリピンで司祭に叙階され、武士に変装して長崎に潜入した金鍔神父の数奇に満ちた人生を描く。 価格500円(税別)

水浦久之 愛の騎士道

長崎で上演されたコルベ神父物語をはじめ、大浦天主堂での奇跡的出会いを描いたシナリオが甦る。在世フランシスコ会の機関誌に寄せたエッセイも収録。 価格600円(税別)

聖母文庫

神との親しさ⑥
三位一体の神
SMP・ガブリエル＝著　伊達カルメル会＝訳

三位一体の神、神の属性、聖霊についての黙想。人々の中に働かれる聖霊について考える。

価格500円(税別)

神との親しさ⑦
キリスト・イエズス
SMP・ガブリエル＝著　伊達カルメル会＝訳

おおイエズス、受肉された神のみ言葉であなたの内に秘められた偉大な神秘を、もっと深く悟らせて下さい。

価格500円(税別)

神との親しさ⑧
聖マリアと聖ヨセフ
SMP・ガブリエル＝著　伊達カルメル会＝訳

おお、神の母マリア、そしてわたしの母でもあるマリア。あなたのやさしいお姿は、なんという光、なんという慰めをわたしにもたらすことでしょう。

価格500円(税別)

日本26聖人物語
ゲルハルト・フーバー＝著　アンジェロ・アショフ＝訳

1597年2月5日、キリシタン弾圧のクライマックスともいえる26聖人の処刑が長崎でおこなわれた。この事件の背後をドイツ人が描く。

価格500円(税別)

日本二十六聖人殉教記
ルイス・フロイス＝著　結城了悟＝訳

26聖人の殉教のわずか3カ月後、長崎で亡くなったフロイス神父が、最後の力を振り絞って書き上げて送った公式の殉教報告。

価格800円(税別)

聖母文庫

愛と永遠
キリスト教信仰案内講座⑥
ペトロ・ネメシェギ

東京・四谷のイグナチオ教会でネメシェギ神父が開いていた「キリスト教案内講座」最終編。死後の世界、エキュメニカル運動などについて説く。価格500円(税別)

イエスと…
ペトロ・ネメシェギ

イエスとさまざまな「人」や「もの」との関係を発見し、私たちの救い主イエスをもっとよく知りましょう。価格500円(税別)

教皇訪日物語
水浦征男

第1章「教皇訪日物語」第2章「そごう百貨店の大ヴァチカン展」他を収録。価格500円(税別)

この人
水浦征男

月刊「聖母の騎士」に掲載されたコラム(「スポット・ライト」、「この人」)より1970年代から1980年代にかけて掲載された人物を紹介する。価格800円(税別)

教皇ヨハネ・パウロ物語
「聖母の騎士」誌22記事再録
水浦征男

教皇ヨハネ・パウロ一世は、あっという間に姿を消されたため、その印象は一般にあまり残っていない。わずかな思い出を、本書の記事で辿っていただければ幸いである。価格500円(税別)

聖母文庫

小崎登明

長崎のコルベ神父

コルベ神父の長崎滞在時代を数々のエピソードで綴る聖母の騎士物語。（初版復刻版）

価格800円（税別）

小崎登明

長崎オラショの旅

キリスト教ゆかりの地・長崎を様々な角度から案内する、イラスト付き巡礼の書。

価格500円（税別）

小崎登明

ドキュメント・キリスト信者

カトリックの信仰に生きる人たちを探して、修道士の著者が歩いてまとめた現代カトリック信者のドキュメント。感動の20話を収録。

価格500円（税別）

小崎登明

西九州キリシタンの旅

平戸、天草、島原、五島列島のキリシタン・ロードをめぐる旅のガイドブック。イラストマップ付き。

価格600円（税別）

小崎登明

身代わりの愛

第2次世界大戦のさなか、アウシュビッツ収容所で身代わりの死刑を受けたコルベ神父を、ポーランド人の証言で浮き彫りにする。

価格500円（税別）

聖母文庫

小崎登明

信仰の旅路

各地にカトリック信者を訪ねて描いた、現代の信仰物語。それぞれの十字架を担ってたどる人生行路は平坦ではない。

価格500円(税別)

小崎登明

十七歳の夏

長崎で原爆にあった17歳の夏が、著者の生涯を決める原点となった。修道生活の日々を告白した自分史。

価格500円(税別)

小崎登明

春いつまでも

古希を迎えた修道士がテレビのドキュメント番組に取り上げられた。さまざまな出会いを織り込んだ随想集。

価格500円(税別)

小崎登明

信仰の出会い旅

人生は、「出会いの旅」である。カトリック修道士が出会った、忘れがたい人々の信仰と人生を描く。

価格500円(税別)

高木一雄

東京周辺キリシタン遺跡巡り

キリスト教弾圧の鎖国時代、キリシタンたちは江戸のほか、関東、東北地方にも生きていた。その実状を紹介する。

価格600円(税別)

聖母文庫

高木一雄
伊達政宗と慶長遣欧使節
大航海時代、メキシコ、スペインを経て、ローマ教皇パウロ5世に謁見した慶長使節の7年に及ぶ苦難と壮挙の物語。

価格500円(税別)

高木一雄
東北のキリシタン殉教地をゆく
今から400年前、東北には江戸幕府の禁教を逃れたキリシタンたちが移り住んでいた。その尊い足跡を検証する。

価格1000円(税別)

高木一雄
江戸キリシタン山屋敷
東京・文京区小日向周辺に、キリスト教禁教時代、宣教師を収容した山屋敷があった。そこで殉教した宣教師、監禁された人たちがいた。

価格600円(税別)

高木一雄
関西のキリシタン殉教地をゆく
約四五〇年前、織田信長、豊臣秀吉、徳川家康の時代、関西地方でキリスト教は、どのように布教されていたか。また、どのように迫害されたのか―。

価格1000円(税別)

木村　晟
帰天していよいよ光彩を放つ勇者のスピリット
平和の使者w・メレル・ヴォーリズの信仰と生涯
信仰に基づく「勇者」であるか否かを決する尺度は、その人の死後の評価に表れると、私は思っている。(「プロローグ」より)
価格800円(税別)

聖母文庫

神への讃歌
ヴォーリズと満喜子の祈りと実践の記
木村　晟

W・メレル・ヴォーリズが紡いだ讃歌の言葉から浮かび上がる篤い信仰を見つめながら、宣教・教育活動を振りかえる。

価格800円(税別)

すべては主の御手に委ねて
ヴォーリズと満喜子の信仰と自由
木村　晟

キリスト者達は皆、真理を実践して真の自由を手にしている。近江兄弟社学園の創設者ヴォーリズと妻満喜子も、平和を愛する信仰の勇者なのであった。

価格1000円(税別)

長崎の花〈上・中・下〉
永井　隆

晩年の永井博士が限りない愛情を込めて綴った長崎風物詩。すべての人に読んでほしい話題作。

価格500円(税別)

原子野録音
永井　隆

40年前の文章とは思えない新鮮さ。永井博士に今、ふたたび巡り会えるうれしさ。

価格500円(税別)

新しき朝
永井　隆

アララギ会員にしてその名を知られた原子野の歌人、永井博士の幻の短歌集。心あたたまる装画も収録。

価格600円(税別)

聖母文庫

心の琴線に触れるイエス
井上洋治神父の言葉に出会う
平田栄一

日本人の感性に合った信仰を求め続けてきた井上洋治神父の言葉を、著者の体験を交えながら解説。初めての井上神学案内書。

価格500円(税別)

すべてはアッバの御手に
井上洋治神父の言葉に出会うⅡ
平田栄一

井上洋治神父の言葉を通して、主イエスに出会う旅へ…。井上神学案内書、第2弾!

価格500円(税別)

「南無アッバ」への道
井上洋治神父の言葉に出会うⅢ
平田栄一

毎日事あるごとに「南無アッバ、南無アッバ」と、神父様のあの最後の実践にならって、唱えることかもしれません。

価格800円(税別)

光と希望
カトリックの教え解説
ルイス・カンガス

愛の教え、家庭、社会、倫理など、キリスト者の道を、聖書に照らして案内する一冊。

価格600円(税別)

イエス伝
イエスよ、あなたはだれですか
ルイス・カンガス

男も女も彼のために、全てをささげ命さえ捧げました。この不思議なイエス・キリストとはどのような方でしょうか。

価格1000円(税別)

聖母文庫

レジーヌ・ペルヌー＝著　門脇輝夫＝訳
現代に響く声　ビンゲンのヒルデガルト
12世紀の預言者修道女

音楽、医学他多様な才能に恵まれたヒルデガルト。本書は、読者が著者と同じく彼女に惹かれ、親しみを持てるような研究に取り組むものである。

価格800円（税別）

崎濱宏美
石蕗の詩（つわぶきのうた）

叙階25周年を迎えた著者は、長崎県五島生まれ。著者が係わりを持った方々への感謝を込め、故郷から現在に至る体験をエッセイや詩で綴る。

価格500円（税別）

ハビエル・ガラルダ
こころのティースプーン（上・下）
ガラルダ神父の教話集

東京・雙葉学園の保護者に向けてガラルダ神父がされた講話をまとめました。心の底に沈んでいる「よいもの」をかき回して、生き方に溢れ出しましょう。

価格500円（税別）

ボグスワフ・ノヴァク
真の愛への道
人間の癒しの源であるキリストの受難と復活

名古屋・南山教会主任を務める神言会のポーランド人司祭が著した愛についての考察。愛をまっとうされたイエスの姿から、人間の愛し方を問う。

価格500円（税別）

駿河勝己
がらしゃの里

日々の信仰を大切にし、御旨のうちに生きる御恵みを祈り、ガラシャの歩まれた永遠の生命への道を訪ねながら…。

価格500円（税別）

聖母文庫

場﨑　洋
キリスト教小噺・ジョーク集
この書で紹介するものは実際に宣教師から聞いたジョークを集めて綴ったものですが、それ以外にも日本で生まれたジョークや笑い話、小噺を載せてみました。

価格600円（税別）

場﨑　洋
イエスのたとえ話
私たちへの問いかけ
歴史的事例や人物、詩などを取り上げながら私たちが生きている現代社会へ問い掛けているイエスのメッセージに耳を傾けていきたいと思います。
価格800円（税別）

ミゲル・スアレス
キリスト者であることの喜び
現代教会についての識別と証しの書
第二バチカン公会議に従って刷新された教会からもたらされる喜びに出会いましょう。
価格800円（税別）

伊従信子＝編著
わたしは神をみたい　いのりの道をゆく
マリー・エウジェンヌ神父とともに
マリー・エウジェンヌ神父は、神が、多くの人々を神との一致にまで導くように、自分を召されたことを自覚していました。
価格600円（税別）

高橋テレサ＝編著　鈴木宣明＝監修
アビラの聖女テレサと家族
離れがたい結びつきは夫婦・血縁に限ったことではない。縁あって交わることのできた一人一人との絆が大切なのである。それを私は家族と呼びたい。

価格500円（税別）

聖母文庫

無原罪の聖母
セルギウス・ペシェク

マキシミリアノ・コルベ神父が、聖母の騎士（M・I）運動、修道生活について同僚たちに残したことばを集めた一冊。

価格500円(税別)

越えて来た道
セルギウス・ペシェク

コルベ神父を慕い、65年前に日本に来た修道士が振り返る人生。90歳の今、愛する日本人に語りかける遺言。

価格500円(税別)

コルベ神父さまの思い出
セルギウス・ペシェク

コルベ神父様はおっしゃいました。「子供よ……どうぞ私の代わりに日本に残って下さい。そして多くの霊魂を救うためにあなたの生涯を捧げてください」。

価格500円(税別)

内なる生命
霊的生活への導き

K・リーゼンフーバー

人間は、真の生命の充満に触れて、神との関わりのうちに、自己自身の本来の姿を発見できるようになる、と説く。

価格600円(税別)

知解を求める信仰
現代キリスト教入門

K・リーゼンフーバー

本書は、人間の在り方を問い直すことから出発し、信仰において受け入れた真理を理性によって解明し、より深い自己理解を呼び覚ます。

価格500円(税別)